观天下

大明的世界

The Worldview
of the Great Ming Dynasty

南京博物院 编

文物出版社

图书在版编目 (CIP) 数据

观天下：大明的世界 / 南京博物院编 . -- 北京：文物出版社，2025. 4. -- ISBN 978-7-5010-8660-3

Ⅰ . K871.452

中国国家版本馆 CIP 数据核字第 20248J23J1 号

观天下

大明的世界

The Worldview
of the Great Ming Dynasty

南京博物院 编

责任编辑 ………… 戴 茜
书籍设计 ………… 特木热
责任印制 ………… 王 芳

出版发行 ………… 文物出版社
社 址 ………… 北京市东城区东直门内北小街 2 号楼
邮 编 ………… 100007
网 址 ………… http://www.wenwu.com
邮 箱 ………… wenwu1957@126.com
经 销 ………… 新华书店
印 刷 ………… 上海雅昌艺术印刷有限公司
开 本 ………… 889 mm × 1194 mm 1/16
印 张 ………… 24.75
版 次 ………… 2025 年 4 月第 1 版
印 次 ………… 2025 年 4 月第 1 次印刷
书 号 ………… ISBN 978-7-5010-8660-3
定 价 ………… 600.00 元

天下觀

编委会

展览协助

王志强（中国国家博物馆）
许　凯（故宫博物院）
刘　韫（辽宁省博物馆）
陆　伟　武世刚　单　丽　沈　捷（上海中国航海博物馆）
裘争平　丁佳荣（上海市历史博物馆）
肖发华（南京城墙博物馆）
夏　云（南京市江宁区文化遗产保护中心）
陈　龙（江阴市博物馆）
缪　华（徐州博物馆）
李　威（常州博物馆）
范金燕　陶元骏　杨行操（常熟博物馆）
张　剑　蓝旻虹（镇江博物馆）
刘玉斌　张子祺（句容市博物馆）
胡　洁（平湖市博物馆）
陈　玲　徐翌昕（漳州市博物馆）
樊文杰（江西省博物馆）
邹　媛　黄　勇（景德镇御窑博物院）
王勇军　孙若晨　庄英博（山东博物馆）
阮华端　陈　梅（广东省博物馆）
林文斌（江门市新会区博物馆）
任秀玲（昆明市晋宁区博物馆）
卢　轩（陕西历史博物馆）
张安兴（西安碑林博物馆）
王自力（西安博物院）

Roberta Porfiri
(Chiesa del Santissimo Nome di Gesù all'Argentina, Ministero dell'Interno, Dipartimento per le Libertà Civili e l'Immigrazione, Direzione Centrale degli Affari dei Culti e per l'Amministrazione del Fondo Edifici di Culto, Rome)

Stefano Campagnolo
(Biblioteca Nazionale Centrale "Vittorio Emanuele II", Rome)

Silvia Scipioni
(Biblioteca Nazionale "Vittorio Emanuele III", Naples)

Isabella Fiorentini
(Archivio Storico Civico e Biblioteca Trivulziana, Milan)

Marta Ruffatto
(Museo Correr, Musei Civici, Venice)

Valerie Kohler-Regel
(Victoria and Albert Museum, London)

展览配合

杨海涛　张长东　周　竑　刘　胜　刘　玲　赵　伟　高　洁　唐根顺　奚可桢　刘　爽　黄　莉　葛志英
佘沛章　吴　彤　梁　琳　左　骏　胡卫民　张文涛　赵　菁　马　成　郭　劲　林　夏　蔡　迪　杨　扬
胥瑞頔　傅梦翔　郭松雪　王宁宁　宾　娟　吴　鹏　任志宏　郭　炜　李　丽　杨　霖　翟光浩　吴　蓓
薛　菲　汪　勇　仇文华　张泽丹　谭杨吉　钱　珂　钱佳琪　白　宇　居　晰　邓洁琼　侯宇航　李　婷
文茂秀　刘艳霞　徐翌昕　汤敏丽　万淑芳　汪哲宇　肖　鹏　张　江　吕　健　范菲菲　韩敏敏　徐晶晶
田蔚恩　李　松　张晓艳　罗俊瞳　伏海翔　Kate Devine

文物摄影

王　磊　张　波　邱晓昕　孙志远　冷含章　周　民　秦笑雅　武仪辰　朱涵昊　杨　霖　郑　华　孙　军
李涵秉　徐翌昕　陈建平　上官敏　万亦江　周　坤　刘谷子　赵　峰　林文斌　太晓旭　付文斌

序一

日月同辉，山海共存。14—17 世纪大明王朝所处的世界，是国人内视自省、外视求索的世界，是文明交汇互鉴、彼此滋养的时代，是寰宇四海通达、精彩多元的世界。

大明的故事，始于 14 世纪的南京。明代的南京，是中国走向世界的重要起点，也是世界认识中国的重要窗口。明初朱元璋定鼎应天，重整华夏衣冠，并制定了睦邻友好的外交政策。在这一背景下，郑和七下西洋的壮举成为人类航海史上的重要篇章。从南京起航，郑和的船队穿越大洋，直至非洲东海岸，在和平与友谊之旅中播撒了中华文明的种子。大航海时代下银色的波涛掀起了世界贸易的浪潮。在这一时期，以白银为主要贸易媒介的全球性经济联系逐步形成，东亚与美洲、欧洲之间的银路将地球上的各个角落连接起来，南京也成为全球贸易网络的重要节点。16 世纪晚期，利玛窦来到中国。在南京，他与当地士大夫之间的交流，体现了中西文化在哲学、艺术与科学层面的深度互鉴。这种以平等和尊重为基石的交流，不仅提升了中西双方对彼此文化的理解，更为后来更广泛的文明互鉴奠定了深厚的基础。由此之后，明代的中国人逐渐形成了关于“世界”的新意识，对世界的看法不再局限于传统的天下观，而是开始理解一个多元、复杂的全球化世界。正如展览的主题“观天下 · 天下观”所蕴含的意义一样，大明的世界，不仅仅是中国的世界，也是世界的中国。

本次展览的另一策展团体是意大利驻沪总领事馆文化处，展览也获得了意大利驻沪总领事馆及意大利特雷卡尼百科全书研究院的全力支持。正如马可 · 波罗和利玛窦等意大利先驱开启了中意乃至亚欧之间交流的大门，他们的努力为东西方的对话铺就了历史性的桥梁。时至今日，中意两国以及亚欧之间的文化交流，依然以丰富多样的形式持续推进，而展览正是其中的重要载体。利玛窦平生三次来到南京，并在此生活、交友、布道。四百余年后，利玛窦以另一种形式再次“归来”，他将与他当年的挚友们在这里“重逢”。他们的作品、思想以及跨文化对话的精神将在南京博物院重新焕发光彩。南京，这座汇聚古今中外的城市，将再次以展览为媒，搭建起连接历史与未来的桥梁。通过展览，我们不仅回顾文明互鉴的辉煌历史，也展望人类文化交融的未来。

文明的辉煌，从不在孤立与隔绝中诞生，而是在对话与融合中长存。

王奇志

南京博物院　院长

Foreword I

The sun and moon shine together, and the mountains and seas coexist. The world in which the Great Ming Dynasty situated from the 14th to the 17th centuries was characterized by Chinese people's dual consciousness of introspection and exploring. It is an epoch marked by intercultural encounters that fostered mutual learning and nourishment. It is a wonderful and diversified world with universal accessibility.

The story of the Great Ming Dynasty began in Nanjing in the 14th century. In the early Ming period, Nanjing was not only a major starting point for China to move further into the world, but also a crucial channel for the world to understand China. Zhu Yuanzhang, or the Emperor Hongwu, made Nanjing his empire's capital, reorganized the Huaxia clothing and ceremonial systems, and formulated a neighborhood policy of building amity and friendship. In this context, Zheng He's seven voyages to the West Seas left an indelible mark in human's navigation history. Departing from Nanjing, his fleet crossed the oceans, reached the eastern coast of Africa, and spread the seeds of Chinese civilization during this journey of peace and friendship. The waves of the Great Navigation propelled the high tide of world trade. During this period, with silver as the main trade medium, a global economic network gradually took shape. The silver trade routes between East Asia, America and Europe connected all corners of the world, and Nanjing became the major joint of this network.

In the late 16th century, Matteo Ricci arrived in China. His communications with local scholars in Nanjing reflected the deep intercultural mutual learning between China and the West in realms of philosophy, arts, and science. Such exchanges, based on equality and respect, not only enhanced the understanding on each other's cultures, but also laid a solid foundation for more extensive mutual learning between different civilizations in the future. As a result, the Ming people gradually developed a new kind of world consciousness, no longer limited to their traditional worldview, but starting to understand the diversified, complex and globalized world. As the theme of the exhibition, "View the World & The Worldview", suggests, the world of Great Ming not only shows the beauty of the world in which China was in, but also tells the story of China in the world.

We curate this exhibition jointly with the Italian Cultural Institute in Shanghai, and has obtained great supports from the Consulate General of Italy in Shanghai and the Istituto della Enciclopedia Italiana-Treccani. Early Italian pioneers such as Marco Polo and Matteo Ricci paved the ways to Sino-Italian and even East-West exchanges, which was of historical significance. Up to this day, cultural exchanges between China and Italy, and between the East and West, continue to flourish in various and abundant forms, with exhibitions serving as one of the main driving forces. Matteo Ricci visited Nanjing three times during his lifetime. He lived, made friends and conducted preaching here. Over 400 years later, this time Matteo Ricci "returns" in a new form, and will "meet again" with his old friends. Their masterpieces, ideas and the spirit of intercultural communication will be reinvigorated in Nanjing Museum. Nanjing, a city that gathers together the beauty both classical and modern, at home and abroad, will once again use exhibition as a medium to build a bridge connecting the history and the future. Through this exhibition, we can not only review the glorious history of mutual learning among civilizations, but also look forward to the future the cultural integration of mankind.

The brilliance of one civilization is never born in isolation or separation, but in communication and integration.

Wang Qizhi

Director of Nanjing Museum

Foreword II

The Worldview of the Great Ming Dynasty is an exhibition project conceived by the Nanjing Museum and the Italian Cultural Institute in Shanghai (Ministry of Foreign Affairs and International Cooperation), with the support of the Consulate General of Italy in Shanghai and the Istituto della Enciclopedia Italiana-Treccani.

Inaugurated immediately after the conclusion of the 700th anniversary of Marco Polo's death (1324-2024) and the 770th anniversary of his birth (1254-2024), the exhibition comes as a continuation of the historical progression of events. This is especially true if we focus on the section dedicated to the exchanges between East and West, where emphasis falls on how Marco Polo's *The Travels* contributed to the opening of a new era of interest for studies on the East, and how China subsequently began to be depicted in the European imagination of the 16th century as enchanting: "the greatest wonder found in the East, both for natural and supernatural things."

The arrival of Matteo Ricci in Macau on August 7, 1582—during the Ming era—opened a path for cultural ambassadors who spread Western traditions and culture in China, and at the same time for the dissemination of Chinese historical and cultural tradition in Europe.

A crucial role for Italy in the meeting and exchange between East and West has thus been affirmed, yet the recognition of this role of the past is often neglected in our culture today. We are, in fact, scarcely encouraged or motivated to recognize and appropriately value the place that Italy historically holds in the encounter between Europe and the East. On the contrary, due to ignorance, prejudice, or mere hearsay, we are often ready to attribute the primacy in the knowledge of Eastern civilization as a whole to other European nations.

Continuing in the wake of the celebrations dedicated to Marco Polo, *The Worldview of the Great Ming Dynasty* exemplarily illustrates how Italians—missionaries, travelers, and later scholars—played a fundamental role in the encounter between Europe and Ming China, acting as peaceful mediators, driven by the motivation to spread their faith and by the desire to discover and apprehend new forms of knowledge. Dedicated to the Ming Dynasty, this exhibition is also a tribute to the foresight of the historical figures of that era, to which I would like to add a simple etymological note to remind us that the Chinese character 明 "Ming" is the combination of the radicals 日 *rì* (sun) and 月 *yuè* (moon): when the sun and moon shine together, the world becomes extremely bright. Borrowing the words of Giuseppe Tucci, I trust and hope that through this enlightened exchange of culture, a conscious path of mutual understanding will further develop between Europe and Asia, "two of the greatest civilizations in the world, who neighbor each other and are both so interconnected that the events of one have influenced the history of the other, yet have always remained distinct in their ways of viewing life."

Massimo Bray

Director General of Istituto della Enciclopedia Italiana-Treccani

序二

“观天下——大明的世界”是南京博物院与意大利驻沪总领事馆文化处（意大利外交与国际合作部）共同策划的一个展览项目，获得了意大利驻沪总领事馆及意大利特雷卡尼百科全书研究院的支持。

该展览紧随纪念马可·波罗逝世700周年（1324—2024年）与诞辰770周年（1254—2024年）活动之后揭幕，是这些历史事件的延续。特别是当我们聚焦于东西方的交流时就会发现，马可·波罗的《游记》开启了一个新的时代，激发了西方对东方研究的兴趣，中国又是如何在16世纪欧洲人的想象中逐渐成为迷人之地——“东方最伟大的奇迹，无论自然，抑或超自然”。

1582年8月7日，利玛窦抵达澳门，此时正值明朝时期，他为文化传播者打开了前往中国的道路，他们在中国传播西方的传统文化，同时也在欧洲传播中国的历史文化传统。

因此，意大利在东西方的交流中发挥了关键作用，但这一历史角色在当今的文化中常被忽视。事实上，我们很少或者几乎没有动力去认识并重视意大利在东西方交流史上所处的地位。相反，由于无知、偏见或是流言蜚语的影响，我们常常倾向于把对东方文明认识的话语权让位给其他欧洲国家。

“观天下——大明的世界”展览作为对马可·波罗纪念活动的延续，完美地展示了意大利人，包括传教士、旅行家及后世的学者们，在欧洲与明朝中国相遇过程中发挥的重要作用。怀着传播信仰的动机和探索新知的渴望，他们成了文明交流的和平使者。这次展览不仅是对明朝的礼赞，同时也是向那个时代远见卓识者的致敬。正如中国人知道的那样：汉字“明”由“日”和“月”两部分组成，意味“日月同辉，天下大明”。借用朱塞佩·图奇的话，“（东西方）这两个世界上最伟大的文明，毗邻而居、紧密联系，互相影响着历史进程，但在世界观上却始终保持着自己的特点”。我坚信，此次意义深远的文化交流必将推动欧洲与亚洲之间的相互理解迈向更深层次、更广阔的未来。

马西莫·布雷

意大利特雷卡尼百科全书研究院总干事

前言

日月所至，天下大明。

日月照临的大明王朝，是一个“小世界”。同一个日月所及的地方，是一个“大千世界”。14—17世纪，明代的中国人在中西文明的交流互鉴中不断消解、重构“中国”与“世界”的天下观与世界观。

习近平总书记指出，中华文明具有突出的连续性、创新性、统一性、包容性、和平性。我们将明代中国放置于世界历史发展进程的视野中去，以精彩纷呈的展品去生动、细微地诠释这些中华文明的优秀特质，是文博工作者的使命与担当。

明初从以朝贡贸易为核心的东亚、东南亚区域合作秩序的确立，到郑和下西洋这一宏大的航海壮举，使得这种中国式的世界秩序观念下的海外交流得以极大扩展。此后，白银时代的到来，使得区域与世界的连接更为紧密，中国作为一个古老的传统国家，在这一时期，逐渐走向了全球化的大合流。西人东来，以此带来的西学东渐，使得在不同文化的交互作用下，中国的有识之士开始思考世变之由与因应之道，逐渐形成了“世界意识”。与此同时，中学外传，中国文化、艺术、思想及物产的传播，一定程度上改变了这个世界，也使西方人对于中国的认识更为清晰，中国同其他国家一起，共同构建了一个丰富多元的全球化的世界。

这些鲜活的文物见证了中华文明与世界文明的相互启迪和互通共融。现如今站在新的历史起点，我们深知相互尊重与包容乃是璀璨文明的基石。愿我们以日月之光，照亮前行之路，共同创造一个更加和平、包容、繁荣、多元的世界，共同推动构建人类命运共同体的伟大历程。

Preface

Where the sun and moon shine, there presents great brightness.

The Ming (literally means "brightness") Dynasty, illuminated by the sun and moon, was a "small world". Yet, within the reach of the same sun and moon lay a "vast world". During the 14th to 17th centuries, the people of Ming Dynasty of China continually dissolved and reconstructed their worldview along with exchanges and mutual learning between Chinese and Western civilizations.

President Xi Jinping points out that the Chinese civilization possesses outstanding characteristics of continuity, innovation, unity, inclusiveness, and peacefulness. As we stand at a new starting point in the historical development of the Chinese nation, we take it as our mission and responsibility to place the Ming Dynasty of China into the broader context of world development and interpret the excellent qualities of Chinese civilization through a diversified array of exhibits.

From the establishment of the East Asian and Southeast Asian regional cooperation order centering on the tribute trade in the early Ming Dynasty to Zheng He's grand maritime expeditions, the exchanges with the outside world under the Chinese concept of world order expanded greatly. With the arrival of the Silver Age, regional and global connections became closer, leading ancient China onto the path of globalization. The influx of Westerners through the Silk Roads and the Maritime Silk Road brought Western knowledge to the East, prompting Chinese intellectuals to contemplate changes in the world and gradually develop a "world consciousness". At the same time, the dissemination of Chinese culture, art, thoughts, and products also altered the world to some extent, and enhanced Westerner's understanding on China. Together with other nations, China contributed to building a rich, diversified and globalized world.

The artworks and artifacts in the exhibition witness the mutual enlightenment and interconnection between Chinese and other civilizations. Now, standing at a new historical juncture, we understand that mutual respect and magnanimousness are the cornerstones of any brilliant civilization. Drawing support from the light of the sun and moon, let's illuminate the path ahead and jointly create a more peaceful, inclusive, prosperous, and diversified world to advance the massive undertaking of building a community with a shared future for humanity.

目录

序章

日月所至

第一章

航海传奇

Table of Contents

在无垠的时空中，文明如繁星般交织，
照亮了彼此未曾触及的角落。

春风化雨。

交流是风，穿越千山万水。
互鉴是雨，滋润心灵沃土。

在理解中，我们发现共性。
在差异中，我们珍视多样。

文明之光，不再是孤单的火炬，
而是一座座灯塔，照亮和指引彼此前行的道路。

在这光芒中，我们找到了归属，也找到了自己。

序章

日月所至

Introduction

The All-illuminating Sunshine and Moonlight

日月照临

The Founding of the Ming Dynasty

「大哉乾元，万物资始，乃统天。云行雨施，品物流形。大明终始，六位时成，时乘六龙以御天。」白莲教所信奉的《大阿弥陀经》中言，阿弥陀佛为诸佛光明之王，光明所照，幽冥之处皆常大明。朱元璋取「明」为国号，大明代大元。明，重整华夏衣冠，其典章文物承上启下，开明清两代之型范。无论是明清官式建筑的范本，当时世界上最大的宫殿建筑群南京明故宫的营建，还是在陵寝制度上迥异古制，开启后世帝王陵寝新制的明孝陵的修造，抑或是官窑制度最为完备，使得官样御用瓷器生产臻于巅峰的御器厂的设立，无不体现了奠基与开创之功，并将其深深地植入于中华文明的沃土之中。

"The driving force for all the things to thrive is consistent in the whole process of the operation of the Natural Law, so that rains fall under, and all things are nourished and grow into various categories and prosper. The operation of the Natural Law adopts to six different time and spaces, and shows different ways, just like driving six giant dragons flying freely in the vast heaven." The *Great Amitabha Sutra*, embraced by the White Lotus Society, describes the Amitabha Buddha as the King of Light among all Buddhas, illuminating all the corners with bright light. Zhu Yuanzhang adopted "Ming" as the name of his empire, signifying the ascendance of the Ming over the Yuan. The Ming Dynasty reorganized the Huaxia clothing and ceremonial systems, inheriting the past while paving the way for the future, and setting the model for the Ming and Qing dynasties. Whether it was the construction of the Nanjing Ming Imperial Palace, the largest palace complex in the world, which established the model of official architecture in the Ming and Qing dynasties, or the distinct new imperial tomb system initiated by the Ming Xiaoling Mausoleum, or the establishment of the imperial kiln factory that produced porcelains of the highest quality, all these feats reflected the Ming people's pioneer spirit and laid the foundation for the future development of the Chinese civilization.

禹之鼎款　明太祖御容像　轴

清

纸本设色／纵 258.5、横 65.7 厘米

南京博物院藏

Portrait of Emperor Taizu of the Ming Dynasty
Hanging Scroll
With Inscription "Yu Zhiding"

目前我们所能见到的明太祖朱元璋像，其姿容一俊美面如满月，眉目俊朗，相貌堂堂；一丑陋，面如残月，下凸出，鼠须麻面。一代开国帝王，为什么有反差如此之大画像留存于世？朱元璋真实样貌，有如下几种文献的记录

《明太祖实录》中所记："及上稍长，姿貌雄杰，志廓然，独居沉念，人莫能测。"而清人所撰《明史》载："长，姿貌雄杰，奇骨贯顶。志意廓然，人莫能测。"两者本一致，唯独多了"奇骨贯顶"，而少了"独居沉念"。棣在《孝陵神功圣德碑》中所记其父样貌："龙髯长郁，项上奇骨隐起至顶，威仪天表，望之如神。"嘉靖万历时的张瀚在其《松窗梦语》所记其任职南司空时，入武英殿"得瞻仰二祖御容。太祖之容，眉秀目炬，鼻直唇长，面满月，须不盈尺，与民间所传奇异之象大不类"。又有范儒《曲洧新闻》所记在武英殿见太祖真容有二："壮年者黑髯，长寸余，面微长而丰，色甚皙，眉目有异。暮年者须鬓若银，面益丰而圆矣，色更皙。乃知外间所传龙颔虬须面有瘢痣者妄也。"张萱在《疑耀》中记其先祖在云南任时，"从黔国邸中模高皇御容，龙形虬髯，左脸有十二黑子其状甚奇，与世俗所传相同，似为真矣；及余直西省，始内府所藏高、成二祖御容。高皇帝乃美丈夫也，须髯皆如丝可数，不甚修，无所谓龙形虬髯、十二黑子也"。由此知，明太祖像至少在明代嘉靖万历时期即有上述两种容貌然不同的版本流传于世。明末谈迁在《枣林杂俎》中是这解释的："太祖好微行察外事。微行恐人识其貌，所赐诸侯御容一，盖疑像也。真幅藏之太庙。"由这条文献看来张萱所记其先祖在黔国邸中所见太祖御容恐有所失真，或可以推知，其所记世俗所传丑陋者像皆妄。为何在明代会传太祖麻面异象的容貌像，且在明代就已经流传于民间，乎明政府也并未禁止？一来是上述所记太祖在行察外事时恐人识其貌，二来帝王或圣贤都是异于常人，天生异相。汉王充在《论衡·骨相篇》曾道："传言黄帝龙颜，颛顼午，帝喾骈齿，尧眉八采，舜目重瞳，禹耳三漏，汤臂再肘文王四乳，武王望阳，周公背偻，皋陶马口，孔子反羽。十二圣者，皆在帝王之位，或辅主忧世，世所共闻。"

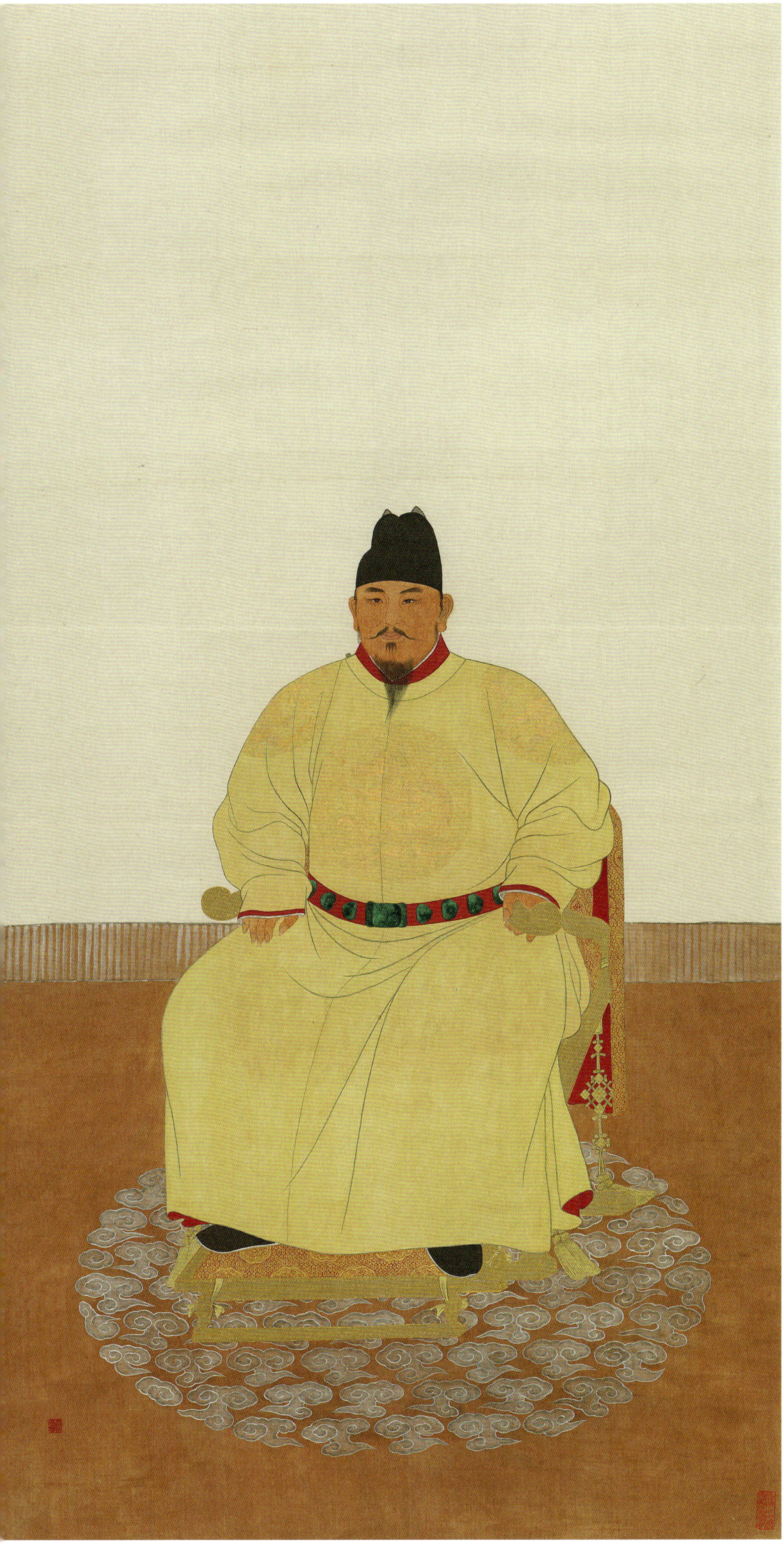

俞明 明太祖正形像 轴

民国

纸本设色／纵127、横68厘米

中国国家博物馆藏

Portrait of Emperor Taizu of the Ming Dynasty

Hanging Scroll

Yu Ming

南京明故宫遗址位于今南京市中山东路南北两侧，由在外的皇城与其围护着的宫城两部分组成。整个皇宫以宫城为中心，外围宫城墙、皇城墙、都城墙和外廓墙四道城墙，有护城河绕其四周。城墙的营建，尤其是都城墙和外廓墙，不同于以往城墙循对称矩形的旧制，而是顺应自然山脉、水系走向砌筑，使得南京城成为一个虽非对称但中心均衡的城市，是中国古代城市建设史上的杰出作品，而南京明城墙也是目前世界最长、规模最大、保存原真性最好的古代城垣。

南京明故宫建成于洪武二十五年（1392 年），历时二十余载，规模宏伟，占地面积超过 101.25 万平方米，是 14—19 世纪中国古代都城和宫殿建筑的集大成者，被称为“世界第一宫殿”，为明代官式建筑的母本。《明太宗实录》载有：“（北京故宫）凡庙社、郊祀、坛场、宫殿、门阙规制悉如南京（明故宫），而高敞壮丽过之。”

明故宫严格遵循《礼记》所载“左祖右社”“三朝五门”之规制——三朝，即奉天殿、华盖殿、谨身殿；五门，即洪武门、承天门、端门、午门、奉天门。另根据天象、八卦等制定“外朝内廷”“前朝后寝”“东西六宫”“宫城六门”“皇城六门”等规制。整个建筑群的轴线从正南的洪武门抵达宫城的承天门，直至皇城北端的玄武门止，这种宫城轴线与全城轴线相重合的模式，是明故宫首创，直接影响到北京紫禁城的营建，才使我们能看到今天规制格局严谨壮观的北京城。明故宫是中国古代建筑群群体布局走向成熟的代表之作，这种模拟天象、遵循礼制的建筑群体布局方式，集中体现了古代帝王试图通过建筑营建来加强其皇权神圣性的愿望。

参考文献：汪晓茜《南京历代经典建筑》，南京出版社，2018 年。

北京故宫日晷

绿釉琉璃鸱吻
明
高71厘米
南京博物院藏
Green-glazed (*Liuli*) Roof Ornament (*Chiwen*)

日晷
明
残长36、宽25厘米
南京博物院藏
Sundial

黄釉绿彩琉璃垂兽

Yellow-glazed (*Liuli*) Roof Ornament (*Chuishou*) with Green Painted

明

高 16 厘米

南京博物院藏

北京故宫屋顶垂兽

佚名 北京宫城图 轴

明

绢本设色／纵 183.8、横 156 厘米

南京博物院藏

Panorama of the Capital Forbidden City
Hanging Scroll
Anonymous

《北京宫城图》以中轴对称的形式从下往上依次画出了六重宏伟的宫殿建筑。每一宫殿屋檐正中高挂匾额，蓝底金字，对比该图的其他版本，可知其分别是“正阳门”“明门”“承天之门”“午门”“奉天门”“奉天殿”，这是明代北京皇城建筑的早期图像材料与此类似的《北京宫城图》目前可知有 5 幅，分别藏于中国国家博物馆、南京博物院、北故宫博物院（2 幅）与大英博物馆。这几幅画尺幅均较大，描绘的都是中轴对称的紫禁城一位身着红袍的官员站在承天门外。南京博物院和台北故宫博物院甲乙本形制极为相近建筑描绘相当繁复，不但画出了整个宫城，还把皇城、内城及外城的一部分也都画进此图靠近画幅四面的黄色城墙是皇城城墙，采用地图式的平面方式画出。中间的宫城则以透感很强的手法画出，运用了很多透视缩小的手法。三幅画中的建筑布局反映出画家具有富的有关皇城和宫城的知识。与之相比，大英本和国博本就显得简率，对皇宫建筑的描多有“疏漏”。值得注意的是，南博本和台北甲本，无论从画中建筑的形式、位置、画法乃至尺幅，都如出一辙，只是画中官员是不同的人。相形之下，台北乙本尽管在整体布和画法上与南博本、台北甲本相似，但落实到具体细节，绘画水平要大为逊色。

1953 年初夏，顾颉刚在苏州见到后来入藏南京博物院的这幅《北京宫城图》，并在堂位置题跋：

> 曩在北京故宫博物院见明宫城图一巨幅，万户千门，界画精整，赭黄色采，悉其真。天安门外立一红袍官人，形体特大，与宫殿比例不称，署其旁曰“工部侍郎祥”。旋从《吴县志》知蒯为本邑香山人，世业土木，永乐时建北京城，以功晋工侍郎，卒宣德中。盖明帝不没其劳，绘图以纪念之。吾兹来苏州，于苏南文物管理员会见此图，与故宫所藏斠若画一，而人旁不署，疑蒯氏自绘以存纪念者。五百年展转至宜兴某氏，兹乃归于公有。按《吴门表隐》据《弇洲史料》谓蒯氏又有福、钢义、瓛诸人，并以木工得官，或至侍郎，或至少卿。然则此人为谁，固未可详也。岑主任命为题记，因念香山建筑实集古代劳动智慧，益以创造，当此国家大建设之期知此图为不虚出矣！公元一九五三年五月顾颉刚书于拙政园。

顾颉刚认为南博本所画的可能是蒯祥，或者至少是蒯氏家族中的某一位。因为他曾过基本相同的另一本《北京宫城图》为故宫所藏，画中人的旁边有“工部侍郎蒯祥”的小字这可以证明画面几乎完全相同的南博本也是蒯祥画像。有小字的版本是宫廷的官方纪念像而无小字的为蒯祥自己委托画家所绘，以资留念。

大英博物馆藏本的作者为朱邦，是一位明代后期具有“浙派”画风的职业画家。对该类画作的性质，有研究者认为应归入“待漏图”的类型，这类图像有不同的称呼，亦以称为“早朝图”或“朝天图”。

参考文献：黄小峰《紫禁城的黎明——晚明的帝京景观与官像肖像》，《与造物游——晚明艺史研究（贰）》，湖南美术出版社，2017 年。

衍圣公朝参牙牌

Yansheng Gong's Court Identity Document

明

长 17、宽 5.5 厘米

山东博物馆藏

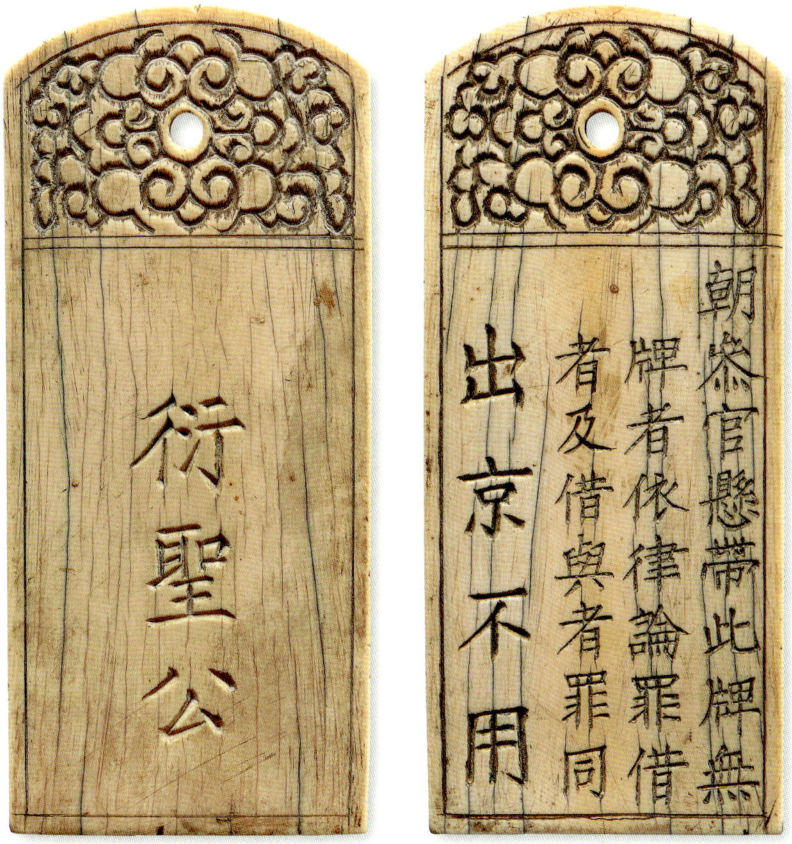

朝参牙牌是为方便在京官员上朝（朝参）及出入禁城而设。牙牌之制始于明代。《明会要》载：“（洪武）十一年三月丁酉，始制牙牌给文武朝臣。牙牌之号五，以察朝参。公、侯、伯曰‘勋’，驸马都尉曰‘亲’，文官曰‘文’，武官曰‘武’，教坊司曰‘乐’。嘉靖中，总编曰‘官字某号’。朝参佩以出入。不，则门者止之。私相借者，论如律。有故，纳之内府。”

孔府旧藏朝参牙牌，一面刻“衍圣公”三字，一面刻“朝参官悬带此牌，无牌者依律论罪，借者及借与者罪同。出京不用”。侧面刻“文字柒百柒拾叁号”。（徐冉）

明孝陵全图

Complete Map
of the Ming Xiaoling
Mausoleum

清宣统

纸本／纵63、横23.5厘米

南京博物院藏

明孝陵是明朝开国皇帝朱元璋及马皇后的陵墓，坐落在紫金山南麓独龙阜玩珠峰下。明洪武十三年（1380年），朱元璋选定了这块风水宝地，自创陵寝制度。洪武十四年（1381年）动工建设，洪武十五年（1382年）马皇后去世，即葬于此。洪武十六年（1383年），陵墓的享殿等主体工程完成。洪武三十一年（1398年）洪武帝驾崩，同葬于孝陵。整个陵园建设持续到永乐十一年（1413年）方告结束，前后历时32年。

当初的明孝陵占地广大，北起钟山，南至孝陵卫，东起灵谷寺，西至城墙，陵垣周长近23公里。孝陵总体布局分两大部分，前段为孝陵引导部分，由卫岗的下马坊至文武方门，其神道长达2400米。与前代帝王陵墓形制有所不同，明孝陵的神道并非直线，而是随地形条件而变化，呈S形，沿神道依次有下马坊、禁约碑、大金门（中山陵陵园路南）、神功圣德碑碑亭、御桥、石象生、石望柱、武将、文臣、棂星门。过棂星门向东北折，便进入陵园的主体部分，这条正对独龙阜的南北轴线上依次有金水桥、文武方门、孝陵门、孝陵殿、内红门、方城明楼、宝城、宝顶，地宫即位于宝城之下。明孝陵地面木结构建筑大多毁于1853年清军与太平军之战，现仅留有下马坊、禁约碑、内红门、碑亭四壁、石象生、方城明楼下部等。除去上述的陵园建筑外，在陵前还设有孝陵卫，驻军保卫陵区免遭破坏。按明朝军制，一卫约有军士5600人，孝陵卫驻军应接近此数。此外另有专人负责陵园的看守、维修、祭祀准备等。

明孝陵的神道、祭享区和内宫区三段式的布置方式成为北京明十三陵的样板，只是十三陵的神道合而为一由13座帝陵共用而已，但每座帝陵分别设立的祭享区和内宫区则和孝陵的布局基本相同。后来清代帝陵仍沿用明陵的布局模式，所以孝陵开创了明清五百年皇帝陵形制的先河。

参考文献：潘谷西主编《南京的建筑》，南京出版社，1995年。

明陵京門遠圖
第一冊三

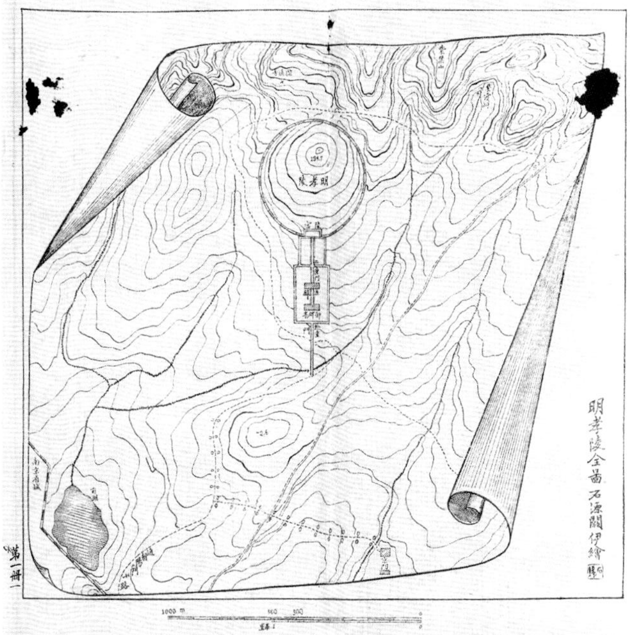
明孝陵全圖 石源關伊繪

第一冊七

皇陵京門昔日之光景
第一冊四

明太祖陵宮
第一冊十

第一冊九

大明孝陵神功圣德碑　拓本

Stele of the Divine Achievements and Sacred Virtue of the Emperor Taizu
Rubbing

纵 463、横 222 厘米

南京博物院藏

此碑是南京地区最大的碑刻，龟趺高 208 厘米，碑座、碑额雕琢瑰丽。此碑亦是明清皇家陵寝内同类型建筑中体量最大的一个，是明成祖朱棣为纪念其父明太祖朱元璋所立，碑文由朱棣亲自撰写，详述其父一生的功德。（叶伯瑜）

孝陵神功圣德碑

大明孝陵神功聖德碑

元末，当战争之火燎烧到景德镇的时候，窑炉的窑火渐趋微弱。朱元璋在占领了包括浮梁在内的江西地区后，便沿袭元代制瓷的管理方式在景德镇恢复瓷器生产，此后景德镇的千年窑火再次接续，烟云蔽日，焰火冲天。文献记载，洪武时期设立御器厂（也有称陶厂），开始官窑瓷器的烧造，但其设立的具体时间学界一直未有定论，一说是洪武二年（1369年），二说是洪武三十五年（1402年，即建文四年），三说是洪武末年，四说是宣德时期。随着近年来景德镇考古发掘的不断深入，对于这个问题的解析变得逐渐明晰起来。洪武时期，为了满足祭祀、赏赐、礼仪、宫廷用度及修建宫殿所需，在景德镇烧造了大量的瓷器及建筑构件。

“官窑是由官府出资兴建、产品流向由官府控制的陶瓷器生产窑场。”中国古代陶瓷生产中的官窑制度虽然形成时间较早，但是元明清时期的官窑制度，先不论明代完整的官窑制度中涉及的窑业生产、管理机构要在永乐时期才最终成型，就洪武时期设立的有关官窑瓷器烧造的一系列制度化措施对于明清两代官窑制度的定型发展，乃至这一时期中国陶瓷烧造技艺与陶瓷文化趋于中国古代陶瓷发展史的鼎盛时期都起到了重要的奠基作用，这是毫无疑问的。从文献记载看，如洪武二年（1369年）诏定祭器皆用瓷，“朝廷烧制瓷器，必由内府定夺样制”，明确了官窑瓷器上纹饰的制度化；洪武九年（1376年）定四郊各陵瓷器釉色；洪武二十六年（1393年）规定百官按品级使用器物。这一系列制度化措施，使得明初的官窑制度日趋完善。从考古发掘实物来看，1964年南京明故宫玉带河发现一批瓷片标本，经南京博物院王志敏先生的整理研究，洪武瓷器的面貌才从元代瓷器与永宣瓷器中单独剥离开来。近几十年来的考古发掘成果，使得洪武瓷器的研究逐渐深入，瓷器面貌也日益清晰。洪武官窑瓷器多出土于景德镇、南京、北京及中都凤阳，其烧造地点不仅限于御器厂，围绕这个中心地点，在其周围也有分散的窑场进行烧造，由于官窑制度的存在，其产品器类、釉色、纹饰都较为统一。

青花和釉里红品种，是洪武时期官窑烧造瓷器品类中的大宗，而论发现数量，釉里红又远多于青花。在元代青花、釉里红品种已臻成熟甚至是完美的基础上，洪武时期伴随着元末战争的影响，窑业和窑工技术曾一度有所滑坡，所以青花和釉里红的发色因窑温控制的偏差而显得较为灰暗。洪武时期瓷器的纹饰风格，明显具有布局繁缛但有分层的元代遗风，同时也具有自己的特色和风格，与元代流行动物纹不同，除了龙纹外，洪武官窑瓷器往往以各色花卉等植物纹装饰为主。

参考文献：王光尧《中国古代官窑制度》，紫禁城出版社，2004年。

釉里红山石花卉纹盘

明洪武

直径58.3厘米

南京博物院藏

Underglaze Red Plate with Rock and Floral Pattern

釉里红缠枝牡丹纹玉壶春瓶

Underglaze Red Yuhuchun Vase with Pattern of Peonies with Interwined Branches

明洪武

口径9、足径12、高33厘米

南京博物院藏

青花缠枝菊纹菱口盘

明洪武

直径20厘米

南京博物院藏

Blue and White Plate with Petal-shaped Rim and Pattern of Chrysanthemums with Interwined Branches

釉里红岁寒三友图梅瓶

Underglaze Red Plum Vase with Pine, Bamboo and Plum Blossom Pattern

明洪武

口径 6.4、足径 13.5、高 35.8 厘米，通高 41.6 厘米

南京博物院藏

“一代之兴，必有一代冠服之制”，明朝建国之初，朱元璋就建立了等级分明的舆服制度。明代品官服饰根据穿着场合和功用分朝服、公服、祭服和常服等。《明太宗实录》载明太祖制定的文武官常服的样式为“乌纱帽，金绣盘领衫。文官大袖阔一尺，武官弓袋窄袖，纻丝、绫、罗随用。束带：一品以玉，二品犀，三品金钑花，四品素金，五品银钑花，六品、七品素银，八品、九品角”。洪武二十四年（1391 年），为了强化常服在品官身份识别上的作用，朝廷对常服做了新规定，即在圆领袍上用彩绣花样来区分文武官和官员等级高下——“文官一品仙鹤，二品锦鸡，三品孔雀，四品云雁，五品白鹇，六品鹭鸶，七品鸂鶒，八品黄鹂，九品鹌鹑；杂职练鹊；风宪官獬廌。武官一品、二品狮子，三品、四品虎豹，五品熊罴，六品、七品彪，八品犀牛，九品海马。”

成书于晚明时期的由西班牙传教士阿德里亚诺·德拉斯·科尔特斯（Adriano de las Cortes，1578—1629 年）所撰游记《中国纪行》（陕西师范大学出版社，2023 年）中对此也有记录，这是从西班牙人的视角去观察中国晚明时期的衣冠制度：

《中国纪行》中所绘中国官员身穿的长袍

这些长袍在形制上长而完整，有些类似于主教所着的法衣（dalmática），不过这些长袍是长袖的。我在第一部分已经描述过它们的材料和颜色，它们胸口的图案有用金线绣上的一些狮子一类的动物，根据动物种类的不同，官阶大小相应变化。与胸部相对，背部也有类似的图案，使用的是相同的刺绣手法。小官身上绣的一般是花鸟，除此之外，长袍与长袍之间还存在着一些其他差异用以辨别主人的官职大小。

束发冠　明张岱《夜航船》中所记："束发冠，古制也。三王画像多著此冠，名曰束发者，亦以仅能束一髻耳。"束发冠兴起于宋代，盛行于明代。宋赵彦卫《云麓漫钞》云："高宗即位初，隆祐送小冠，曰：'此祖宗闲燕之所服也。'"可见束发冠为士人闲居之服。到了明代，按照制度，入流的官员朝服戴梁冠，公服戴展脚幞头，常服戴乌纱帽。除了道士、神像及戏台上的角色外，明代极少有人在公众场合仅着束发冠出席的，而是把束发冠掩在巾帽之下。

金束发冠
Golden Hairpin Crown
明
冠长 8.2、宽 5、高 4.9 厘米
金簪长 11.8、11.5 厘米
南京市江宁区文化遗产保护中心藏

青玉束发冠
Gray Jade Hairpin Crown
明
长 4.6、高 2.4 厘米
常熟博物馆藏

乌纱帽　秦汉时期的士人就以巾帻裹头，以梁冠彰显官员的身份地位。到了隋唐时期，幞头开始流行，成为男子必戴首服。经过唐宋的改良，软质的幞头巾发展为以竹为胎，配上硬挺的展脚，变为纱帽，成了官员公服的配套首服。明代将这种硬质纱帽进行改良，长展脚幞头搭配公服，短而圆翅状的展脚纱帽搭配官员常服，后者以乌纱制成，称为“乌纱帽”。官员先用网巾束发，再戴乌纱帽。官员常服为乌纱帽、圆领大襟、宽带、皂靴。此外，明代还规定了官员的直系亲属可以戴乌纱帽。《明史·舆服志》记载：“洪武元年，礼部尚书崔亮奉诏议定。内外官父、兄、伯、叔、子、孙、弟、侄用乌纱帽，软脚垂带，圆领衣，乌角带。”

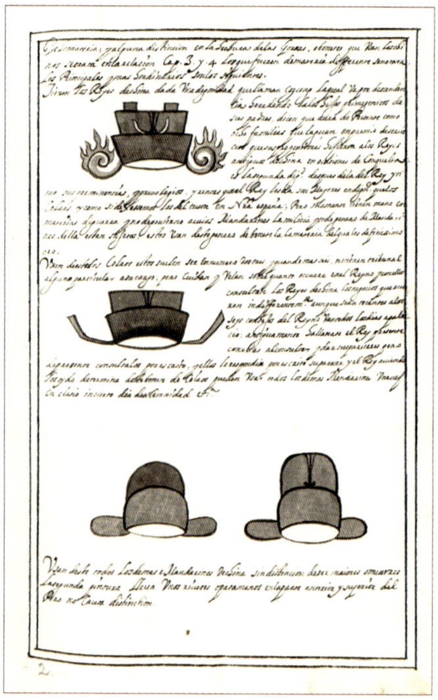

《中国纪行》中所绘中国官员所戴的帽子

无论官职大小，其他中国官员都戴这种帽子，第二张图在前端和上端有绲边，但是这种绲边不显示官职大小。

——［西］阿德里亚诺·德拉斯·科尔特斯著、徐志鸿译《中国纪行》，陕西师范大学出版社，2023 年。

舒时贞 司空念阳徐公如珂像 轴

清

纸本设色／纵 156.4、横 78.2 厘米

Portrait of Minister Xu Ruke

Hanging Scroll

Shu Shizhen

玉带 从唐代开始，腰带成为官服的一个固定组成部分，并承担了“分贵贱、别等威”的任务，及至明代更是将这一功效发挥到了极致。明代王三聘在《古今事物考》中记载了这一过程：“《实录》曰：自古有革带及插垂头，秦二世始名腰带。唐高祖令向下插垂头，取顺下之义，名鋅尾。一品至三品金銙，四品、六品花犀为銙，七品、九品银銙，庶人铁銙。大明《诸司职掌》云：……文武官常服革带，一品用玉，二品用犀，三品、四品用金，五品用银钑花，六、七品用银，八、九品用乌角。”中国官员在向外国人介绍本国服饰制度时，也强调了腰带所体现的等级制度。李氏朝鲜的崔溥在其《漂海录》中记载，弘治元年（1488年）三月十八日，他在德州向陪同的明代官员傅荣询问明代关于伞、盖、冠、带的制度，傅荣指出这些（明朝）都有固定制度，其中，腰带的制度最为严格、复杂。

参考文献：丁培利等《明代品官的身份认同——以常服为例》，《南方文物》2023年第4期。

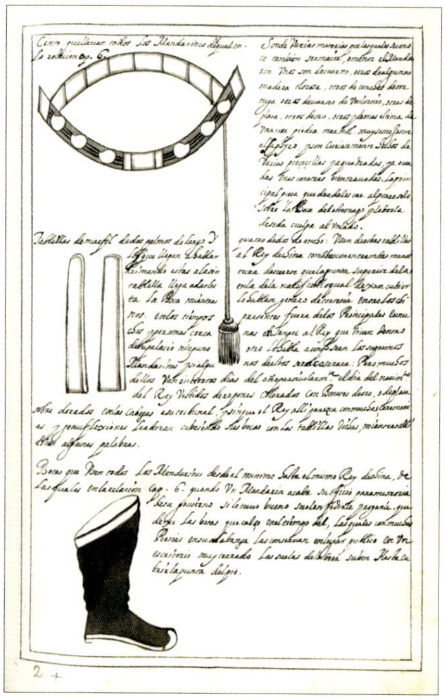

《中国纪行》中所绘中国官员所使用的腰带

它们由不同的材料制成，根据材料也能区分官阶大小。有些是用兽角制作的，有些是用某种香木制作的，有些是用贝壳或者龟壳制作的，有些是用鹿角制作的，有些是银做的，有些是金做的，最尊贵的是用一块贵重的大理石制作的，这种石头十分类似于蓝宝石。很有意思的是，它们是用不同的小石头制成的，这些小石头被制作成正方形，与其他小石头焊接到一起，做工精良。在戴上腰带的时候，主要的正方形小块刚好吊到腹部位置，而丝绸制的流苏则垂到一旁。

——［西］阿德里亚诺·德拉斯·科尔特斯著、徐志鸿译《中国纪行》，陕西师范大学出版社，2023年。

玉带 Jade Belt

明

三台（中心）长6.3、宽4.8厘米

圆桃长4.6、宽3.9厘米

辅弼长3.8、宽1.8厘米

鉈尾长7.6、宽3.9厘米

銙长7.1、宽3.8厘米

南京博物院藏

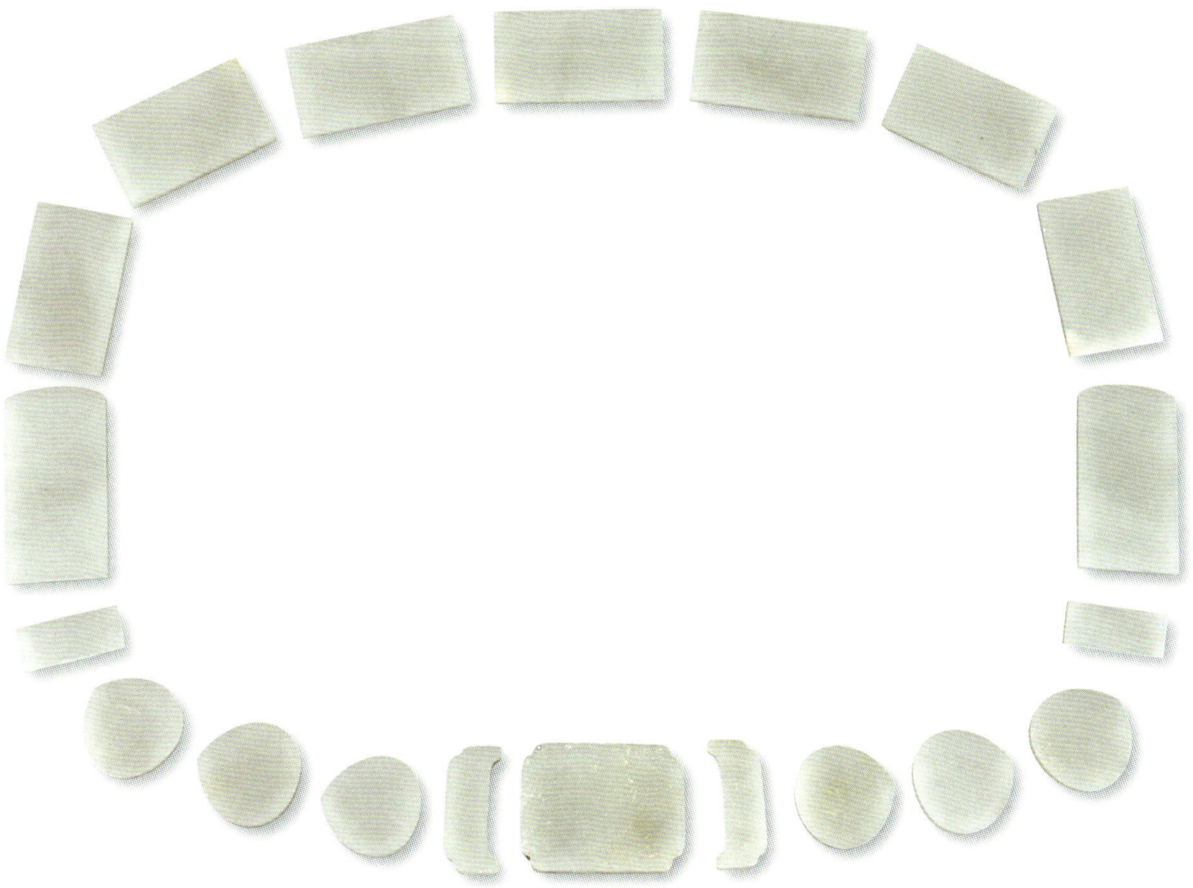

白玉镂雕龙纹带

White Jade Belt with Engraved Dragon Design

明

三台（中心）长9.1、宽5.9厘米

圆桃长5.6、宽5.4厘米

辅弼长6.1、宽1.9厘米

铊尾长16、宽6.2厘米

銙长9.1、宽5.9厘米

南京博物院藏

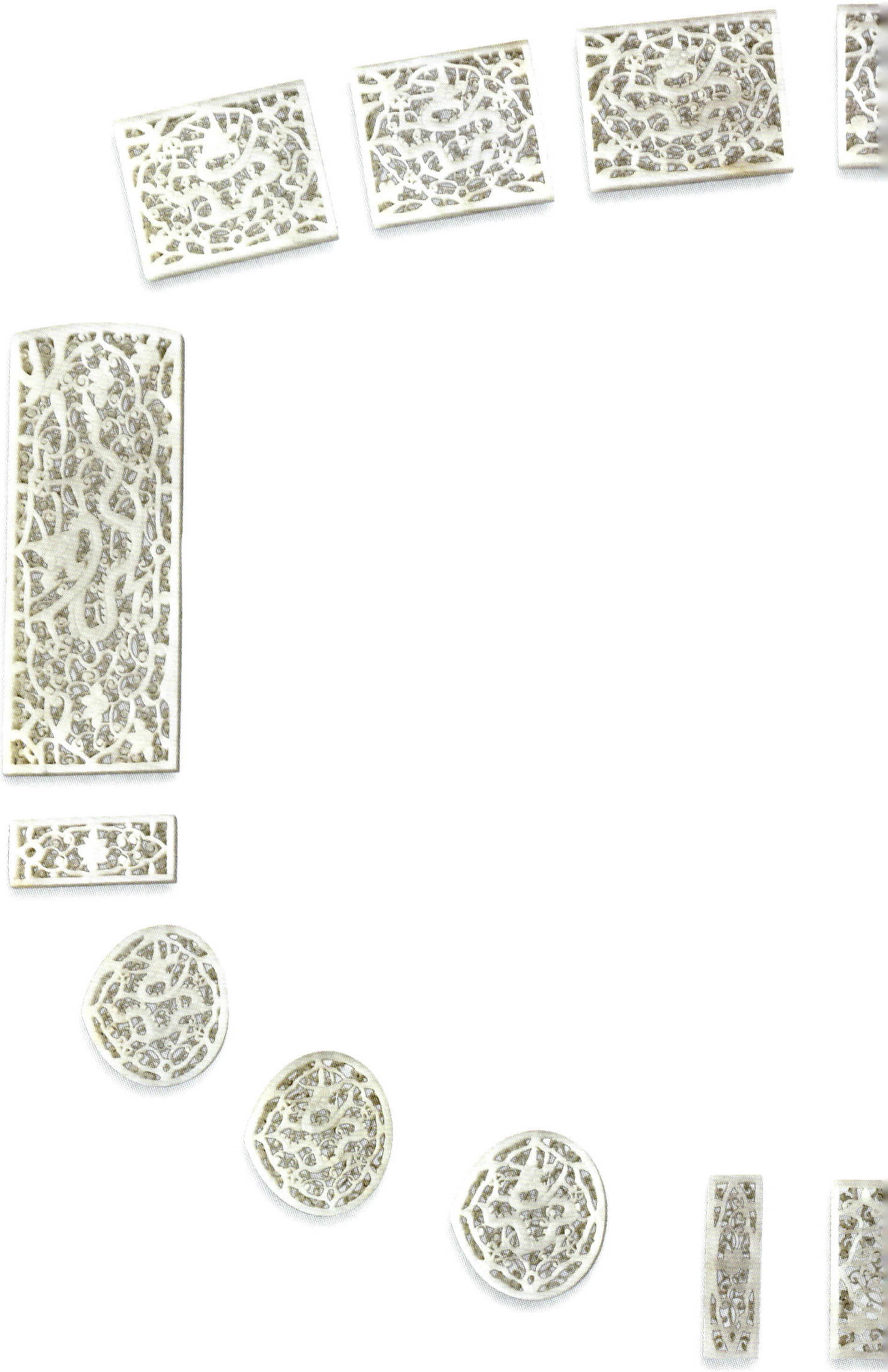

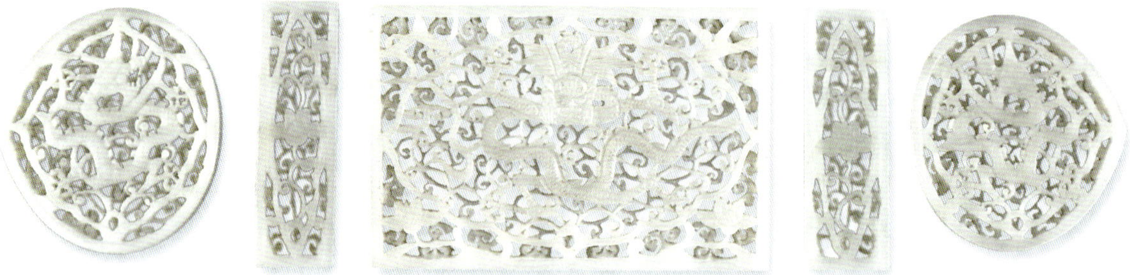

佚名　明王鏊像　轴

清

纸本设色／纵161、横96.1厘米

Portrait of
Wang Ao of the
Ming Dynasty
Hanging Scroll
Anonymous

蓝色织金麒麟方补棉袍

Cotton Robe with Gold-Woven Kirin Mandarin Square on a Blue Ground

明

身长 134.2、通袖长 158.5 厘米

腰宽 77.3、袖宽 40.5 厘米

山东博物馆藏

男服。对襟，短袖，胸前两对纽襻扣，一侧扣子已不存。左右开衩。蓝色暗花缎衬里，内絮薄棉。衣身前胸后背处各有一织金麒麟方补。

香色罗绣过肩蟒女长衫

Woman's Yellowish-brown Silk Gauze Upper Garment Woven with Python Design around the Shoulders

明

身长 126.5、通袖长 220.5 厘米

腰宽 64、袖宽 91.5 厘米

山东博物馆藏

竖领，大襟右衽，阔袖，右侧腋下缀一对白色暗花纱彩绣蝴蝶纹垂带。前胸、后背以平金绣等技法绣过肩蟒、花卉等纹饰，左右袖前后各绣一只盘金侧蟒，蟒纹周围绣浪花、花卉及盘金线如意云头。纹饰精美，绣工精湛。

此件长衫为衍圣公夫人所有，是多用于时令节日、寿诞、筵宴、婚礼等吉庆场合的吉服。在明代，吉服虽还未被纳入冠服制度中，但在各类典章政书、文学作品中却被屡屡提及。这件长衫最特别之处在于其衣领款式——领座开到右肩上，与圆领袍一样，但无绱领条，而是加缀立领。此件长衫的颜色古代称为“香色”，在香色与金色蟒纹的交相辉映下，明朗柔和、浓淡相宜的色彩氛围给人以华贵典雅的视觉感受。

The Remarkable Domestic and Diplomatic Feats

皇明赫赫

「明明在下，赫赫在上。」于内，天子深植权威、礼序、道德与信仰于国家和社会之中，构筑了一个层次分明、各尽其职的社会体系。藩王、宗亲、功臣、宗教领袖、民族首领、边镇军士、士绅、民众都在这个制度下遵循着自身政治与社会角色的规范。于外，明初所奠定的「不征」政策，不仅为国家间的和平互动关系打下了坚实的基础，还重塑了东亚的秩序和结构。这一时期，东亚国际关系以各国官方为核心，形成了一个和平共处的新模式，从而推动了国际关系的深度整合。这种变革，代表了先前从武力扩张向和平共处的历史性转折。明代的这一政策，为整个明朝奠定了和平与稳定的外交基调。

"The bright radiance of the Heaven shines on the Earth, and the brilliant light reflects in the Heaven." Internally, the Emperor deeply embedded authority, ritual, morality, and belief into the whole nation from top to bottom, constructing a well-ordered social hierarchy where everyone performed his/her own function. Externally, the "non-aggression" policy established at the beginning of the Ming Dynasty not only laid a solid foundation for peaceful interactions with other nations but also reshaped the order and structure of East Asia. During this period, official relations between East Asian countries formed the core of international relations, ushering in a new era of peaceful coexistence, driving deep integration in international relations. This transformation represented a historic shift from military expansion to peaceful coexistence, and laid the foundation for Ming Dynasty's diplomatic theme of peace and stability.

「鲁王之宝」木印

Wooden Seal with Inscription “Lu Wang Zhi Bao”

明

长 10.5、宽 10、高 7.4 厘米

山东博物馆藏

水晶鹿

Crystal Dear

明

长 10、高 6.3 厘米

山东博物馆藏

鲁荒王朱檀，明太祖第十子。洪武三年（1370 年）生，洪武十八年（1385 年）就藩兖州。其“好文礼士，善诗歌。饵金石药，毒发伤目。帝恶之。（洪武）二十二年薨，谥曰荒”。

佚名　明岐阳王李文忠像　轴

清

纸本设色 / 纵 173.5、横 100 厘米

南京博物院藏

Portrait of Li Wenzhong, Qiyang King of the Ming Dynasty
Hanging Scroll
Anonymous

李文忠（1339—1384 年），字思本，小名保儿，盱眙人，汉族，朱元璋外甥（母曹国公主朱佛女），明朝开国功臣。李文忠母早亡，后来随父投奔朱元璋，十九岁时率领亲军随军支援池州，击败天完军，此后率军平定江南战事。明朝建立后，李文忠多次率军征讨北元，获封曹国公。洪武十二年（1379 年），掌管大都督府、领国子监事。洪武十七年（1384 年），李文忠病逝，追封岐阳王，谥“武靖”。

白釉「赏赐」梅瓶

明洪武

残高34厘米

White-glazed Plum Vase with Characters "Shang Ci"

谢环　杏园雅集图　卷

Literati Gathering in the Apricot Orchard Handscroll

Xie Huan

明

绢本设色／纵37、横401厘米

镇江博物馆藏

士大夫群体，是中国古代对知识分子阶层的一种特殊称谓，是取得官位与尚未取得官位的士的统称。他们是明代政治舞台上的中坚力量，也是文化艺术的创造者、传播者、传承者。在入仕前的一段漫长的，或平坦但多数是曲折的道路上，只有圣贤书与孤灯清影的陪伴。入仕后的士大夫，成了家之梁柱、族之荣光、国之肱骨。他们遵循着儒家正统思想的主流意识形态，不论在朝在野，修己致治，心怀社稷，使家国天下的情怀得以弘扬。

《杏园雅集图》是明代宫廷画家谢环绘制于1437年的重要作品，描绘了正统二年（1437年）三月一日在杨荣的私家花园“杏园”所进行的雅集活动。画面中的文官分为三组，中间一组人物是这幅画卷的核心部分，而这一组的中心人物是荣禄大夫、少傅、兵部尚书兼华盖殿大学士杨士奇。杨士奇是本次雅集最尊贵的客人，其右首是园主人荣禄大夫、少傅、工部尚书兼谨身殿大学士杨荣。杨士奇和杨荣皆是从一品的文官，但杨士奇当时是内阁首辅。杨士奇的左首是正四品官詹事府少詹事王直。画面左侧的第二组人物分别是正四品文官王英和正二品大宗伯、礼部尚书杨溥以及从五品侍读学士钱习礼。画面右侧的第三组人物分别是周述、李时勉和陈循共三人。

这不是普通意义上的馆阁诸公的雅集活动，《冬青馆乙集》的作者张鉴在《明锦衣千户谢廷循画杏园雅集图记》中敏锐地指出，“九人者，其七皆江西，又多同年，而三杨二杨又以同年为同官，雅集诚非泛泛然者”。

参考文献：尹吉男《政治还是娱乐——杏园雅集和〈杏园雅集图〉新解》，《故宫博物院院刊》2016年第1期。

佚名　乐琴书处图　轴

Music and Calligraphy
Hanging Scroll
Anonymous

明

绢本设色／纵74、横112.6厘米

南京博物院藏

沈度，是明代馆阁书家中最为重要的一位。朱棣即位，经翰林编修杨溥推荐，他入翰林院任职典籍，与修《太祖高皇帝实录》。他的书法婉丽娴熟、雍容圆润，奉命所书《孝慈皇后传》《古今女传》，深受皇帝赏识。从此，朝廷制作金版玉册、御撰诗文碑刻等，必指定由他书写。他还获赐镂金象简，上刻姓名，象征着无上尊宠。沈度后来被宣宗赞为“我朝羲献”。沈度生前画像，一直珍藏于沈氏子孙手中，以便瞻仰膜拜。至孝宗朝，沈世隆入职内廷以沈度遗像传赞一卷呈览，皇帝“因抚而曰：沈先生出世矣”，遂留置内府。当时，沈世隆摹画，也将图卷上杨士奇、杨荣、金幼孜、胡俨、曾棨、王在等人的像赞文字一并摹制纪念。目前现存最早的沈度像就是当时留下的摹本，名曰《乐琴书处图》，明清以来一直秘藏于沈氏家族，至20世纪由上海钱镜塘收藏，1964年3月入藏南京博物院。《乐琴书处图》绘老年沈度，须眉皆白，头戴乌纱，身着圆领绯袍，手扶腰带，面带笑意，端坐圈椅于庭园中。沈度绯袍补子乃金色，上有飞鹤一双，祥云缭绕，乃一品。依《明史》记载，沈度最后官职为侍讲学士，正四品；四、五品官员因受皇帝宠爱而赐服仙鹤补子，当时常有发生，故并不算越级，反而是一种荣耀。再有庭园仙鹤信步，不仅蕴含着吉祥昌瑞，也能更加突出像主品行清正、道德高尚的精神意象。沈度之子沈藻以善书进授中书舍人，并荣于朝。五十余年后，弘治帝喜爱沈字，派人前往松江寻访沈氏后人，重孙沈世隆应征入朝，授中书舍人，参修国史，堪称一代佳话。

参考文献：万新华《明清时期沈度像的创作与摹制》，《美术学报》2023年第5期。

佚名　沈藻像　轴

明

绢本设色／纵146.5、横83.3厘米

南京博物院藏

佚名　沈世隆像　轴

明

绢本设色／纵139、横84.6厘米

南京博物院藏

我朝羲獻

宣宗章皇帝天語

崇禎庚辰

皇極殿親策進士臣單恂恭書

先學士自樂府君承　竹庭長者　若節先生世德之傳以詞翰簡知

沈度字民則號自樂江蘇華亭人弟粲字民望號簡庵易子也兄弟俱善書各臻其妙度文章絕去浮靡洪武中舉文學弗就坐累謫雲南岷王具禮幣聘之未幾辭去文皇帝即位詔吏部簡能書者入翰林度與焉帝賞其書凡金版玉策用之廟廷藏秘府頒屬國必命之書由翰林典籍歷遷侍講學士宣德初進翰林學士年七十八卒粲尤長於詩自翰林院待詔累擢侍讀進大理寺少卿致仕兄弟並在禁林最承恩遇而伯仲同居友愛無間搢紳以為莫及時稱大小學士 見華亭縣志

沈士棟字梁叔度八世孫侍御時來子明諸生工楷書 見松江府志

單恂字質生號猬庵又號蒓僧崇禎十三年進士官麻城知縣甫二月乞養歸大兵下松江恂與李待問章簡張壽孫等分守四門城破以父老潛匿得免後僑居東郊白蕪庵足不入城市巡按李森先以地方人才薦不就卒年六十八朱竹垞稱其詩雅近西崑 見華亭縣志

癸卯春日海寧錢鏡塘謹錄

明边镇地图 卷

Map of Border Fortresses of the Ming Dynasty
Handscroll

清康熙
纵 35.8、横 1119.3 厘米
南京博物院藏

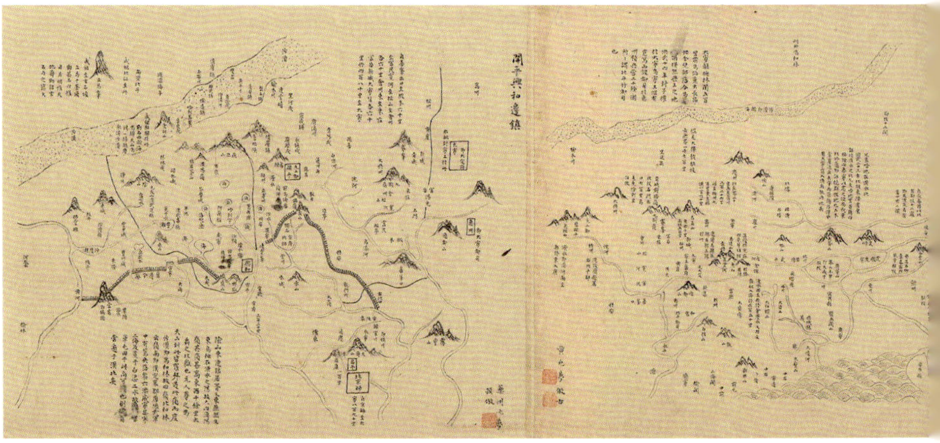

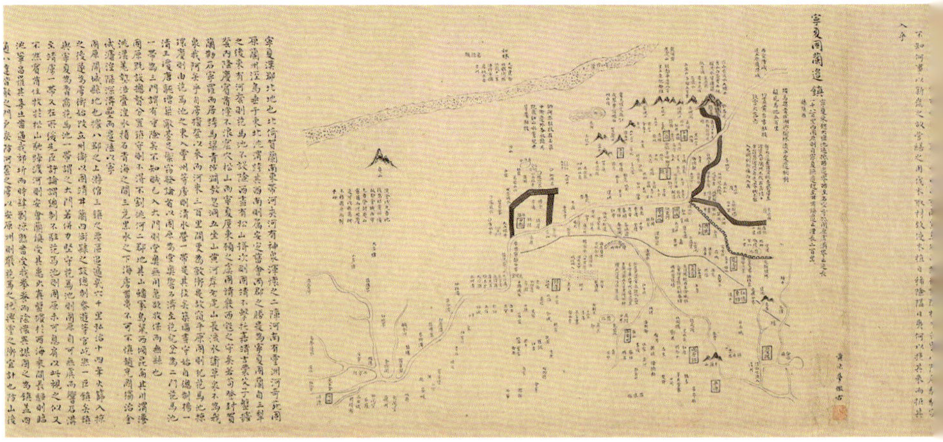

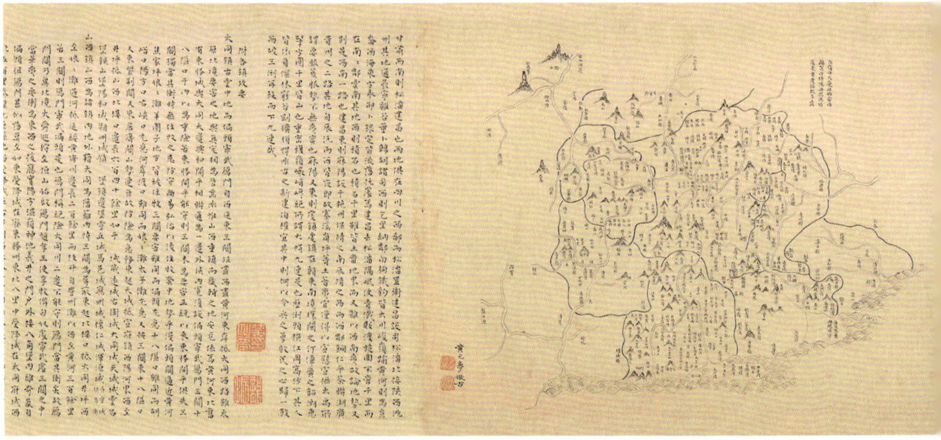

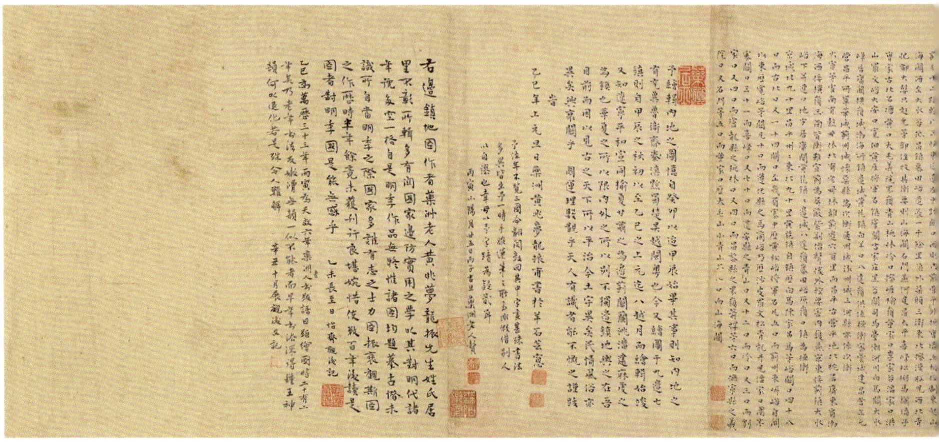

此图为手卷式装裱，作者黄兆梦，采用中国传统山水形象绘图法，摹绘有 15 幅明代各边镇地图，各图后附图说，题跋、钤印较为丰富。据研究可知，黄兆梦乃明末清初“遗民”人士，主要活动于广州府辖地。他亲历明清鼎革，深受儒家立言思想影响，为排解心中抑郁，企望天下治平，于清康熙三年至四年（1664—1665 年），以明末陈组绶《皇明职方地图》为主要参考祖本，仿摹绘辑而成此图。此图受清廷严密文网影响，长期秘藏于广东，直至清末为江苏著名藏书家金武祥发现、重修并带至江南，后又有易手，直至 1963 年南京博物院购藏至今。图卷具有较高的综合价值，一是绘有明代各边镇地图并附有相应图说，以及屈大均题引首和未入史载的作者黄氏本身，极大丰富了研究明代边镇、遗民等方面的文献资料；二是所绘山峦、河流、城堡、边墙、沙漠等地物兼具写实、写意风格，采用手卷装裱方式，让观者既能对明代边镇形势“一览而晓”，又能深切感受到江山如画的艺术美感；三是图卷自清初甲辰年绘制，历经清代文网而能幸存于世，实为传世清初私人军事图卷的稀见佳作，对探究中国地图发展史亦具有不可忽视的价值。（佘沛章）

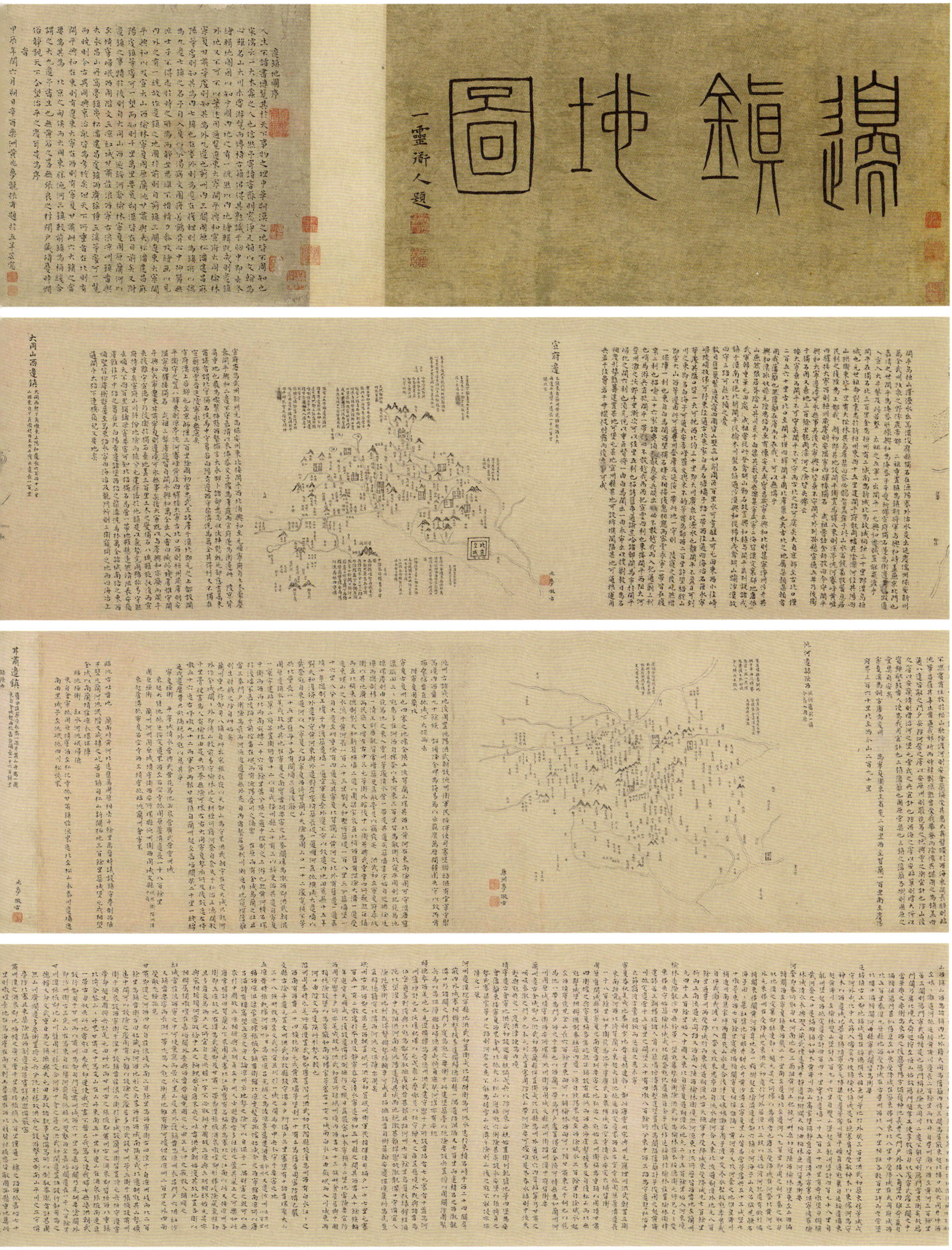
邊鎮地圖
一靈衍人題

朱漆戗金莲托八吉祥纹护经板

明永乐
长73、宽27厘米
南京博物院藏

Red-lacquered Sutras Protecting Boards with Gilded Pattern of Lotus Supporting Eight Auspicious Symbols

护经板，又称夹经板，以作保护经书之用。故宫博物院藏明永乐朱漆戗金护经板，板内面书“第二大般若经第四卷圣慧到彼岸一万颂”，据学者考证为永乐版藏文大藏经，由永乐八年（1410年）明成祖朱棣邀请藏传佛教噶玛噶举派第五世噶玛巴活佛德银协巴任此经本刊本总纂，敕令在南京灵谷寺刊刻，并于永乐十二年（1414年）分别颁赐给藏传佛教萨迦巴、噶玛巴、格鲁派的宗教领袖。

明初皇室大量制作和使用漆器，尤其是代表最高等级的戗金漆器。明朝常将这些戗金漆器赏赐给藩王和西藏地区的宗教领袖，或作为礼物颁赏给东亚地区来朝使国。据载，明初永乐时期明朝曾三次大规模将雕漆漆器赐予日本国王源道义，数量就逾两百件。日本僧人瑞溪周凤《善邻国宝记》记载，仅宣德八年（1433年）明朝颁赏给日本的礼物中就有46件戗金漆器，这些馈赠的漆器经李氏朝鲜至日本皇室，对东亚的髹漆工艺产生了深远影响，促进了东亚髹漆工艺的发展。就戗金工艺而言，日本的描金莳绘漆器是在描绘漆器上的图案时添加金、银粉末，是在戗金基础上的进一步演化，进而形成了自己的独特风格。（赵菁）

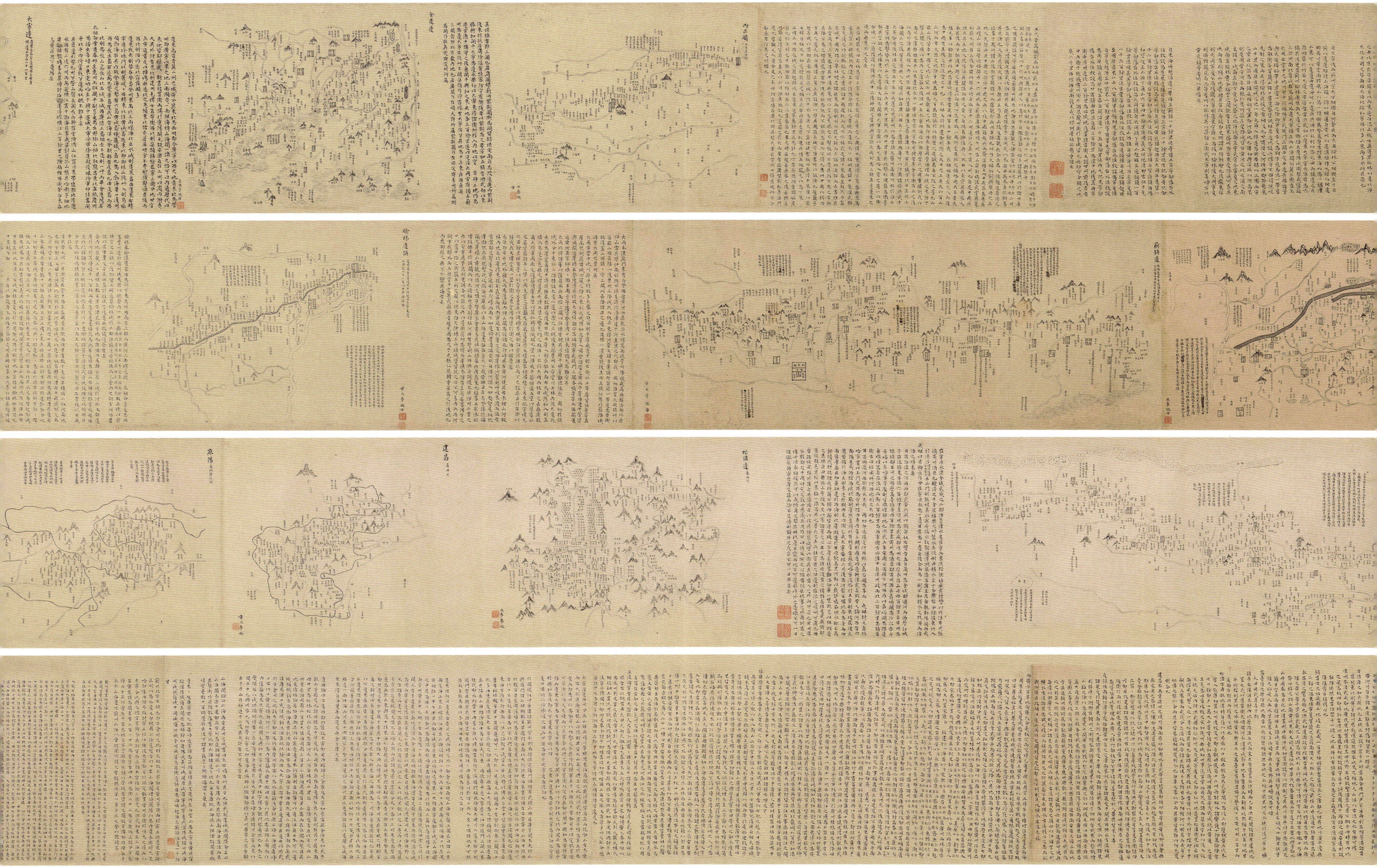

白釉锥刻莲托八吉祥纹僧帽壶

White-glazed Teapot with Monk-hat-shaped Rim and Carved Pattern of Lotus Supporting Eight Auspicious Symbols

明永乐

高19.8厘米

南京博物院藏

大明皇帝致书如来大宝法王西天大善自在佛：

兹维正旦，特以香币等物专致履端之庆，如来其亮之……白磁八吉祥茶瓶三个，银索全；白磁茶钟九个，红油斜皮骰手全：五龙五个，双龙四个……

——《致如来大宝法王书及赏单》

三月二十日，司库白世秀来说，太监胡世杰交霁红僧帽壶一件，无盖。传旨照京内僧帽壶盖木样一件，交江西照样烧造霁红盖送来，其僧帽壶配座，呈进时声明头等。钦此。

——《乾隆十年各作成做活计清档》

僧帽壶是以该器物口沿造型与藏传佛教僧侣所戴僧帽相似而得名，是一种较为特殊的景德镇官窑瓷器器形。清人称之为僧帽壶，明人则称之为茶瓶。明永乐年间景德镇御器厂僧帽壶的烧造，与明成祖积极推行多封众建的治藏策略，且出于其对藏传佛教的崇信与热情，多次遣使召请藏传佛教领袖如大宝法王哈立麻等人入京，并对宗教领袖慷慨颁赠及在南京举办的宗教活动用度有直接关系。这种茶瓶，原配有鸭嘴形盖，盖上有系孔，以银索与口沿内壁系孔相连。茶瓶一般与茶钟，即高足碗，配合使用。

僧帽壶器形特殊，其造型来源明显受到非中原传统文化因素的影响，其中最瞩目的当属其鸭嘴状流与类似僧帽的口沿。从唐代胡瓶、西夏铜壶等文物可知，僧帽壶造型的源流可追溯至粟特金属器，其也是与藏传佛教文化的传播紧密结合的产物。

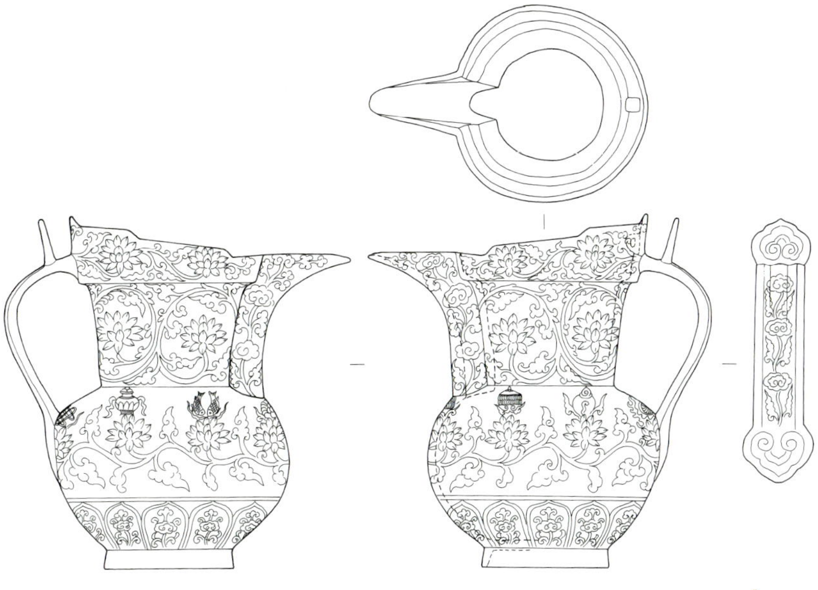

僧帽壶线图

西夏连珠纹鸭嘴流铜壶

唐人面胡瓶

佚名　少数民族画像　册

明

纸本设色／纵44、横30厘米

故宫博物院藏

Portraits of Minority Nationality Envoys Album

Anonymous

此册所绘当是明代少数民族肖像，两页分别是“副史宝甘聘”“头
圭由德胜”。

頭目寶圭由德勝

「登州府之印」铜印

明

长7.9、宽7.8、高8.5厘米

南京博物院藏

Bronze Seal with Inscription "Deng Zhou Fu Zhi Yin"

明初登州属莱州府管辖，后因“登、莱二州皆濒大海，为高丽日本往来要道”，遂洪武九年（1376年）“升为登州府，仍置蓬莱县，割莱之招远、莱阳及宁海州、文登县来凡领州一县七”，隶山东等处承宣布政使司。登州是高丽使臣朝贺的必经之地，根据朝史料记载，朱元璋让高丽使者“旱路里来了，他可要海路里回去”，以防止使臣打探我山东一带船只军马动静。《燕行录》中亦记载了明初首都在南京时，高丽使节往来均经登州。洪武十三年（1380年）二月，高丽使“李茂方、裴彦至登州而还”。洪武二十八（1395年）十月，高丽“判司译院事张伯子、洪寿收其父骨而回。伯尝奉使病死登州，葬其地。洪寿具状乞咨礼部赴京哀诉，回至登州，收骨还葬”。

参考文献：高源《登州城兴衰之地理研究》，中央民族大学硕士学位论文，2016年。

「木邦军民宣慰使司印」铜印

Bronze Seal with Inscription "Mu Bang Jun Min Xuan Wei Shi Si Yin"

明永乐

长 8.5、宽 8.5、高 12.2 厘米

南京博物院藏

印呈正方形。印面阳刻九叠篆"木邦军民宣慰使司印"，印背左刻"永乐二年六月　日""礼造"，侧刻"磨字六十号"。

木邦军民宣慰使司，为明代云南布政司所辖政区，在今缅甸中东部。洪武十五年（1382）改元木邦路为木邦府，后废。洪武三十五年（1402 年）复置。永乐二年（1404 年）攺置为木邦军民宣慰使司，由土司宣慰使管理，属云南布政司。治所在今缅甸掸邦兴威。泰《云南图经志书》载，木邦军民宣慰使司"东至八百大甸，南至克剌蛮，西至缅甸，至芒市"，辖境约为今缅甸掸邦萨尔温江以西部分地区。成化二十年（1484 年）析置密安抚司。明末木邦宣慰司废。

参考文献：《中国大百科全书》"木邦宣慰使司"条，中国大百科全书出版社，1992 年。

胡笳十八拍图 卷

Barbarian Reed-Whistle Song in Eighteen Stanzas Handscroll

明

绢本设色／纵 30、横 1319 厘米

南京博物院藏

剧本单行本后，并附有郭沫若的跋，它对郭沫若的影响不言而喻。这些画面中描绘的很多细节不见于此前任何文字材料。从画中我们看到：蔡文姬被左贤王带兵从陈留郡蔡府抓走（第一拍），并被左贤王亲自押送北国，一路受到照顾（第二拍），在匈奴生活的蔡文姬郁郁不乐，但左贤王很是体贴（第三拍、第五拍、第七拍、第十拍），蔡文姬回归前夕，左贤王举行了隆重的宴会，全家在席前痛哭作别（第十三拍），左贤王亲自护送蔡文姬到汉朝边境（第十四拍），带着孩子作别返回（第十五拍），蔡文姬进入汉朝地界以后，乘坐的驼车换成了牛车（第十六拍），蔡文姬一行在目的地城外停留休整（第十七拍），回到蔡家，亲人团聚，一切都像兵祸之前一样完好，只是庭前的树木已经长大（第十八拍）。

参考文献：邵彦《宋画里的蔡文姬——〈胡笳十八拍图〉与〈文姬归汉图〉》，《中国民族博览》2022 年第 2 期。

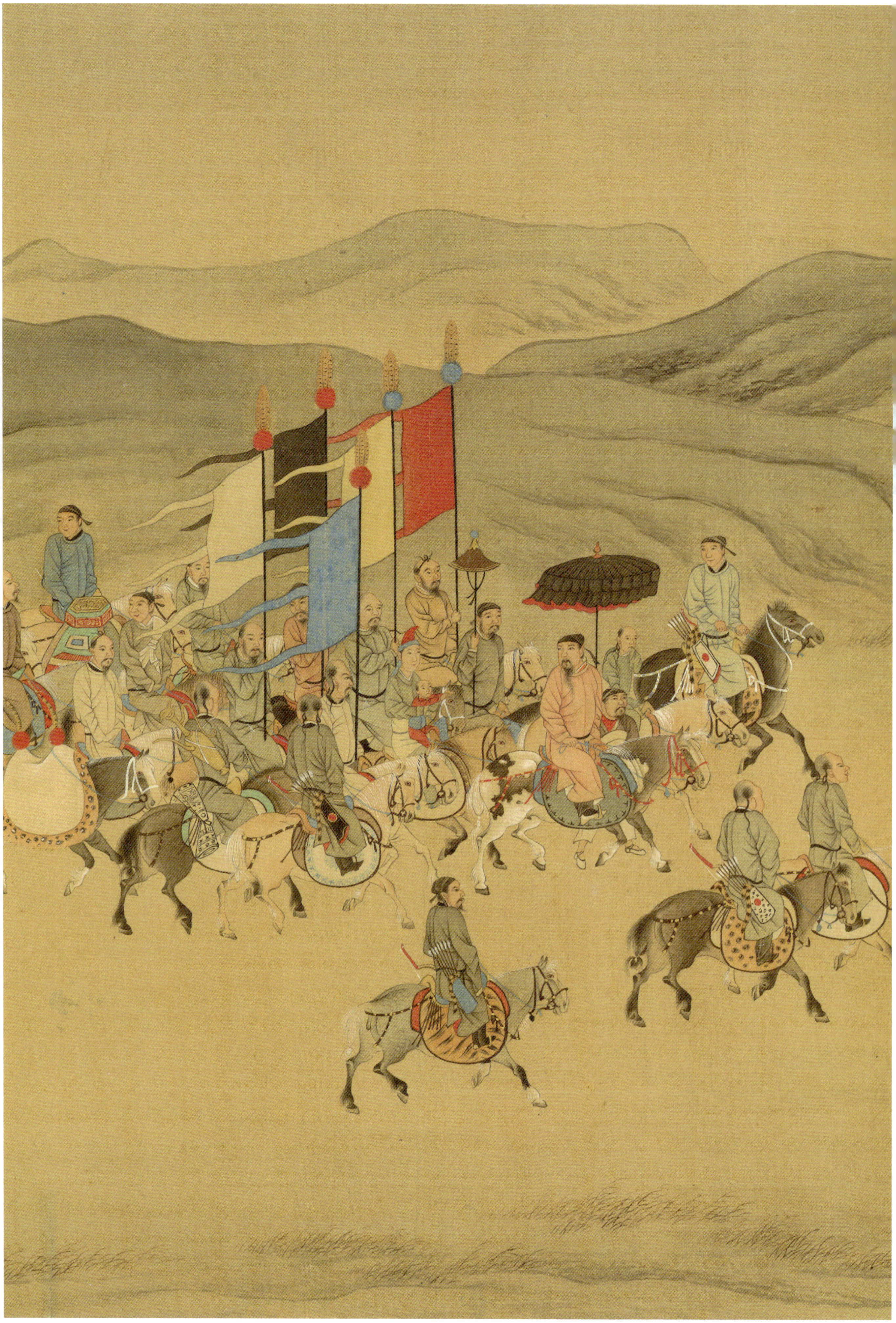

现在流传的蔡文姬故事比较完整的情节出自中唐诗人兼画家刘商所作的歌行体长诗《胡笳十八拍》。至南宋，郭茂倩所编《乐府诗集》把刘商（歌行体）和蔡文姬（骚体）的两首《胡笳十八拍》诗都收录进去，绘画中的《胡笳十八拍图》也正是从南宋开始出现的。这种画幅的完整形态是由 18 段画面、18 段隶书构成的长卷（只有一本为册页式），所书一律为刘商诗。目前存世版本多达十余件，有全本，有残段，还有明代、清代的临摹本。南京博物院所藏的这件明人摹本本身也说明明人对于这个反映汉胡民族交往的历史题材有着充分的关注与其自身的理解。刘商塑造的蔡文姬形象坚忍而温和，母仪匈奴，谱曲抒怀，和史实中的蔡文姬已有显著差异，但却符合人们对蔡文姬的期许和想象，这也是今天的文艺作品（包括郭沫若剧本）中蔡文姬的标准。这些作品在蔡文姬故事发展史上具有特殊的作用，它们提供了许多细节，将刘商的诗歌铺演成了郭沫若话剧中的模样，而后世不断产生的临摹本则表明后人对这个演义故事的兴趣从未衰减。南京博物院所藏的这件明代摹本还被印在《蔡文姬》

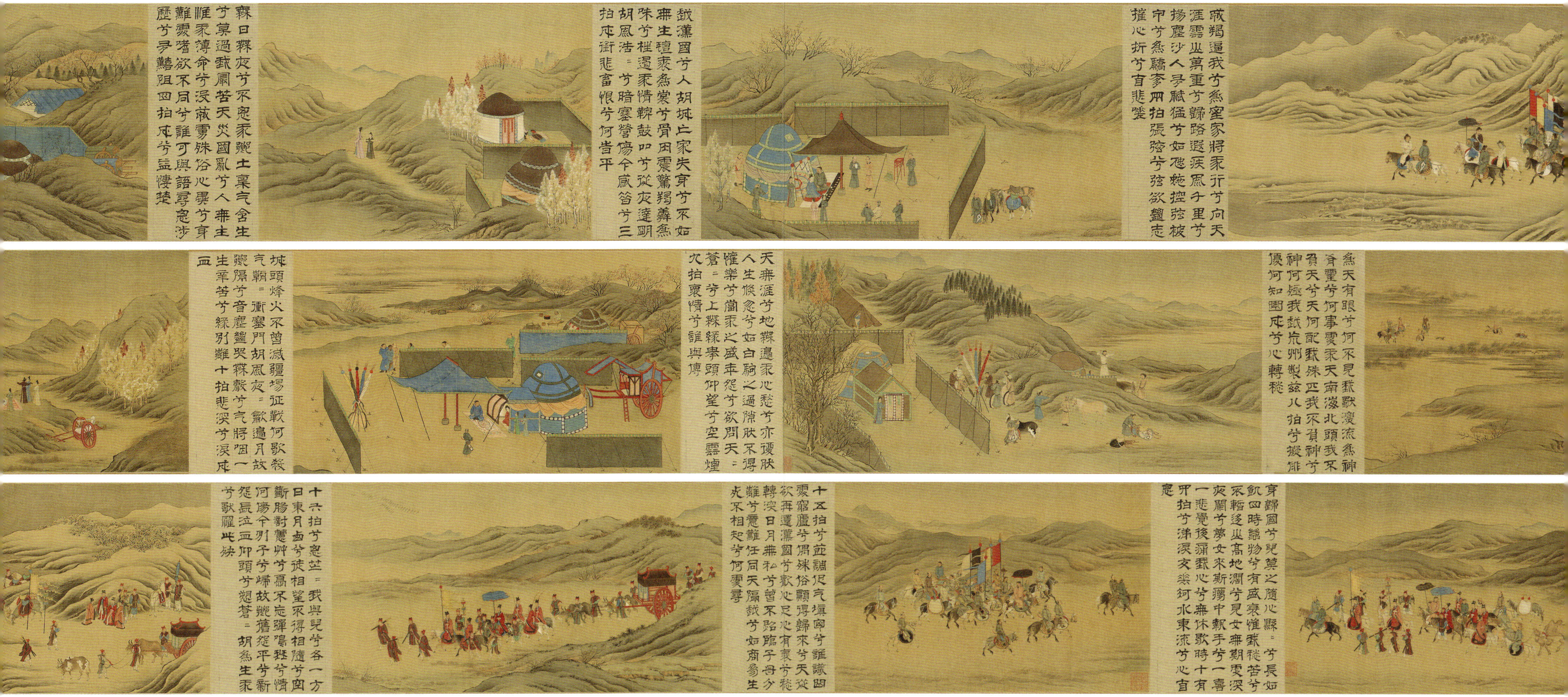

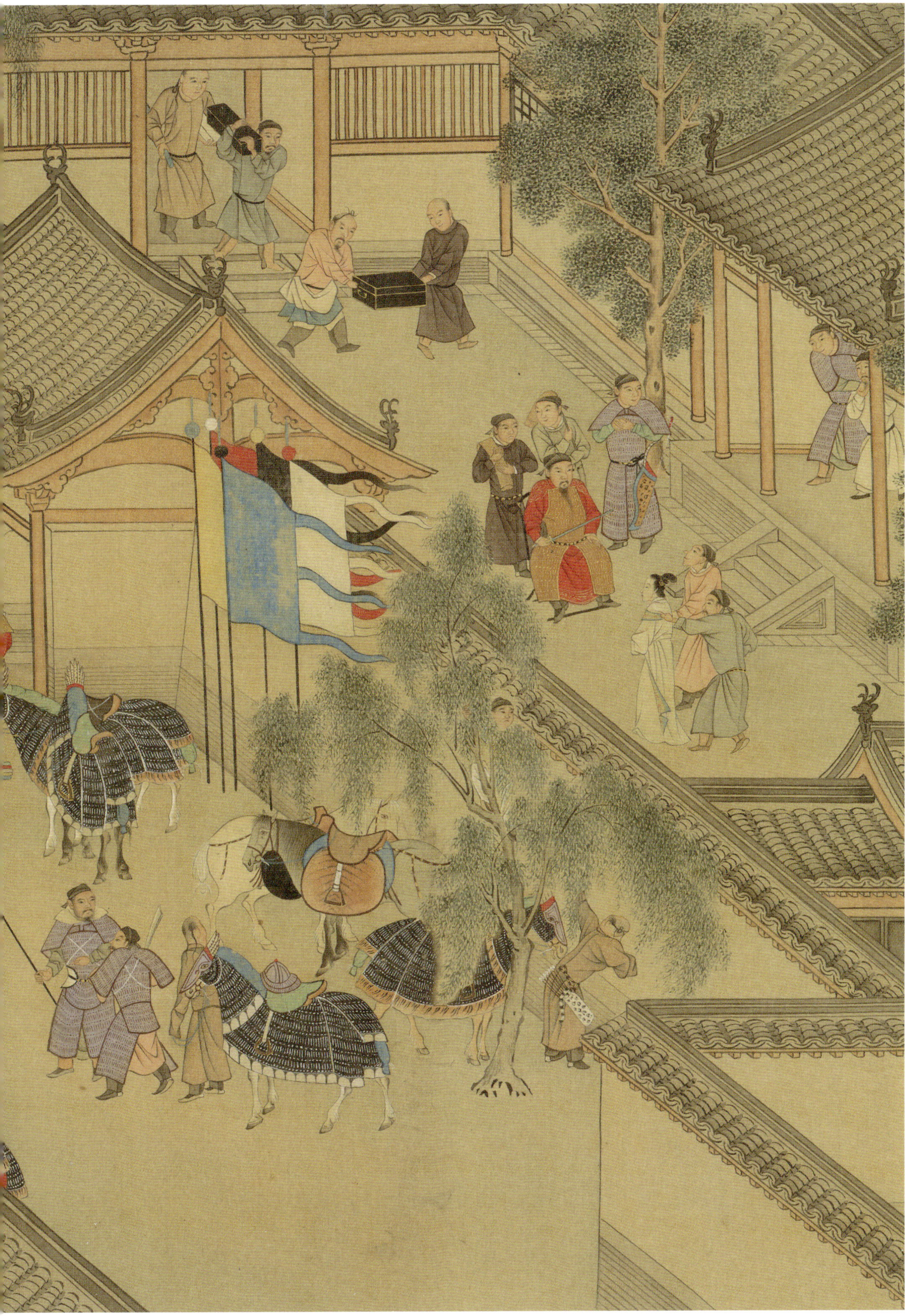

高丽青瓷是朝鲜高丽王朝时期著名的陶瓷种类。高丽青瓷的发展同高丽与中之间的频繁交往密不可分。9 世纪后期，朝鲜半岛西南海岸一带开始从中国浙江区引进瓷器和制瓷技术。高丽青瓷深受中国青瓷的影响，后逐渐发展出自己的特甚至一度可以与中国瓷器媲美。中国的许多窑场都对高丽瓷器的发展影响深远，越窑的窑炉、窑业技术、玉璧底器，耀州窑的釉色、器形、装饰技法等。高丽青虽仿中国青瓷，但因其自身的天然条件，如胎土、釉料等因素，使得其发展出独特色，不再只是中国青瓷的仿制品。11 世纪后半期为追仿汝窑而制造的翡翠青瓷因为本身釉层薄且透明，和厚釉层的北宋汝窑、南宋龙泉窑差别显著，成为当时著名品种，甚至被中国人所赞誉。北宋年间出使高丽的徐兢，归国后撰写《宣和使高丽图经》亦对其有“陶器色之青者，丽人谓之翡色……作碗碟、杯、瓯、花汤盏”“高丽工技至巧，其绝艺悉归于公”的描述。南宋太平老人《袖中锦》称

高丽青釉镶嵌花卉纹玉壶春瓶

Goryeo Celadon Yuhuchun Vase Inlaid with Floral Pattern

14 世纪

口径 9、足径 10.6、高 37.7 厘米

南京博物院藏

青瓷为高丽秘色，将其同监书、内酒、端砚、洛阳花、建州茶、定瓷等名一起列为天下第一。

镶嵌青瓷是高丽青瓷中最具代表性的品种，在 12 世纪到 13 世纪蔚为流其装饰技法是在器皿上刻、剔出图案与线条，再填入赭色、白色的粉料，刮去溢出的化妆土，素烧后上青釉烧制而成。由于配合透明度高的青釉，青釉之下仍可见清晰的黑白图案，与灰青色的底胎形成鲜明对比。

高丽青瓷在中国也颇受欢迎，在中国境内留存有一定数量。根据考古发按照出土地点的分布可以推测当时高丽瓷器贸易交往的路径。元明时期，方地区的高丽瓷器一般通过陆路方式从辽东半岛输往中国内地，而朝鲜半至登州港这一海上路线，也是重要的流通渠道；南方地区与朝鲜的海上贸易较频繁，宁波、泉州、太仓、扬州亦是与朝鲜半岛联络的重要港口。

高丽青釉镶嵌荷花纹梅瓶

Goryeo Celadon Plum Vase Inlaid with Lotus Pattern

14 世纪

口径 5、足径 11.5、高 30.5 厘米

南京博物院藏

高丽青釉镶嵌梅竹纹梅瓶

Goryeo Celadon Plum Vase Inlaid with Plum and Bamboo Pattern

14世纪

口径3.8、足径12、高30厘米

南京博物院藏

偰斯是明朝最早派往高丽的使臣，其两赴高丽，为明初中朝交往做出了贡献。据《明太祖实录》记载，洪武元年（1368 年）十二月，遣符宝郎偰斯奉玺书赐高丽国王王颛曰："今年正月，臣民推戴，即皇帝位，定有天下之号曰大明，建元洪武……然不可不使天下周知，余多不及。"此次出使，《高丽史》亦有详细记载，恭愍王十八年（1369 年）四月："壬辰，大明皇帝遣符宝郎偰斯赐玺书及纱罗、段匹，总四十匹。王率百官出迎于崇仁门外，其书曰：'大明皇帝致书高丽国王……然不可不使天下周知。'（偰）斯以去年十一月发金陵，海道艰关，至是乃来。"同卷五月："乙未，偰斯以二羊享王。丁酉，斯还王馈鞍马、衣服，不受。宰枢赠人参、药物，亦不受。王命文臣赋诗以赠。"综合上引史料，我们对偰斯这次出使活动有了较为全面的了解。偰斯在洪武元年（1368 年）十二月由南京始发，自海道赴高丽，由于"海道艰关"，至次年四月方达高丽都城。此次出使，偰斯携带了洪武皇帝致高丽国王的书信及礼品。抵高丽后，受到高丽的热情欢迎。五月，偰斯自高丽启程归国，高丽国王命文臣赋诗以赠。偰斯此次出使高丽的目的名义上是向高丽告知朱元璋即位建元之事，实际上是要缔结明朝与高丽的外交关系。偰斯出使的目的完全达到了，在其归国后数日，高丽即"遣礼部尚书洪尚载、监门卫上护军李夏生，奉表如金陵，贺登极。仍谢恩"。至此，明朝与高丽的外交关系正式确立。（田佳琪）

明偰斯墓

海靖款 墨竹图 卷

Ink Bamboo Painting Handscroll With Inscription "Hai Jing"

明

纸本墨笔／纵36、横476厘米

南京博物院藏

海靖，明代僧人，也即胡靖。乾隆《延平府志》载："胡靖，南平人，工书画，尝从天使泛海至琉球，揽岛屿风景，绘图志概，刻画精妙。后出家，名澄雪。"胡靖使琉球中，绘有《中山图》，并撰《琉球记》。胡靖乃一介布衣，何以为天使绘图？出于人缘、地缘及机缘巧合。人缘者，其与曹学佺亦师亦友。地缘者，为攻举子业，寓曹学佺福州家。机缘者，不期天使见其扇绘苏轼《赤壁图》而书的《后赋》，故致书招其"海外游"。曹学佺则在其抉择"海外游"与"举子业"两难之际，勉其志曰："矧丈夫壮游正在斯乎！"（田佳琪）

戴进 归田祝寿图 卷

明

绢本设色/纵40、横50.3厘米

故宫博物院藏

Returning to the Countryside to Celebrate the Birthday Handscroll
Dai Jin

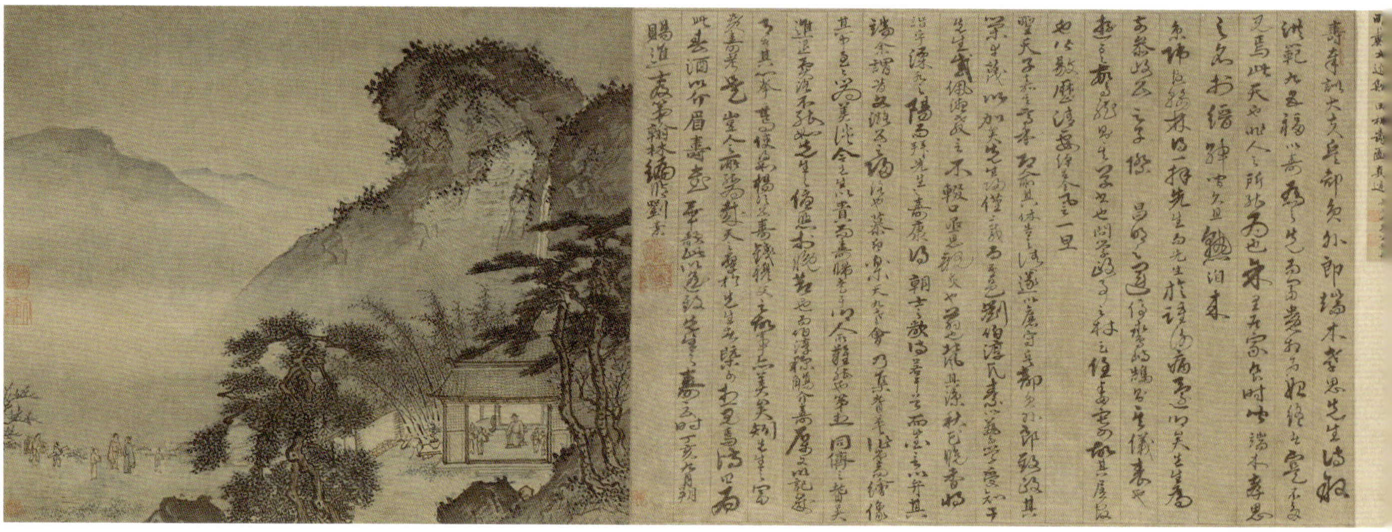

朱谋垔《续书史汇要》载："端木智，字孝思，溧水人，官礼部员外郎。父复初，洪武时为刑部尚书。孝思与兄孝文，皆以儒士起家，官翰林，先后使朝鲜，清节为远人所服，立双清馆。草书步骤不凡，入于妙品。"建文时，明朝派往朝鲜的使臣多达9次共24人次，涉及20人。除重大的颁布诏诰和礼仪之外，明朝使臣的唯一任务就是购马。具体而言，除洪武三十一年（1398年）底报告朱元璋丧讯及建文三年（1401年）前半年两次遣使颁发朝鲜建国后一直苦心营求的诰命、印信，此后六次出使，皆为采购因战局吃紧而格外短缺的战马。

端木智于建文四年（1402年）初以兵部主事赴朝购马，在朝鲜"挟妓日醉，自夸其书曰：'天下第一笔！'以印本一册赠判阁偰眉寿曰：'书法与王羲之无异也！'"可证端木智出使，当与其善书有关。

此《归田祝寿图》乃戴进为端木智六十寿辰所绘。（田佳琪）

送朝天客归国诗章图 轴

明

绢本设色/纵 103.6、横 163 厘米

韩国国立中央博物馆藏

Farewell to Envoys Returning to Their Homeland with Poetic Verses Hanging Scroll

上方诗堂两侧分别题有隶书大字“送朝天客”“归国诗章”，右侧书法的上、下角依次钤有阴文“梅厓”、阳文“云冠翁”印章，左侧书法除有篆笔款识“云冠翁梅厓书”，随后还钤有一枚阳文“伯行”方印。其中“伯行”“梅厓（亦作崖）”系明代鄞县（今属浙江宁波）籍文人方仕的字及号，该画轴因其题笔而得名。此外，诗堂中间另有他人致监察御史金唯深的行书饯别诗：“海域航珍贡帝畿，壮游万里恣轻肥。中朝礼乐歆才望，故国江山耀德辉。鹦鹉洲边孤树杳，凤凰台下五云飞。俄然为报潮平候，满载恩光向日归。致监察御史、日湖金唯深。”“朝天客”指古代受命派遣到中国的一些藩属国使节团的使臣，基本任务是代表本国定期或不定期地来华朝贡，借以寻求中方保护，有时还踏访华夏各地进行交游等，以进一步加强彼此间的经贸、文化往来。对于这里所指的“朝天客”的归属问题，目前有研究者认为是朝鲜使臣，也有研究者认为是其他国家的使臣。从画轴中的诗文等内容来看，该作者并非中国人，所钤印章上的文字笔画亦不符合汉字书写古法，可以判断该诗作者为邻邦来华的“朝天客”，此诗应是其在回国前与金唯深告别时所赠，以此表达自己内心的眷恋情感。

此外，该幅画作的背景主体是明代的南京城。俯视《送朝天客归国诗章图》，可见东接外郭麒麟门，南至雨花台，浩荡长江由西南方滚滚而来，沿着城西侧和北边向东奔流而去，江上船来棹往，对岸有浦口城垣、兵营等。金陵大地山峦起伏、河流纵横，既有城郭、皇宫、皇陵、祭坛、寺庙，也有官署、宅居、园圃、楼台、亭阁、驿馆、桥梁及卫所等，一些地标性建筑上还注有相关文字。

《送朝天客归国诗章图》作为具有视觉性的历史叙事记录，为世人了解明代南京自然地理与历史人文景致提供了比较形象直观且颇为难得的图像印迹。对于相关学术研究、保护历史人文风貌包括文物复建工程等，该图亦具有重要的图像史证价值和学术参考意义。

参考文献：周安庆《中外文化交流与南京历史风貌的图像见证——明代〈送朝天客归国诗章图〉管窥》，《江苏地方志》2023 年第 1 期。

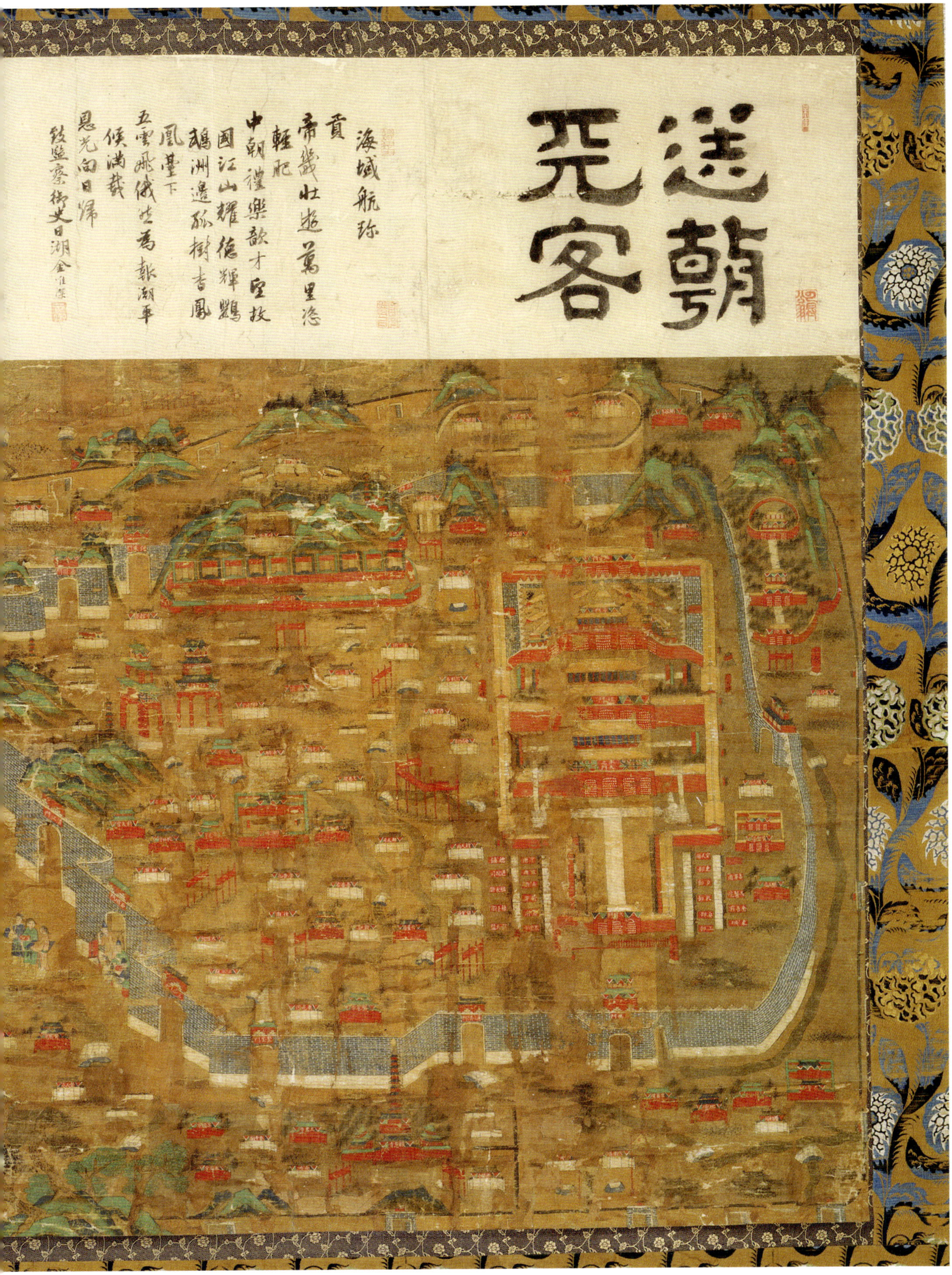
送朝天客

奉使朝鲜倡和诗卷

明

纵33、横1600厘米

韩国国立中央博物馆藏

Collection of Poems of a Ming Envoy and the Scholars of the Joseon Dynasty

明景帝继位后即派使臣出使朝鲜通报，明朝使臣与迎接其的朝鲜远接使间应答酬谢所作的“唱和诗”被收集起来，整理成册，即为《奉使朝鲜倡和诗卷》。此诗卷中共收录明朝使臣倪谦及朝鲜官员郑麟趾、申叔舟、成三问的诗文30余篇。全部诗歌均为作者亲手所书，并钤有自己的印章。该诗卷的封面写有《明倪文僖公奉使朝鲜唱和诗卷》的标题和“光绪乙巳重装”“唐风楼藏”字样。由此可知，清光绪三十一年（1905年）拥有藏书楼“唐风楼”的清末金石学家罗振玉对原件重新进行了修订。打开卷轴后，首页上可看到与倪谦生活在同一时代的王叔安以篆书体亲笔所书的“奉使朝鲜倡和诗册”字样。后面是清代唐翰题和罗振玉所写的跋文以及传入韩国后，金庠基、李丙焘、金斗钟、李用熙、全鎣弼、元忠喜6人在1958年所作的鉴定记。

1449年12月13日，翰林院侍讲倪谦与副使司马恂为颁布景帝登基诏书离开北京，27天后从北京抵达辽阳。1450年1月10日，倪谦一行从辽东出发，又用了21天从辽东来到汉阳，在汉阳停留20天后，于2月3日经鸭绿江用14天的时间返回辽东。《朝鲜纪事》中以纪事的形式记载有倪谦一行从辽东至汉阳这段50余天的出访行程。1469年收录了倪谦在出使路上所著诗文的《辽海编》正式出版，该书卷一、二中收录了其往返于北京和汉阳间时将所见所感等作成的诗文。综合二者，即可还原出当时使团的面貌。《奉使朝鲜倡和诗卷》收录的诗歌主要为自汉阳返回后祭拜成均馆宣圣墓时起至由鸭绿江返回北京期间唱和的诗文。倪谦之所以被委任为朝鲜使团的正使，是因其具有卓越的文学素养和创作能力，被其他官员誉为举世无双的“文学之士”。同时，他担任翰林院侍讲一职，深受皇帝信任，是加强中朝友好关系的最佳人选。朝鲜听到倪谦出使的消息后，派出了当时首屈一指的三位文学之士郑麟趾、申叔舟、成三问迎接他的到来。三人均是深受世宗宠爱的集贤殿官员。倪谦进入朝鲜境内后，创作了多首纪行诗。在祭拜过成均馆宣圣墓后，开始与朝鲜远接使进行诗文唱和。一有时间，双方就会多次唱和诗文。起初唱和诗文时，带有一丝相互试探和较量之意。随着双方日渐了解，情谊加深，对对方的文学素养和人格魅力升起了敬佩之情，在分别时甚至曾一度伤心落泪。

此诗卷中生动记录了当时明朝与朝鲜的外交关系，具有十分重要的意义。诗卷中收录了郑麟趾、申叔舟、成三问等的亲笔手稿，被视为研究朝鲜前期书法家的珍贵资料。朝鲜士族与明朝使臣间的文学交流不仅加深了相互的情谊，还让朝鲜高水准的文风扬名中国，从而改善了明朝对朝鲜的看法。实际上，就连倪谦自己都对郑麟趾、申叔舟、成三问所作的唱和诗文惊艳不已，这为长期保持朝鲜与明朝的友好关系奠定了基础。为了接待明朝使臣，朝鲜在向明朝上贡的同时，还积极选拔可唱和诗文的人才。正是有了这些努力，朝鲜才能与明朝一直保持着友好的关系。（徐俞希）

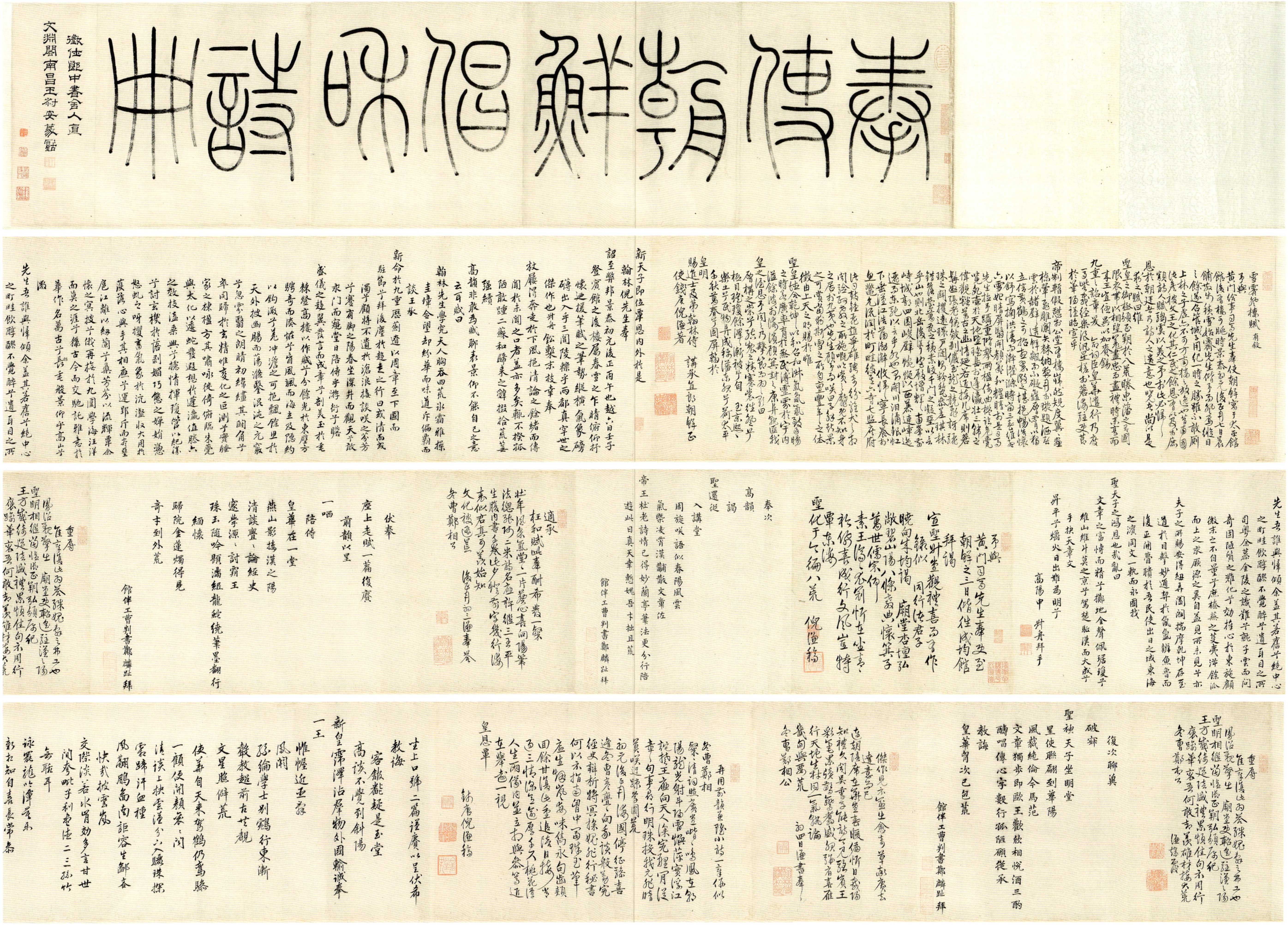

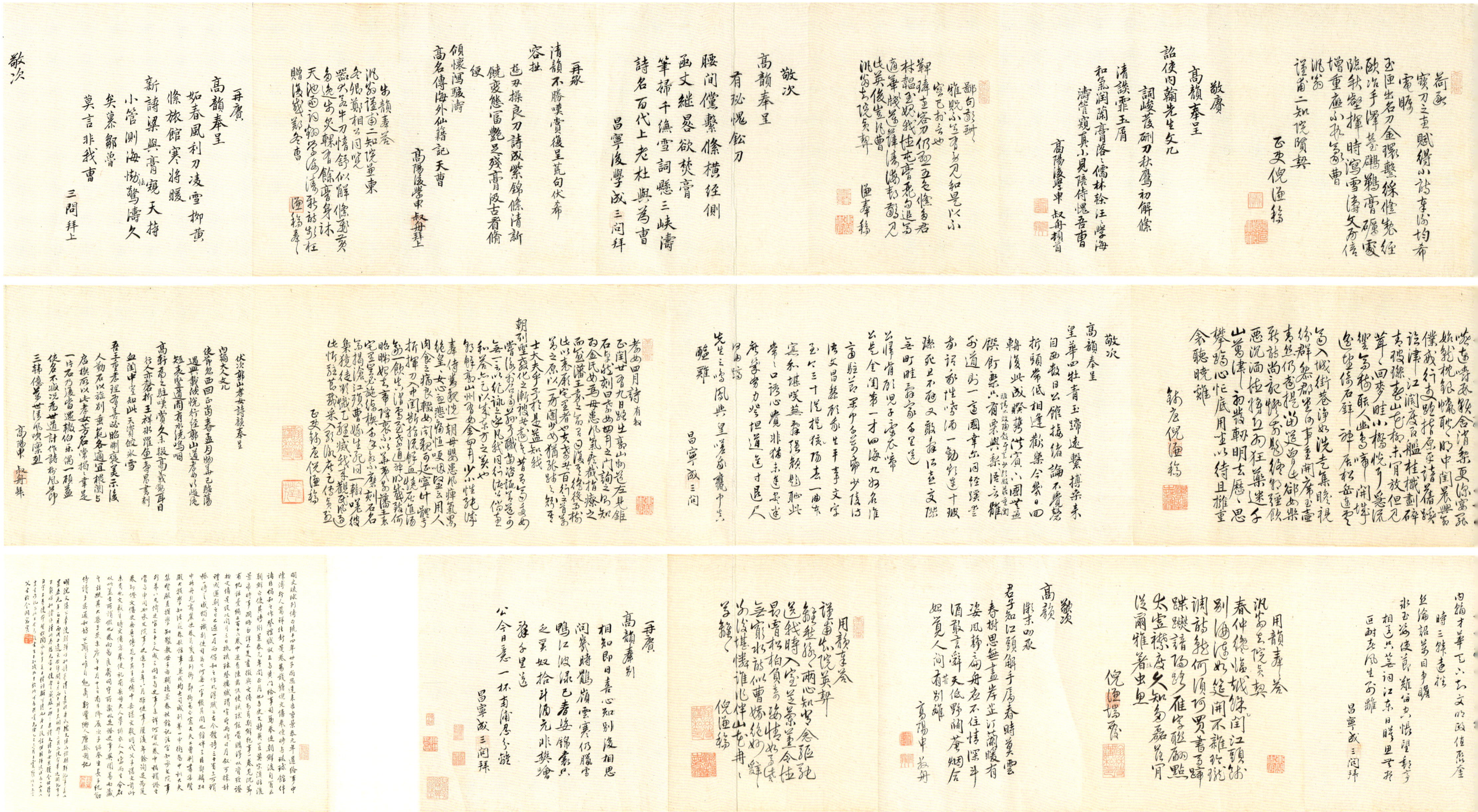

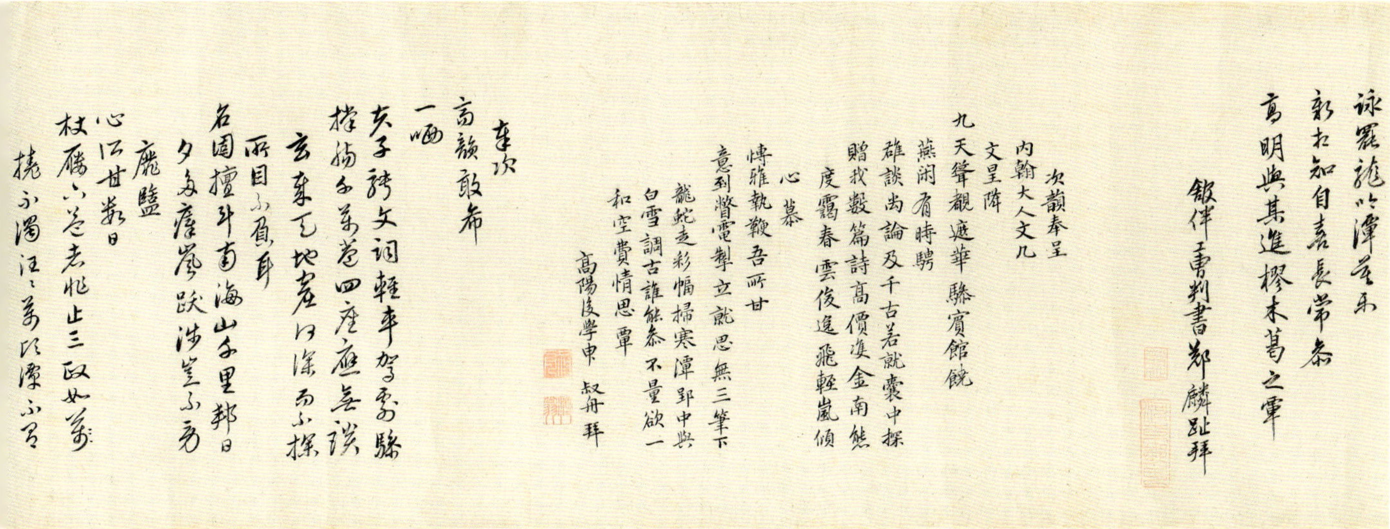
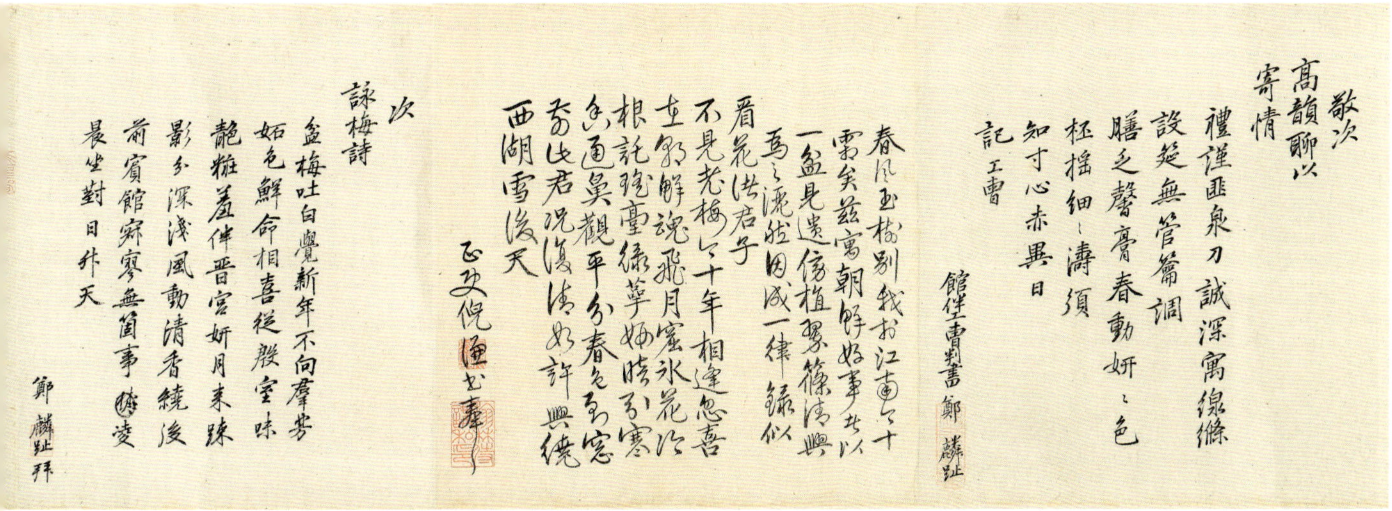
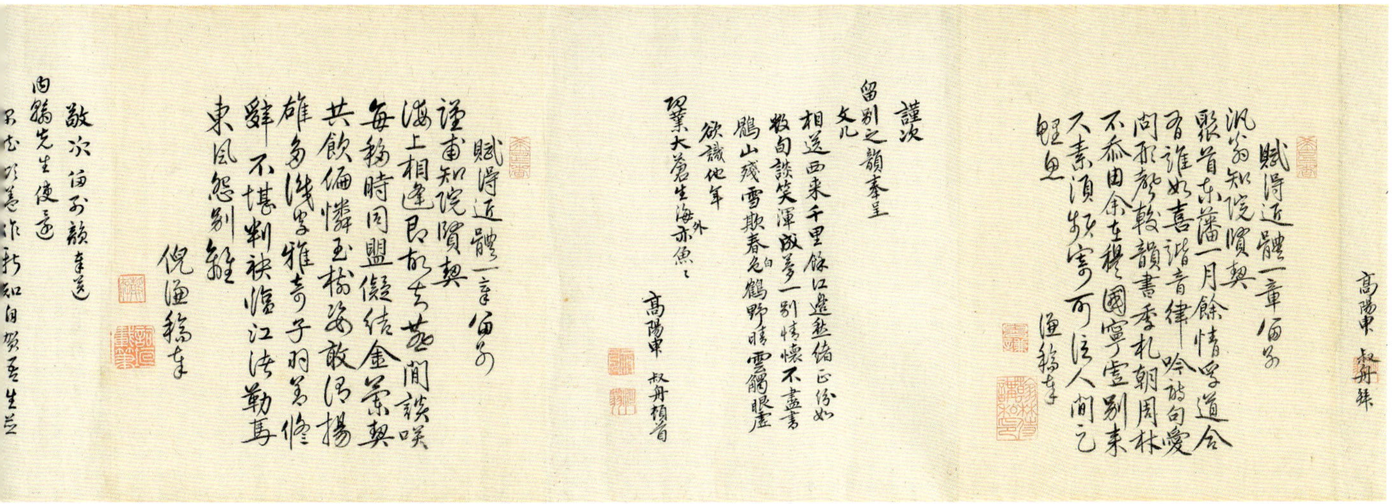

风正人和

The Hero and the Historical Mission

明太祖奉行的外交理念，根植于《礼记》的「柔远人」与「怀诸侯」之道。以此在世界树立华夏的尊威，激发其既敬畏又向往的情感，实现「柔远人则四方归之，怀诸侯则天下畏之」的理想状态。明成祖继承并创新了明太祖的政策，开辟海路，广邀远方藩属输诚纳贡，为内政的稳定提供了坚实的支撑，这一策略彰显了中华文明的包容性与外交智慧。在历史进程和个人命运的交汇中，郑和成为完成这一史无前例伟业的不二人选。历史将一个雄心勃勃的帝王、一位才华横溢的航海家、一个古老而又勃兴的国家与一个即将进入全球化时代的世界紧密相连，共同开启了一段壮丽的航海纪元，点亮了东西方文明交汇的辉煌场景。

The diplomatic philosophy advocated by Emperor Hongwu was deeply rooted in the principles of "treating vassals with benevolence" and "befriending distant states" from the *Book of Rites*. Through this approach, he aimed to establish the authority of China worldwide, evoking both reverence and longing, and realizing the ideal state of "distant states yielding and vassals revering". The Emperor Yongle inherited and innovated upon the policies of his father, opening up sea routes and attracting vassal states from distant lands to offer tribute, which laid a solid foundation for domestic stability. This strategy demonstrated the inclusiveness and diplomatic wisdom of Chinese civilization. In the intersection of historical progress and individual destiny, Zheng He emerged as the unparalleled choice to accomplish this unprecedented undertaking. The history closely bound the ambitious Emperor, the talented navigator and the ancient yet thriving nation with the world on the brink of globalization, jointly inaugurating a magnificent era of navigation and launching the splendid mutual learning between Eastern and Western civilizations.

吴为山　郑和铜像

现代

高 72 厘米

Bronze Statue
of Zheng He
Wu Weishan

郑和（1371—1433 年），原姓马，小名三宝，又作三保，云南昆阳县（今云南省昆明市晋宁区）人。中国明朝航海家、外交家。洪武二十三年（1390 年），郑和随燕王朱棣前往燕京（今北京）燕王府，并在靖难之役中立下战功。永乐元年（1403 年），国师姚道衍收其为菩萨戒弟子，法名福吉祥。永乐二年（1404 年），明成祖朱棣在南京御书“郑”字赐姓，以纪念战功，史称“郑和”，并升其为内官监太监。永乐三年（1405 年），郑和奉明成祖之命率领船队开始他的七次远航，历时 28 年，访问了 30 余个国家和地区，史称“郑和下西洋”，总航程达 7 万余海里。郑和下西洋足足早了西方半个多世纪，其航程之远、船队规模之大，为当时罕见。

明郑和父马哈只墓志 拓本

纵166、横94厘米

昆明市晋宁区博物馆藏

Epitaph of Zheng He's Father Ma Hazhi, Ming Dynasty

Rubbing

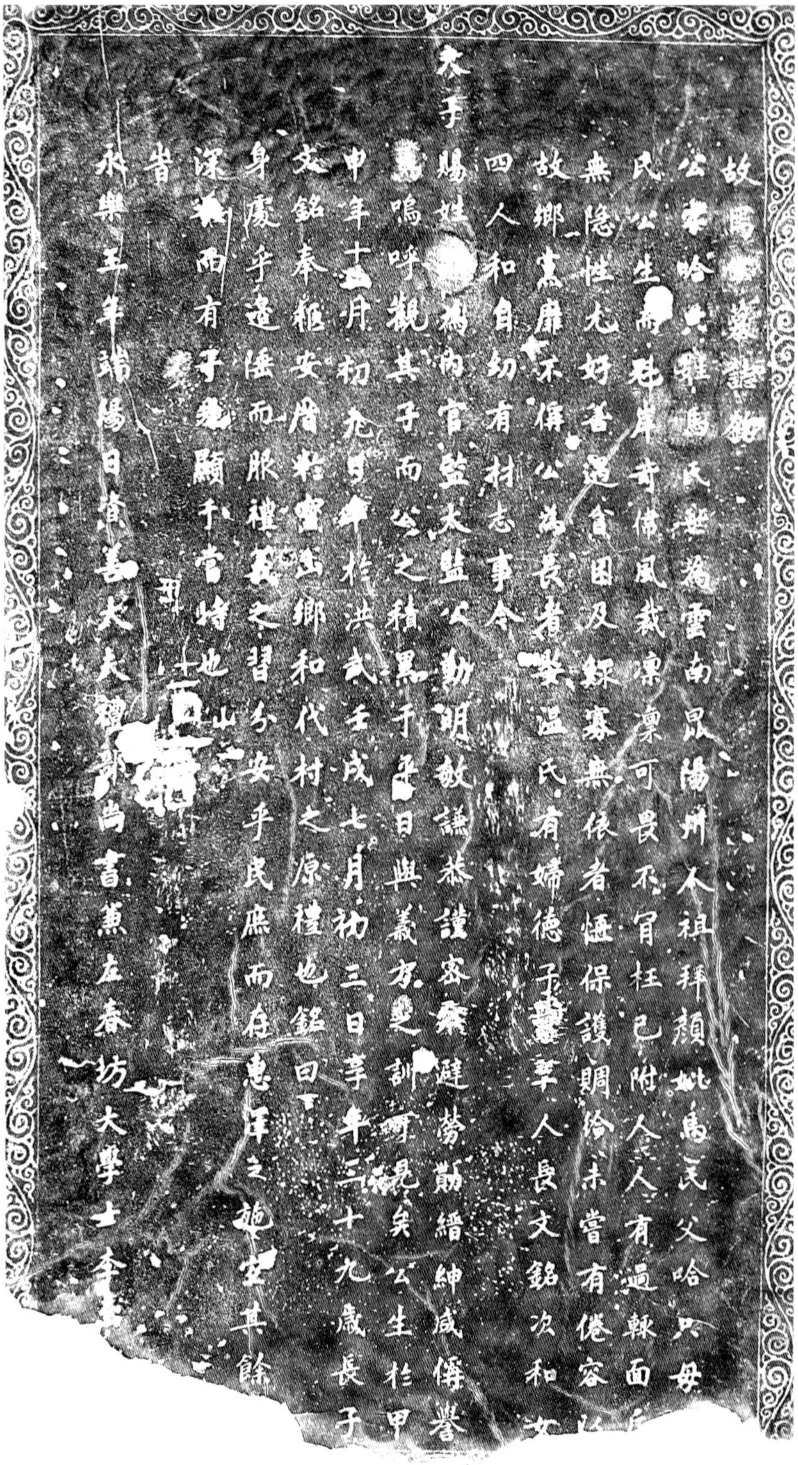

墓志志主为郑和之父。据志文所载，郑和曾
拜颜，祖母与母亲均称“温氏”。祖父、父亲之
未载，以“哈只”代称，故父即“马哈只”。志文
文如下：

故马公墓志铭

公字哈只，姓马氏，世为云南昆阳州人。
拜颜，妣马氏。父哈只，母温」氏。公生而魁岸奇
风裁凛凛可畏，不肯枉己附人。人有过，辄面
无隐。性尤好善，遇贫困及鳏寡无依者，恒保
赒给，未尝有倦容。以」故，乡党靡不称公
者。娶温氏，有妇德。子男二人，长文铭，次
女」四人。和自幼有材志，事今」天子，赐姓
为内官监太监。公勤明敏，谦恭谨密，不避劳
缙绅咸称誉」焉。呜呼！观其子而公之积累于平
与义方之训可见矣。公生于甲」申年十二月初
日，卒于洪武壬戌七月初三日，享年三十九岁
长子」文铭，奉柩安厝于宝山乡和代村之原，礼
铭曰：」身处乎边陲而服礼义之习，分安乎民
而存惠泽之施，宜其余庆」深长而有子光显于
时也。」时，」永乐三年端阳日，资善大夫礼
尚书兼左春坊大学士李至刚撰。

志文背面刻有：

马氏第二子太监郑和，寿命于永乐九年十
月二十日到于祖家坟茔祭扫追荐，至闰十二月
日乃还记耳。

关于郑和葬地的文献记载，目前已知时代最早、最明者为清康熙《江宁县志》，所云郑和墓在牛首山西麓，葬衣冠处，应有所本，可以凭信。1935 年，罗香林调现的牛首山西南支脉狮子山西南麓的“郑和墓”，虽有涉及确凿的文字证据，也未开展进一步的考古工作，“黄琉璃瓦”等线索表明，其地与郑和葬地及坟寺确实重要的关联性。目前关于郑和葬地的三说中，牛首山高家库郑强墓地与郑和无关，其说可以完全否定；弘寺塔地宫说也是疑点丛生，关键论据存在硬伤，不能令服；牛首山西南麓的“郑和墓”没有发现任何实物证据，证缺乏严谨性，当初确认为郑和墓址有明显的匆忙草之嫌疑。新发现的清光绪十年（1884 年）《咸阳世家碑》管时代较晚，但碑文中郑和坟寺广缘寺等记载却相当可广缘寺与罗香林在狮子山西南发现的“黄琉璃瓦”处同一地点，就在今大世凹南，而真正的郑和葬地则在缘寺后（北）。据此，王志高推测，郑和葬地及其坟寺缘寺在今牛首山大世凹以南不远的空间范围内，今牛首西南麓“郑和墓”则在其东南约 500 米。

参考文献：王志高《关于郑和的葬地问题》，《晓庄师范学报》2017 年第 3 期。

清咸阳世家碑　拓本
纵 105、横 48 厘米
郑和墓园文物保护管理所藏

Stele of the Descendants of Prince Xianyang, Qing Dynasty
Rubbing

李童施金铜尊胜佛塔

明

宽 19.3、底座边长 37.5、通高 32.7 厘米

南京博物院藏

Gilded Bronze
Lamaism Pagoda
Financially-aided
by Li Tong

塔座背面铭文“佛弟子御用监太监李福善奉施”为探查与佛塔相关的历史人物提重要的线索。据葛晓康考证，在解读南京牛首山弘觉寺塔地宫出土文物的过程中，发地宫与著名航海家郑和有着千丝万缕的联系。根据地宫出土文物可知，太监李福善不有一定的地位，而且与对外交流有着密切的关系，他既是佛教徒又兼信伊斯兰教。根些线索，葛晓康对明初与此有关的著名太监进行了筛选，发现李福善的身份与郑和非近。郑和在明永乐、宣德年间七下西洋的壮举和信奉伊斯兰教，早已众所周知。永乐（1403 年）姚广孝题记的《佛说摩利支天经》云：“今菩萨戒弟子郑和，法名福善，命工刊印流通，其所得胜报，非可尽矣。一日怀香过余请题，故告以此。”据此题记可郑和曾在姚广孝的引荐下皈依佛教，成为一名佛教徒。

杨海涛认为鎏金喇嘛塔是明代宦官信仰佛教的产物，铭文中的“李福善”并非郑和，而是李童。鎏金喇嘛塔上的铭文“佛弟子御用监太监李福善奉施”，说明包括鎏金喇嘛塔在内的地宫文物都是一位名叫李福善的信奉佛教的御用监太监奉施给弘觉禅寺永充供养的。北京西郊翠微山麓，有一座建于明正统年间的法海寺，寺内有一块明正统九年（1444 年）甲子冬日太监李福善等立的《楞严经幢》。根据法海寺《御用监太监朴庵李君碑》《敕赐法海禅寺碑记》《楞严经幢》三块石刻史料记载，“原来李童的佛家名称为李福善”，故“李福善”为明英宗时的御用监太监李童。从《御用监太监朴庵李君碑》可知，李童生于明洪武二十二年（1389 年），卒于明景泰四年（1453 年），永乐初年入宫，曾随成祖、仁宗、宣宗出征平叛，立下功绩。英宗当政时，李童颇得赏识，还曾拜于权监王振门下，得意一时。李童信仰藏传佛教，与藏僧过从甚密。据《敕赐法海禅寺碑记》碑阴题名，在“助缘法王上师国师禅师僧官剌麻僧众官员人”中，首列即为大慈法王释迦也失为首的藏僧六人，其他诸僧也大都是京寺藏僧中的头面人物。而且李童来南京也是可能的。南京有岁贡，即将江南搜刮的各种财富及土特产品直接运送北京内库，供皇帝、宫廷享用。据谈迁《枣林杂俎》记载，进奉物品不仅数量颇巨，且种类繁多，多为宫中所需的时鲜土特产。另外，明代南京的丝织业十分发达，产品精美，品种丰富，明代皇室所用的各种丝织品，以及赏赐臣下和向国外赠送的绸缎等，有很大一部分是在南京织造的，并设置有神帛堂、供应机房、织造局等机构，由宦官负责监督管理织造及采办事宜。李童作为御用监太监，正与此有关。由此可见，来南京弘觉寺奉施鎏金喇嘛塔的“李福善”为李童无疑。

关于佛塔的造型及性质，据廖旸研究，明正统初年太监李童施入弘觉寺塔地宫的金铜塔为藏式形制，属善逝八塔中的尊胜塔，为目前内地发现的较早遗例。此塔保存有 13—14 世纪藏式塔的一些特征，某些元素也体现出汉藏艺术的交融，并为探讨善逝八塔形制的发展与成熟提供了重要线索。塔瓶内设顶髻尊胜佛母雕塑坛城，实现了坛城与尊胜塔空间的完美配置，标志着尊胜佛母造像居中的塔形龛到完整塔形的变化。塔底座四隅所置盖罐或系坛城法器，而类似须弥座内藏黑财神像、珍珠宝石的做法，或与西藏起塔制度有关。

参考文献：葛晓康《南京牛首山弘觉寺郑和德塔考证——兼考“三宝”和“三保”太监》，《中国历史文物》2008 年第 5 期；杨海涛《略说南京弘觉寺塔地宫出土鎏金喇嘛塔——兼与葛晓康先生商榷》，《中国历史文物》2009 年第 5 期；廖旸《南京弘觉寺塔地宫出土金铜尊胜塔像新考》，《故宫博物院院刊》2011 年第 6 期。

郑和舍圆瀞书　妙法莲华经　卷

明宣德七年（1432年）
纵10.1、横4030厘米
平湖市博物馆藏

Master Yuanjing's Calligraphy of the *Lotus Sutra* Financially-aided by Zheng He
Handscroll

经卷由41条长约100厘米的磁青纸粘接而成，其上金粉楷书《妙法莲华经》七卷二十八品，共7万余字。金书色泽光亮，用材讲究。书写工整，字体古朴秀丽，精致而不失随和，既有唐楷的严谨，又有敦煌写经书体的神采。

卷首有“舍利塔放光现瑞图”、云龙莲花牌（内楷书“真身舍利无量宝塔”）、佛说法图（又名灵山法会图）和云纹牌（内楷书“佛日增辉，法轮常转”）。

卷后有跋“夫妙法莲华经者，乃如来出世一化之根源，五时之极唱。示群生本有之知见，显诸佛心地之玄微。开九界之玄机，入一乘之实理。三周七喻，妙绝群诠。迹本二门，权全是实。所以身子最初而得记，以致极未来际，莫不濡味醍醐，俱蒙授记，故称诸经之王，实为希世之宝。爰从汉世教被真丹，迨至圣朝，而此经流通特盛者，良有以也。三宝弟子莫不宿植深厚，笃信佛乘，而于此经殊深好乐。于是首捐己帑及募众缘，鸠工锓梓以传永久。上祝皇图巩固，圣寿天齐，佛日增辉，法轮常转。乃备楮墨，印造一藏，计五千四十八部散施十方。四部之众，若受、若持、若读、若诵，随喜见闻，尽得法华三昧，咸入佛之知见。经中云，今法王大宝，自然而至，何其幸欤。然而檀度与诸信施，若非昔曾于灵山会上，同授如来付嘱授记，曷能如是笃信好乐，而流通也哉。比丘圆瀞嘉其为法之心，能为希有之事，遂乃焚香濡翰，序于经后，共垂悠久云。”跋后有莲花牌，内书“大明国奉佛信官郑和，法名福吉祥，发心铸造镀金舍利宝塔一座，永远长生供养，冀见生之内，五福咸臻，他报之中，庄严福寿。宣德七年九月初三日意。”最后为韦驮法神像图。卷中间有红木卷杆，外有黄花梨木“法宝”铭文经筒。

圆瀞，字心源，身世不详，曾在杭州天竺寺从天台宗雨翁受学，明宣德年间任僧录司右善司，集有《教乘法数》四十卷。

真身舍利無量寶塔

咸入佛之知見經中云今法王大寶自然而
至何其幸歟然而檀度與諸信施若非宿
昔曾於靈山會上同授如来付囑授記曷能
如是篤信好樂而流通也哉比丘圓靜嘉其
為法之心能為希有之事遂乃焚香濡翰序
于經後共垂悠久云
大明國奉
佛信官郎和法名福吉祥發心
鑄造鍍金舍利寶塔一座永遠
長生供養所冀見生之内五福
咸臻他報之中莊嚴福壽
宣德七年九月初三日意

永乐六年（1408年）僧本性因泄私愤纵火烧毁大报恩寺、塔，于是永乐十年（1412年）遂有大报恩寺之重建工程。这次重建活动仍是由工部侍郎黄立恭等负责，但按明代制度，国家营建之事，也会有内府内官监参与。郑和至少在永乐三年（1405年）已任内官监太监，明代内官监太监所属有总理、管理佥书、典簿、掌司、人数、写字、监工等，并管辖十作："曰木作、石作、瓦作、搭材作、土作、东作、西作、油漆作、婚礼作、火药作"等，"凡国家营建之事，董其役"，所以当时郑和可能参与了大报恩寺的营建。明人王士性《广志绎》还直接说到"先是，三宝太监郑和西洋回，剩金钱百余万，乃敕侍郎黄立恭建之"，似乎大报恩寺工程启动时使用的还是郑和下西洋归来后所剩资金，这更加证明郑和与大报恩寺兴建工程存在直接联系。到了宣德三年（1428年）二月，大报恩寺的佛殿、宝塔大致完工，但局部工程还在拖延，因此当年三月十一日，明宣宗朱瞻基已很有意见，即"敕太监郑和等：'南京大报恩寺自永乐十年十月十三日兴工，至今十六年之上，尚未完备，盖是那监工内外官员人等，将军夫人匠役使占用，虚费粮赏，以致迁延年久。今特敕尔等，即将未完处用心提督，俱限今年八月以里都要完成，迟误了时，那监工的都不饶。'"这是皇帝给郑和等人下的一道死命令，限定大报恩寺工程必须要在宣德三年（1428年）八月底之前全部结束，同时这也表明宣宗对郑和的高度信任。就在同一天，宣宗还下了另一道敕令，对大报恩寺完工之后的仪式活动及管理等做出指示："敕太监尚义、郑和、王景弘、唐观、罗智等：'南京大报恩寺完成了，启建告成大斋七昼夜，燃点长明塔灯，特敕尔等提调修斋，合用物件着内府该衙门、该库关支物件造办，打发供应物料及赏赐僧人，就于天财库支钞，着礼部等衙门买用。灯塔用香油，着供用库按月送用。'"由此观之，郑和应该还参与主持了大报恩寺、塔最后的落成典礼。此外，在大报恩寺又栽种有郑和下西洋携带回来的"五谷树"，周晖《金陵琐事》言其"不但结子如五谷，亦有似鱼蟹之形者，乃三宝太监西洋取来之物"。

参考文献：贺云翱《郑和与金陵大报恩寺关系考》，《东南文化》2007年第4期。

白釉瓷砖

White-glazed Brick

明永乐

长26.6、宽14.6厘米

南京博物院藏

模印释迦牟尼佛塔砖

Stamping Brick of the Shakyamuni Pagoda

明永乐

宽 35.5、高 43 厘米

民国张惠衣所撰《金陵大报恩寺塔志》收录有一方塔砖，与此件明永乐模印释迦牟尼佛塔砖基本类似。据张惠衣描述："正面。此为第四层塔砖。色黝黑，土质极纯。按塔之外墙，均用白磁砖成之。此当非外墙用者。纵营造尺一尺三寸四分七厘，合英尺一尺五寸半；横营造尺一尺一寸零九厘，合英尺一尺一寸八分；厚营造尺二寸四分四厘，英尺三寸六分七厘。又按构塔时每层所用砖数均相同，而砖之体积则自一级至九级递次缩小，砖佛像大小亦如之，可知他级砖式之大小当与此异。"明代陈沂在写大报恩寺塔时说："堆槛皆朱，壁皆黝垩，榱栱则间以元朱，其花萼旋绕，户牖悬辟之制，皆如初级焉……浮屠之内，悬梯百蹬，旋转而上，每层布地以金，四壁皆方尺小释像，各具诸佛如来因像。凡百种种，皆极精巧，眉发悉具，布砌周遍。"由此可知，明代时琉璃塔内每层四壁皆镶嵌有这种释迦牟尼像塔砖，垩为白色，黝为黑色，琉璃塔第二至九层的外壁因装饰白瓷砖，故称为垩，而内壁因装饰黑色的佛像砖，故称为黝。1691 年法国传教士李明（Louis Daniel Le Comte）见到琉璃塔后描述："高层的墙壁上凿了许多小佛龛，里面有偶像和浮雕，是一种很洁净的彩饰。整个建筑物是金色的，看上去像是大理石造或凿石面造。但实际上它们是模子制成的竖立的砖……所用之泥质地极细，并经多次过筛，比我们的泥更适合用模子制作成型。"由此可知，明代时的塔砖呈黑色，清康熙时在原来明代的基础上，以金漆装銮，所以才呈现出如今我们看到的塔砖模样。

大报恩寺琉璃塔石质佛像砖

明

高 19.5—35.5 厘米

南京市考古研究院藏

Stone Buddha Portrait Bricks of the Glazed (*Liuli*) Pagoda from the Grand Bao'en Temple

大报恩寺遗址出土的石质佛像砖，其与琉璃塔有紧密的联系。明正德《姑苏志》记载：
峰石出锦峰山，色紫，充杂器用。永乐间造南京报恩寺塔，取此石刻佛像，以其天阴雨
润，可妆采色。”这条文献不仅明确证明琉璃塔上装饰有石质佛像，而且交代了石料的
源为苏州的锦峰山。1854 年来到南京的美国海军军官法斯（Charles Fahs），对琉璃塔
行过实地勘察，他在给上级的报告中写道：“第一层的外表没有琉璃砖，但是，它完全
由一大块的沙石构成的。每边都有一个巨大的浮雕佛像，其形象栩栩如生，显示出熟练
雕刻技巧。这座八角琉璃塔的进口是四个高约八英尺、宽约六英尺的拱门。塔壁约有六
英尺厚。拱门的每一边都立着三座很美丽的浮雕大佛像，佛像上部还精心雕刻了各种图案
朝塔上望去，也能看到类似的拱门，但没有刻上第一层那样的图案了。”法斯的报告指
出，琉璃塔的第一层与其他各层的装饰特点有所不同，该层表面没有使用琉璃砖和白
砖，而是用“沙石”雕刻了大大小小多尊佛像。法斯的记载得到另一位英国外交官
礼赐（Robert J. Forrest）的印证。1861 年富礼赐来到南京时，琉璃塔已经被毁。他
载当时的情况：“（琉璃塔）已成为一堆白色的废墟。由一个狭窄的洞孔分隔开的两堵
墙是该塔仍然屹立的仅存部分……到南京的每一艘船都去那里做一次掠夺性的旅行，凯
式地从灰白堆里带走大批的琉璃砖……据说整个废墟的底部有一层极有价值的玫瑰色的
这一宝藏显露时，也许我仍在南京，那时会对我现在一块砖也得不到的状况有所补偿。
法斯所谓的“沙石”和富礼赐所谓的“玫瑰色的砖”应该就是指这些以紫色为主的锦峰石
它们主要用于琉璃塔第一层的装饰，因而被埋在琉璃塔废墟的最底部。

参考文献：祁海宁《皇家寺院的孑遗——南京大报恩寺遗址出土明代佛像与六拏具砖》，《文
2018 年第 5 期。

大报恩寺塔琉璃拱门

明

宽 230、高 275、厚 44 厘米

南京博物院藏

Glazed (*Liuli*) Archway of the Glazed Pagoda from the Grand Bao'en Temple

1958 年 9 月和 1959 年 5 月在对南京窑岗村明代琉璃窑址的考古发掘工作中，文博构采集了一批较为完整的琉璃砖瓦。南京博物院、南京市博物馆利用这批出土构件，复了大报恩寺塔琉璃拱门。

南京博物院藏琉璃拱门之上为大鹏金翅鸟、龙女、摩羯、飞羊、狮子、大象的六拏组合。大鹏金翅鸟位于拱门顶端正中，兽面、人身、禽爪，背生双翼，袒胸露乳，双手上双腿蹲踞而立，两爪擒住两侧龙女的蛇尾，怒目圆睁，神态威严。金翅鸟的两侧为二龙女龙女人身蛇尾，双手合十于胸前，头戴宝冠，周身彩带飘摇，似若飞仙，侧立于金翅鸟的两龙女之下为摩羯，象鼻高举，口含花茎，鱼尾卷曲上翘，体态灵动。飞羊身附双翼，前蹄扬似在嘶鸣。大象体态浑圆，身负鞍鞯，神态温顺虔诚，作行走状。飞羊与大象之间的狮子拏受展厅层高所限，未被展示。

大报恩寺琉璃塔版画

18—19世纪

Block Prints of the Glazed (*Liuli*) Pagoda from the Grand Bao'en Temple

在遥远的南京那边，你瞧！
那座琉璃塔奇特又古老，
高高耸入惊诧不已的天空，
九层楼台尽是雕梁画栋，
华丽栏杆合股金箔绳围成，
琉璃屋顶下飞檐挂瓷铃，
铃声袅袅，悦耳悠扬又婉转；
色泽缤纷，整个构造亮彤彤，
万千光怪熔作一个大色团，
好一座太阳照亮的百花迷宫。

——1877年［美］朗费罗长篇叙事诗《科拉莫斯》，刘锋译。

……进来的是东风，他的穿着打扮像个中国人。

“喂，你是从哪里来的呀？”风婆婆问，“我还以为你去了一趟天堂乐园呢。”

“我要到明天才去那里，”东风说，“到明天我就整整一百年没去那里了。这会儿我刚从中国回来。我在那里围着琉璃塔跳舞，震得塔上挂着的铃铛全都丁丁当当响个不停。”

——［丹麦］安特生《天堂乐园》，石娥琴译。

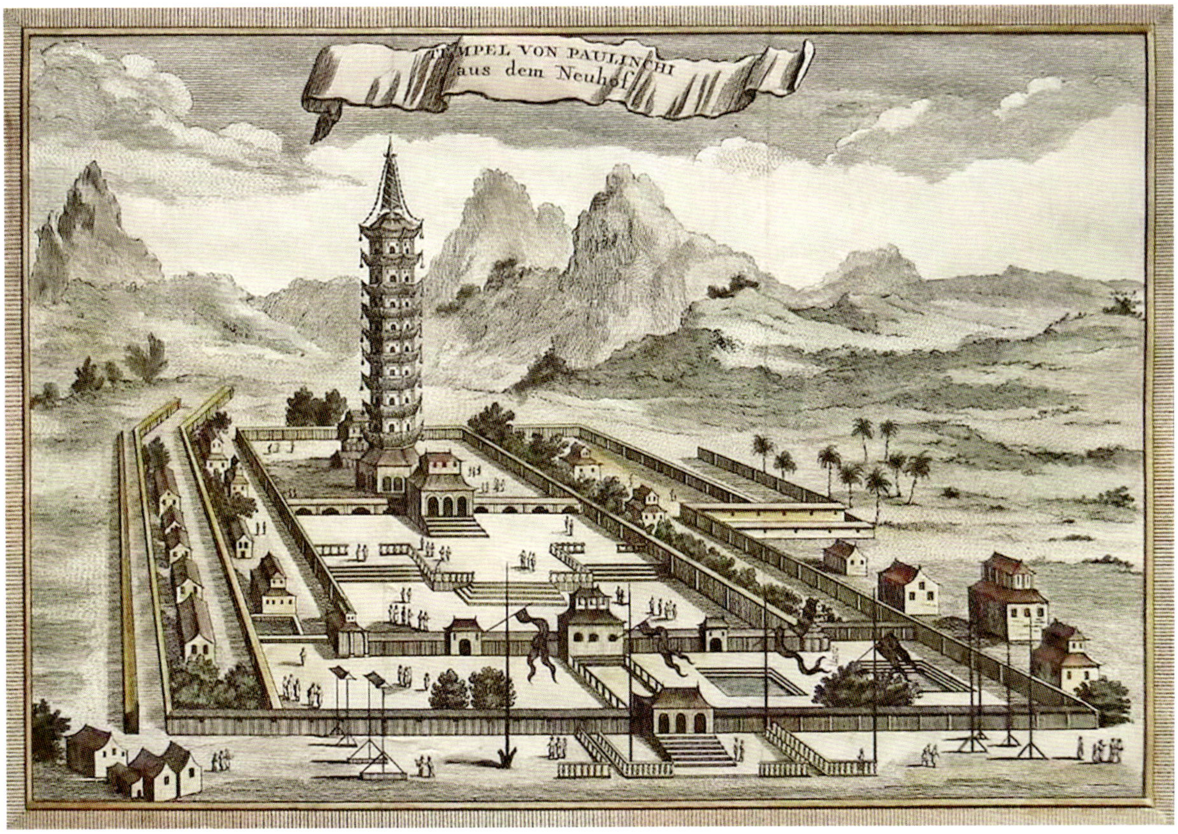
EMPEL VON PAULINCHI
aus dem Neuhof

非幻庵香火圣像记 书影

明

日本内阁文库万历刊本

Record on the Sacred Images and Incense Offerings at the Feihuan Nunnery Book Image

明罗懋登《新刻全像三宝太监西洋记通俗演义》卷末附录有《非幻庵香火圣像记》。非幻庵位于南京南门之外能仁里的碧峰寺内，是法号“非幻”的僧录司右阐教莅碧峰寺住持道永（俗名吴永）为自己构建的住居，故而得名。因为历次下西洋得以平安往返，师事非幻禅师道永的内官监太监郑和感戴皇帝与佛祖的悉心呵护，出资铸造十二尊金铜佛像并塑妆罗汉像，以及古铜炉、瓶、钟、磬、药师灯等供具，均安奉于宅邸之内。郑和忧虑自己百年之后，家中供奉的一应法像、法器难以得到精心的护持，故在第七次下西洋前夕便与同门、僚属及子侄辈计议谋划，待下西洋回还之后，便将自家发心所造的一应法像、法器充作永远香火，全都捐予碧峰寺“退居”继续供奉，是为郑和的遗嘱。所谓“退居”，通常是指汉地寺院中方丈的居所，故碧峰寺内的“退居”是非幻禅师道永“昔主斯山构室所寓”的非幻庵无疑。让人始料未及的是，郑和第七次下西洋期间不幸殒命古里，继踵非幻禅师住持灵谷寺的宗谦法师（即“牧庵谦公”）因与郑和交谊匪浅，且“感慕曩日惠”，故多次携徒众前往郑和宅邸，为郑和悯悼荐度。至宣德十年（1435 年），宗谦又谨遵郑和的遗嘱，与郑和的子侄、僚属等共同计议，将原本置于郑和宅邸的一应法像、法器，全部奉施碧峰寺退居即非幻庵永充供奉。

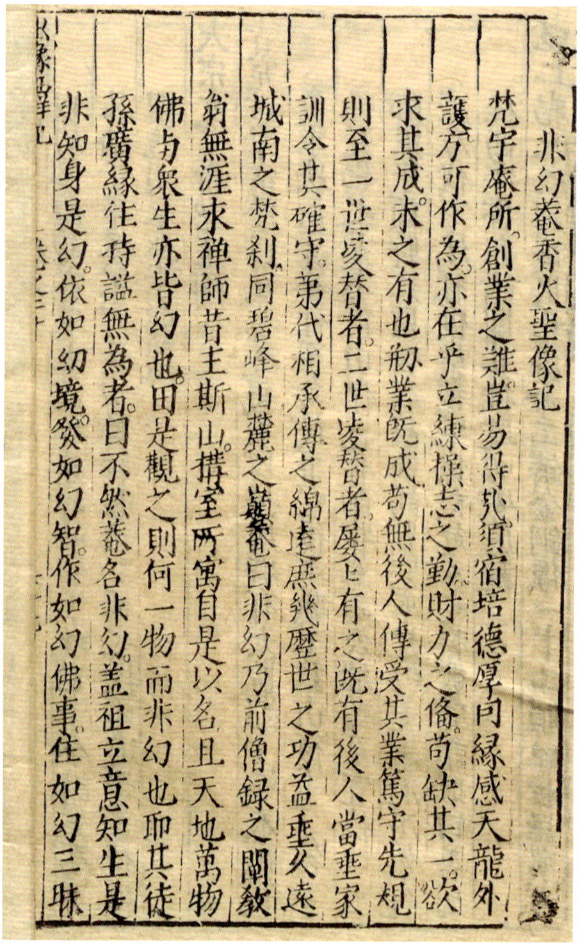
非幻菴香火聖像記
梵宇庵所創業之難豈易得非須宿培德厚因緣感天龍外
護方可作為亦在乎立練操志之勤財力之備苟缺其一欲
求其成未之有也剏業既成苟無後人傳受其業篤守先規
則至一世或替者二世或替者屢屢有之既有後人當垂家
訓令其確守第代相承傳之綿遠庶幾歷世之功益垂久遠
城南之梵刹同碧峰山麓之巔菴曰非幻乃前僧錄之闡教
翁無涯永禪師昔主斯山構室所寓自是以名且天地萬物
佛與衆生亦皆幻也由是觀之則何一物而非幻也耶其徒
孫廣緣住持謚無為者曰不然菴名非幻蓋祖立意知生是
非知身是幻依如幻境發如幻智作如幻佛事住如幻三昧

参考文献：邵磊等《三宝太监郑和的遗愿与践行者——兼论对〈非幻庵香火圣像记〉与相关碑刻的解读》，《南京学研究》（第六辑），南京出版社，2022 年。

明非幻禅师塔铭　拓本

Inscriptions on the Pagoda of Master Feihuan, Ming Dynasty Rubbing

纵185、横80厘米

南京市博物馆藏

金陵城南碧峰寺山巅的非幻庵，为僧录司右阐教道永禅师创构。永乐丁亥年（永乐五年，1407年），郑和等对禅师“乞仰”备至，并“忝礼亲炙，求决心要”。非幻禅师，俗姓吴氏，信安浮石乡人，曾任僧录司右阐教，先后住持南京碧峰寺、灵谷寺，永乐十八年（1420年）闰正月二十八日示寂。《非幻庵香火圣像记》的记载显示，郑和为非幻禅师的“亲炙”弟子。

参考文献：邵磊等《三宝太监郑和的遗愿与践行者——兼论对〈非幻庵香火圣像记〉与相关碑刻的解读》，《南京学研究》（第六辑），南京出版社，2022年。

击水千里

The Epic Voyages of Zheng He

在15世纪初的世界东方，明代的中国正站在大航海时代的前沿，南京这座古老的城市成了人类历史上前所未有的航海史诗的发源地。郑和率领着由240余艘船只和27000多名船员组成的世界最强大的船队，跨越了东亚、东南亚、印度次大陆、阿拉伯半岛及非洲东部，航路总计超过7万海里。郑和下西洋，乘风破浪于无垠海域，其航海之旅充满艰险与挑战。巨浪如山，狂风似刃，郑和与其勇敢的船员们以坚毅的意志和领先卓越的航海技术，征服了这片神秘蓝海。「郑和之后，再无郑和。」这段伟大的壮丽航程，如同璀璨的星辰，照亮了历史的长河，激励着后人续写探索与交流的辉煌篇章。

In the early 15th century, Ming Dynasty of China stood at the forefront of the great times of navigation. The ancient city of Nanjing became the unprecedented birthplace of the epic maritime history. Zheng He led the world's mightiest fleet, consisting of over 240 ships and more than 27,000 crew members, venturing through the vast expanses of the East Asian region, Southeast Asia, the Indian subcontinent, the Arabian Peninsula, and East Africa, covering a total route of over 70,000 nautical miles. Sailing to the West, Zheng He and his courageous crew faced a journey filled with hardships and challenges. Confronted with towering waves and fierce winds, they conquered the mysteries of the vast ocean with resolute determination and superior navigational skills. "He is a man who has never appeared before and will never turn up again." His magnificent and grand voyages, akin to brilliant stars, illuminated the course of history, and inspired future generations to continue to write the splendid chapters of exploration and external exchanges.

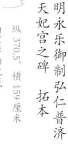

明永乐御制弘仁普济天妃宫之碑 拓本

Imperial Stele of the Mazu Temple, Yongle Reign of the Ming Dynasty Rubbing

纵 370.5、横 159 厘米

南京博物院藏

碑以青石刻制，通高 5.9 米，由碑额、碑身和龟趺三部分组成。碑额为阴刻篆书；碑文为阴刻楷书，共 20 行。御制弘仁普济天妃宫之碑由明成祖朱棣于永乐十四年（1416 年）在郑和第四次下西洋归来时所立，以纪念船队在航行中所受到的妈祖庇佑。清咸丰年间，天妃宫毁于太平天国战火，唯存此碑。（叶伯瑜）

这是国内目前保存面积最大的古代造船遗址，并且是现存唯一的明代皇家建造的造船遗址。遗址位于南京市区西北部的中保村，西临长江之夹江。由于船厂的存在，自古以来，这一地区一直被俗称为“龙江宝船厂”。据明代《龙江船厂志》《武备志》《南枢志》及《明史》等文献记载，宝船厂创建于明永乐三年（1405年），是专为郑和下西洋出访各国所兴建的大型官办造船基地。随着历史的变迁和时代的发展，原来大规模的船厂遗址已然不存，至20世纪70年代末，当地仅余7条造船用的船坞，依次被称为一作塘至七作塘。目前只有四、五、六作塘得以基本保存。（骆鹏）

绞关木 Capstan Bar

明

长227厘米

南京博物院藏

绞关木是船舶绞盘上的横木。绞盘又称舵车、盘车，由车耳、车关棒和绞关木组成。绞关木的使用方法，是在绞关木的两端套夹上起轴承作用的车耳，将绞关木支撑起来，再在绞关木上的卯孔中安装四个车关棒。转动车关棒，即可升降船舵。此外，绞盘还可以用于起锚、抛错及升降船帆，操作时需由五六个人方能启动。

青花寿山福海纹三足炉

Blue and White Tripod Censer with Longevity and Fortune Design

明永乐

口径 37.6、高 58 厘米

南京博物院藏

郑和下西洋之壮举，是永乐帝有意通过劈波斩浪征服大海，实现四夷来朝盛况的目的。明永乐、宣德、成化时期的瓷器上突然出现了大量波涛汹涌的海水波涛纹和异兽纹，显然与郑和下西洋的海事活动有很大关系。如永乐青花寿山福海纹三足炉，腹部主题纹饰为寿山福海纹，海水波涛汹涌，气势宏大。又如永乐青花海水白龙纹梅瓶与宣德青花海水白龙纹扁壶，均以青花海水龙纹为主题纹饰，皆用青花拔白工艺形成行龙，龙呈遨游姿态，双目睁圆，怒发直冲，身形矫健，动感十足。海水纹和龙纹浑然一体，为明永乐、宣德时期的官窑精品。永乐青花釉里红海水瑞兽纹高足碗，绘海水瑞兽纹，海水以青料绘制，波涛汹涌，瑞兽用釉里红进行装饰。

此外，这一时期的海水波涛纹也有作为辅助装饰纹饰的功用。（马成）

青花海水白龙纹梅瓶

Blue and White Plum Vase with Wave and White Dragon Pattern

明永乐

口径 8.9、底径 18.6、高 40.6 厘米

景德镇御窑博物院藏

青花海水白龙纹扁壶

Blue and White Flat Pot with Wave and White Dragon Pattern

明宣德

口径 8、底径 10—15、高 46 厘米

故宫博物院藏

青花釉里红海水瑞兽纹高足碗

Blue and White Underglaze Red Stem Bowl with Wave and Auspicious Beast Pattern

明永乐

口径 15.1、足径 4.4、高 10.6 厘米

景德镇御窑博物院藏

青花海水云龙纹钵

Blue and White *Bo*-bowl with Dragon, Cloud and Wave Pattern

明宣德
口径 27 厘米
南京博物院藏

青花一束莲纹盘

Blue and White Plate with Single Lotus Pattern

明宣德
直径 40.3 厘米
南京博物院藏

明洪保寿藏铭　拓本

Epitaph of Hong Bao, Ming Dynasty Rubbing

纵57、横57厘米

南京市博物馆藏

2010年6月，南京祖堂山南麓发现明代都知监太监洪保墓。因墓主是郑和下西洋使团的主要领导成员，且其寿藏铭又直接涉及郑和下西洋的重要史料，故墓葬发现后受到学术界极大关注。墓志上盖刻有篆书"大明都知监太监洪公寿藏铭"等17字；下志刻有楷书志文，25行，详细记录了洪保一生的事迹。在寿藏铭中，洪保引为自豪者唯有奉使西域和西洋二事，这也是铭文最核心的内容，而铭辞更几乎通篇为洪保宣威异域功绩之颂赞。据寿藏铭，洪保"航海七渡西洋"，但具体所载只有两次：一次是永乐元年（1403年），另一次是宣德五年（1430年）。他能够多次获选奉使海外应与他杰出的外交才能以及"外柔内刚，恬静寡欲"的个性不无关联，也可能与他早年负责内承运库，职掌供御金银、缎匹等物这一经历有关，他在历次下西洋中的分工之一或许就是管理宝船上的库藏事宜。关于永乐元年（1403年）下西洋，寿藏铭载："永乐纪元……（洪保）充副使统领军士，乘大福等号五千料巨舶，赍捧诏敕使西洋各番国，抚谕远人。"宣德五年（1430年）下西洋事在寿藏铭中着墨较多。寿藏铭云："至宣德庚戌（五年）升本监太监充正使使海外……及闻海外有国曰天方，在数万余里，中国之人古未尝到。公返旆中途，乃遣军校谕之。至则远人骇其猝至，以亲属随公奉金、表效贡。公所至诸国，莫不鼓舞感动。公为人外柔内刚，恬静寡欲，尤能宣布恩命，以德威肃清海道，镇伏诸番。虽国王酋长、雕题椃服之人，闻公之来，莫不归拜麾下，以麒麟、狮、象，与夫藏山隐海之灵物、沉沙栖陆之奇宝同贡天朝，稽颡称臣焉。"其具体航线是由占城至爪哇，过满剌加、苏门答腊、锡兰山及柯枝、古里，直抵西域之忽鲁谟斯、阿丹等国。寿藏铭中此次下西洋所涉船号及巨舶体量的记载尤其引人注目。关于下西洋船号，以往所知仅祝允明《前闻记》"下西洋"条记，宣德五年（1430年）下西洋"船号如清和、惠康、长宁、安济、清远之类，又有数序一、二等号。船名大八橹、二八橹之类"。现据洪保寿藏铭，下西洋宝船又有"大福"之船号，可补史阙。此外，铭文中所提及"乘大福等号五千料巨舶"再一次确证郑和下西洋中具"五千料"船，驳斥了以往部分学者认为郑和七下西洋的主要船型只是二千料、一千五百料宝船，甚至是更小的海船，以及认为大号宝船虽然存在，但也只是供明成祖检阅的"摆设"，并没有真正出海的相关认识。

参考文献：王志高《洪保生平事迹及坟寺初考》，《考古》2012年第5期。

大明都知監太監洪公壽藏銘
同進士出身脩職郎行人司行人廣右周珮撰
徵仕郎中書舍人姑蘇姜孟主篆額
進士出身前翰林院庶吉士吳門殷昇書丹
都知監太監洪公存日而作也公名保字志道乃自嘆曰人生在世如駒過隙與其身後之有為
孰若生前之早計也於是置地一所於京南建業鄉牛首山之原祖堂禪寺之左鳩工砌壙上下周
完命前進士殷君暠述狀請銘於余余固辭弗獲按狀公世居雲南大理之太和祖諱長蓮娶楊氏
考諱賜妣何氏公生俊偉以髫年來京師洪武己卯從侍
□龍於潛邸袞其聰敏慎密俾常隨左右永樂紀元授內承運庫副使蒙
賜名充副使統領軍士乘大福等號五千料巨船賫捧
詔使西洋各番國撫諭遠人永樂丙戌復統領官軍鐵騎陸行使西域臨藏管覺必力工瓦剌撒烏斯
藏等國至宣德庚戌陞本監太監充正使使海外航海七度西洋由占城至爪哇過滿剌加蘇門荅
剌錫蘭山及柯枝古里直抵西域之忽魯謨斯阿丹等國及聞海外有國曰天方在數萬餘里中國
未曾到公遂於中途遣軍校諭之至則遠人駭其猝至以親屬隨公奉
朝貢公所至諸國莫不鼓舞感動公為人外柔內剛恬靜寡欲尤能宣布
朝廷威德肅清海道鎮伏諸番雖國王酋長雕題析服之人聞公之來莫不歸拜麾下以麒麟獅象與
夫藏山隱海之靈物沉沙棲陸之奇寶同貢
天朝稽顙稱臣焉公生於庚戌十月二十五日戌時弟一人曰接姪二人長曰子榮次曰子誠從孫二
人全剛福安吁公春秋六十有五康強無恙尚能乘槎之海竭忠報效所得
賞賜其財物不專己用捐捨資鈔五百千貫修造祖堂寺輪藏一座又建東峰菴一所度剃十二僧好善
不倦未使公勤知其有國而不知其有身預為此壙者使在世弟男知所奉祀焉遂銘曰猗歟
皇明統御萬國服之以威懷之以德極地窮天罔不臣妾寔維奉宣殫厥心力
我公桓桓合為首功風颿海舶遠迩必通所至披靡孰有不從群星共北衆流趍東
維公之力博望是同牛首之示祖堂其支水秀山明鬼神呵守萬古千秋藏斯不朽
宣德九年歲次甲寅孟冬吉日立 四明胡□聞鐫

明尚声远（周闻）墓志　拓本

纵 51、横 51 厘米
太仓市博物馆藏

Epitaph of
Shang Shengyuan
(Zhou Wen),
Ming Dynasty
Rubbing

此志刊刻于明成化七年(1471 年)，上盖佚，仅存下志。下志保存基本完好，左上角残缺，但未伤及文字。下志阴刻楷书 28 行，满行 29 字。沈鉴撰文，夏铎书丹、篆盖。

墓主尚声远，原名周闻，生于洪武十八年（1385 年），建文四年(1402 年)袭父职昭信校尉，永乐七年（1409 年）、十一年（1413 年）、十五年（1417 年）、十九年（1421 年）和宣德六年（1431 年）曾随郑和船队出使西洋，因功升任太仓卫副千户、武略将军。正统六年（1441 年）因过失被调至金山卫，正统八年（1443 年）致仕退休，将世袭爵位传其子尚圆。尚圆早逝，爵位由尚圆之子尚铭承继，并官复原职，回到太仓卫。成化六年（14…年），尚声远卒，享年八十六岁，成化七年（1471 年）葬于太仓城北。

撰文者沈鉴，字文昭，号戆逸、娄戆，明代中期太仓著名文人。（叶伯瑜）

墓志详细记载了明代南京名医张仕琦的家世及生平事迹，其中关于其祖父张寿观在永
寸期以太医院医士身份“护市蕃使者”下西洋经历的记载，对明初下西洋历史事件的研
具有重要的学术价值，可补史阙。墓志提及的“市蕃使者”可解读为来华贸易的贡使或
王派遣到外蕃开展贸易活动的使臣，以后者的可能性为大。通过对相关史籍及碑刻资料
号析可知，明初下西洋庞大使团中的医务人员有医官（御医）、医士、民医之别，其中
医官（御医）多隶属于太医院，医士则是有官方背景的普通医务人员，亦有因下西洋有
可由民医转为医官者。他们之间既有身份的差异，也应存在一定的医务分工，以承担不
勺职责。（虞金永）

明张仕琦墓志　拓本

纵 59.5、横 60.7 厘米

南京西善桥历史文化博物馆藏

Epitaph of Zhang Shiqi, Ming Dynasty

Rubbing

明布施锡兰山佛寺碑 拓本

纵150、横80厘米

南京博物院藏

Stele of Alms Giving in the Buddhist Temple in Ancient Sri Lanka, Ming Dynasty
Rubbing

原碑现藏于斯里兰卡科伦坡国家博物馆。明永乐七年（1409 年）郑和船队第二次下西洋到锡兰王国（今斯里兰卡）后，在锡兰山寺进行了一场盛大的布施活动，其间立下此碑。此碑于 1911 年在斯里兰卡南部港口加勒被英国工程师 H. F. 托马林发现。

此碑碑额部分呈拱形，正反面均刻有五爪双龙戏珠浮雕。碑文使用中文、波斯文和泰米尔文三种文字。中文铭文居右，从上至下正楷竖书，自右向左计 11 行共 275 字；泰米尔文居左上端，自左向右横书 24 行；波斯文居左下端，自右向左横书计 22 行。中文部分主要记述了布施活动，并礼赞释迦牟尼佛对船队远航的庇护，可与明代严从简《殊域周咨录》的有关记载相印证；泰米尔文颂扬印度教大神湿婆；波斯文则赞美真主阿拉和伊斯兰教先贤圣人。

中文碑文：

大明」皇帝遣太监郑和、王贵通等昭告于」佛世尊曰：仰惟慈尊，圆明广大，道臻玄妙，法济群伦。历劫河沙，悉归弘化，能仁慧力，妙应无方。惟锡兰山介乎海南，客言梵」刹，灵感翕彰。比者遣使诏谕诸番，海道之开，深赖慈祐，人舟安利，来往无虞，永惟大德，礼用报施。谨以金银织金纻丝宝旛、」香炉、花瓶、纻丝表里、灯烛等物，布施佛寺以充供养。」惟世尊鉴之。」总计布施锡兰山立佛等寺供养：」金壹阡钱、银伍阡钱、各色纻丝伍拾匹、各色绢伍拾匹、织金纻丝宝旛肆对纳红贰对、黄壹对、青壹对、」古铜香炉伍箇戗金座全、古铜花瓶伍对戗金座全、黄铜烛台伍对戗金座全、黄铜灯盏伍箇戗金座全」朱红漆戗金香盒伍箇、金莲花陆对、香油贰阡伍伯斤、蜡烛壹拾对、檀香壹拾炷，」时永乐柒年岁次已丑二月甲戌朔日谨施。

参考文献：沈鸣《郑和〈布施锡兰山佛寺碑〉碑文新考》，《东南文化》2015 年第 2 期。

海上丝路

The Maritime Silk Road

海天相接处，碧波融云霞。郑和的船队不是征服和掠夺，而是一场和平与友谊的播种之旅。郑和的船队不是载满战马和长矛，而是满载着丝绸和瓷器。郑和的船队不是依靠坚固的战船和炮火，而是依靠巨大的宝船和深厚的友谊。这是中国与域外的交流与共融。他们不仅是未知世界的探索者，更是传播文化的使者。郑和的航海使命，不仅是传播中华文化，更体现了文化交流的双向互动。他不单单传播东方的智慧，同样学习和尊重域外的文明成果。正是这种开放和包容的态度，使中华文化更加丰富多彩。他的远航不仅加深了不同文化的相互理解，也促成了双方在经贸上的互利共赢。郑和的航程成为连接不同文明、促进共同繁荣的历史典范。

Where the sea meets the sky, azure waves blend with rosy clouds. Zheng He's fleet represented not a conquest or plunder, but a journey of peace and friendship. Instead of warhorses and spears, his ships carried silk and porcelains. Relying not on sturdy warships and cannons, but on enormous treasure ships and profound friendships, the fleet embodied the interactions and integration between China and the outside world. They were both explorers of unknown territories and messengers of cultural dissemination. This mission not only involved the propagation of Chinese culture but also reflected the two-way interaction between different cultures. He not only spread the Eastern wisdom, but also respected and learned from foreign civilizations, the open and inclusive attitude of which made the Chinese culture more colorful. His voyages not only deepened the mutual understanding between different cultures, but also contributed to the mutual benefit and win-win situation in economy and trade. They became a historical model of connecting different civilizations and promoting prosperity together.

此书主要记载了四方化外番夷人物、风俗。全书不分卷，共包括 171 图，
刂国名及介绍，后面尚有“般般国”等 19 国，总计 190 国。其后又刻“异
奇兽图”，介绍狮子、金钱豹（原讹作“金线豹”）等动物 14 种，计 14 图。
导考知最有可能的作者即是明宁献王朱权。就《异域图志》的性质而言，
既保留了《山海经》以降的神巫猎奇，也点缀了明代大航海收获的异域
飞，而这一类的前沿认知，若没有皇权的力量，是很难如此迅速地获取
斗并纂为图籍的，宁献王朱权恰有这样的皇族身份。

明代全球贸易与政治宗教网络的扩张激发着人们对异域文化的好奇，
激了越来越多异域文献的产生，明刊孤本《异域图志》便是其中之一。
人观念史角度切入，书中那些渗透着偏见、夸张、臆想的图像，可为理
明人的异域观念提供证据。包括《异域图志》在内的诸多文献是“降格”
本，它们将“华夷之辨”这套复杂、深邃的儒家政治哲学思想化约成若干“异
范式”，传播、扩散到社会的不同层次，使明代的读者在拓展全球意识
同时巩固了对他者的“偏见”，在欣然消费异域格调的同时获得了自我
身份认同。随着大航海时代的到来，明代对外交往日益增多，物品流通
加频密，“由是明月之珠，鸦鹘之石，沉南龙速之香，麟狮孔翠之奇，
脑薇露之珍，珊瑚瑶琨之美，皆充舶而归”。众多前所未见或罕见的珍
和动物被引进中国。有些为外国主动进献，永乐十五年（1417 年），“忽
莫斯国进狮子、金钱豹、大西马；阿丹国进麒麟，番名祖剌法，并长角
合兽；木骨都束国进花福鹿并狮子；卜剌哇国进千里骆驼并驼鸡；爪哇、
里国进縻里羔兽”；有些为郑和一行带回，永乐十九年（1421 年），船
经过阿丹国时购置了不少物品，除大块猫眼石、大颗珍珠、珊瑚树、蔷
露外，还有“麒麟、狮子、花福鹿、金钱豹、驼鸡、白鸠之类”的动物。《异
图志》为了解大明与外国的物品流通提供了图像证据。书中不仅有珊瑚、
珠、红玛瑙、龙涎香、苏合香、玻璃、犀角、象牙等外国物品，还有来
异域的珍禽异兽。对于明代读者而言，这些动物一定是新奇而令人振奋的。
异域图志》的图像复现确实传递了一些新事物，如琳琅满目的外国物产
珍稀罕见的异国动物，但多数再现并不真实。无论是浑身长毛、拥有翅
的羽民国人，还是顶着一颗马脑袋的禅国人，更多是出于天马行空的想象，
非实际现场的观察。既然书中图像并非呈现异域知识的可靠载体，那就
能把它们完全当作明代对外交往的历史证据。所要换取的并非明代海外
国的真实境况，而是明人心目中深刻而持久的异域印象，以及藏在其背
的自我意识。

参考文献：李晓愚《制造“异域”——明刊〈异域图志〉的视觉生产与传播》，
文艺研究》2023 年第 8 期。

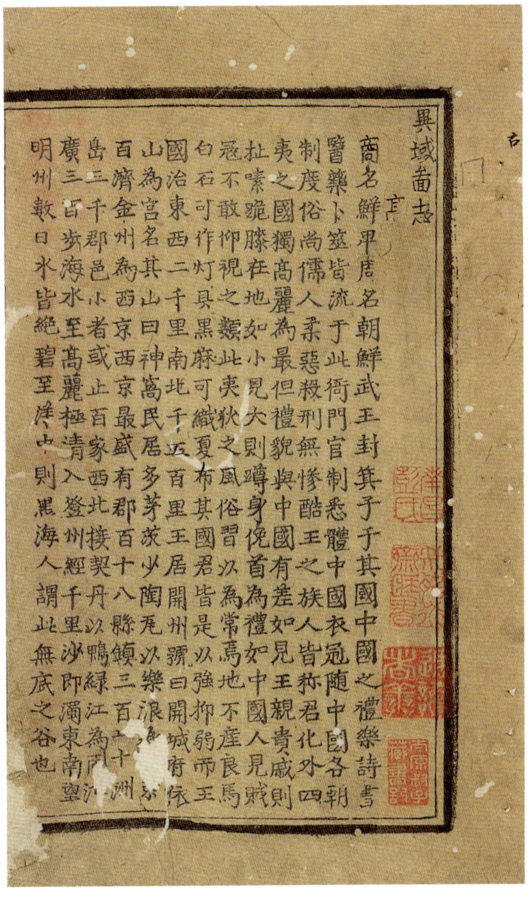
異域圖志
商名鮮卑居名朝鮮武王封箕子于其國中國之禮樂詩書醫藥卜筮皆流于此衙門官制悉體中國衣冠隨中國各朝制度俗尚儒人柔慈殺刑無慘酷王之族人皆称君化外四夷之國獨高麗為最但禮貌與中國有差如見王親貴戚則拄膝在地如小見大則蹲身俛首為禮如中國人見賤冠不嗦跪仰視之類此夷狄之風俗習以為常焉地不產良馬白石可作灯具黑麻可織夏布其國君皆是以強抑弱而王國治東西二千里南北千五百里王居開州號曰開城府依山為宮名其山曰神嵩民居多茅茨少陶瓦以樂浪[illegible]百濟金州為西京西京最盛有郡百十八縣鎮三百六十洲島三千郡邑小者或止百家西北接契丹以鴨綠江為[illegible]廣三百步海水至高麗極清入登州經千里沙即濁東南望明州數日水皆絕碧至[illegible]中則黑海人謂此無底之谷也

文物出版社影印本

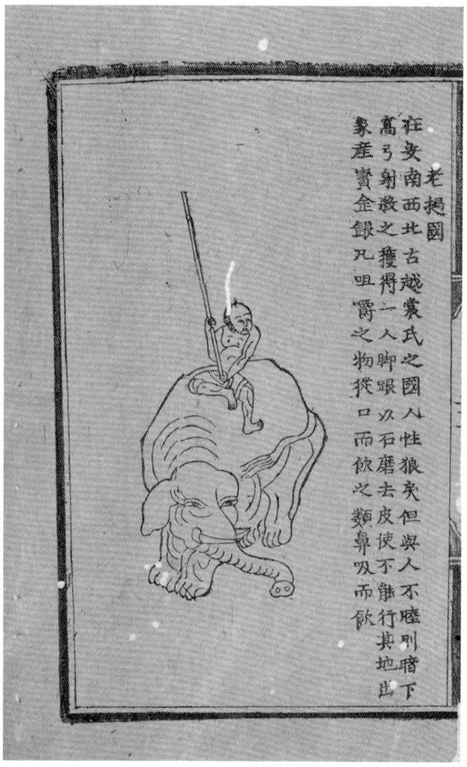
老撾國
在交南西北古越裳氏之國人性狼戾但與人不睦則暗下
蒿弓射殺之獲得一人脚跟以石磨去皮使不能行其地出
象產實金銀凡咀嚼之物從口而飲之類鼻吸而飲

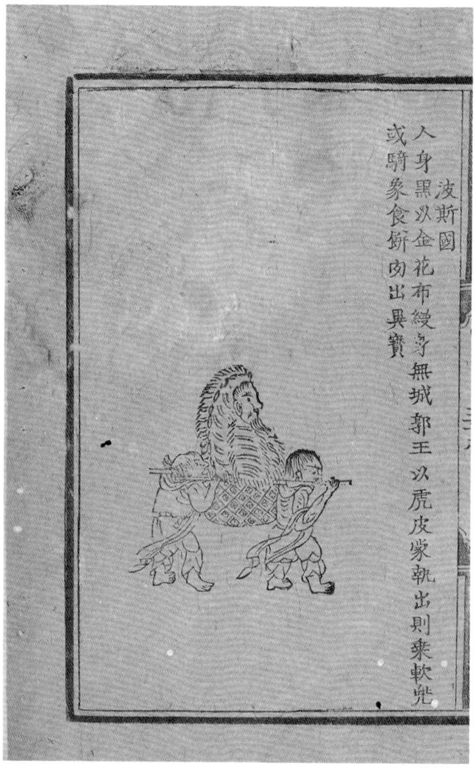
波斯國
人身黑以金花布縵身無城郭王以虎皮蒙執出則乘軟兜
或騎象食餅肉出異寶

扶桑國
在大漢國東作板屋無城郭宋武帝時罽賓有人至其國國
人養鹿如牛取乳

獅子

金線豹

馬哈獸

胡人铜像

Bronze Statue of a Barbarian

明永乐

宽52、高76厘米

南京博物院藏

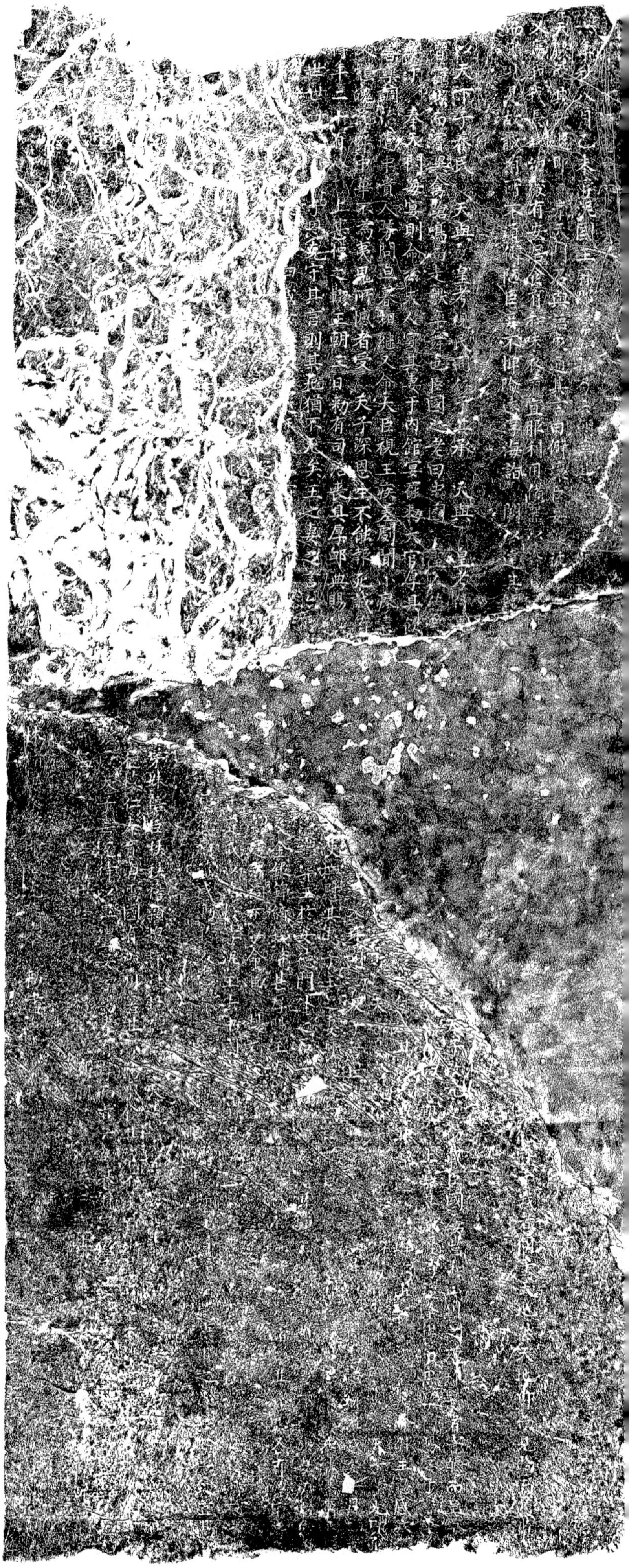

明浡泥国恭顺王神道碑　拓本

纵 400、横 109 厘米

南京博物院藏

Stele on the Sacred Way in the Tomb of King Gongshun from Ancient Brunei, Ming Dynasty Rubbing

浡泥国王麻那惹加那乃是马合谟沙苏丹之子。1406 年，他派遣使者前往中国，当时中国人称其为麻那惹加那乃。明成祖封其为国王并赐印诰。之后，麻那惹加那乃决定亲自来中国朝谢，携王后、王子、亲属 150 余人渡海抵达福建，明廷派遣官员沿途盛情款待。1408 年，麻那惹加那乃一行人抵达都城南京进行朝拜，但他在停留数月后生病，经调治无效，于当年十月驾崩，享年二十八岁，遗嘱希望“体魄托葬中华”。明成祖辍朝三日，派遣官员以致哀悼，谥为“恭顺”，以中国王礼葬之于南郊安德门外石子岗，称“浡泥国恭顺王墓”，命令入籍的南洋人为他守墓，每年春秋由专人祭扫，又敕令他的儿子袭封国王。

浡泥国恭顺王神道碑是明永乐年间“泛海来朝”的浡泥国王麻那惹加那乃墓前神道上的碑刻，位于南京安德门外石子岗一带，是浡泥国王墓墓前神道的起点。

浡泥国恭顺王神道碑上的碑文早已残断缺损，且石碑整体风化漫漶，现在仅可辨识其中的一半碑文，碑文书体风格也颇具沈度“婉丽飘逸、雍容矩度”的庙堂气象。（李睿）

明钦天监副贝琳墓志　拓本

纵 62、横 62 厘米

南京市考古研究院藏

Epitaph of the Deputy Imperial Astronomer Bei Lin, Ming Dynasty

Rubbing

贝琳生于宣德四年（1429 年），卒于成化十八年（1482 年），享年五十四岁。墓志记载，林生于金陵，少随其祖从军籍。幼好学，跟随司历何洪学习天文。后北上入京求学，被举荐为天文生，改军籍为天文籍。正统年间，贝琳跟随军队出征，因“占候有功”，升为漏刻博士。受英宗赏识，升五官灵台郎。成化年间，贝琳升为钦天监副，并改“南监”，回到金陵。墓中除介绍贝琳个人学习及仕途履历外，还用了诸多笔墨介绍贝琳的家人。贝琳一生最伟大贡献要数《七政推步》，该书是中国现存最早系统介绍《回回历法》和阿拉伯天文学的著作，成化六年至十三年（1470—1477 年）整理出版。贝琳在该书尾跋中说：“此书上古未尝有也。武十八年远夷归化，献土盘历法，预推六曜干犯，名曰经纬度。时历官元统去土盘，译为汉算，书始行于中国。”但《四库总目提要》认为《七政推步》是《明史·历志》中所说的“回回历”，弋传入中国，洪武十五年（1382 年）由翰林李翀、吴伯宗和马沙亦黑等人翻译。

参考文献：苏舒《定海巨擘　天文世家——明代南京钦天监副贝琳家族墓的发现》，《文物天地》1 年第 10 期。

青花孔雀牡丹纹梅瓶

Blue and White Plum Vase with Peacock and Peony Pattern

明

口径 5.5、底径 11.3、高 40 厘米

南京博物院藏

明代马欢曾跟随郑和远下西洋，后作《瀛涯胜览》一书。书中详细记载了其下西洋期的海外见闻，所涉诸蕃国基本位于南亚、东南亚地区。其中在提及爪哇国和古里国时都谈到孔雀这一土产。《明史》中还有关于“孔雀”朝贡的记载，洪武三年（1370 年）廷曾派遣使者去往浡泥国商讨朝贡事宜，后浡泥国王“乃遣使奉表笺，贡鹤顶、生玳瑁孔雀、梅花大片龙脑、米龙脑、西洋布、降真诸香”，朝贡物品中便有孔雀。故孔雀在时应属稀罕之物。（李瑞岚）

永乐皇帝的麒麟

——海外考古调查札记（四）

王光尧

（故宫博物院）

建文四年（1402年），燕王朱棣借靖难之役武力入南京、夺皇帝位，诏改明年为永乐元年，以诛杀方孝儒十族之极端手法打压和警示不服之人，此为明代最大政治事件之一。另一方面，永乐皇帝在塑造自己皇位合法性方面也进行了一系列工作：下令废除建文年号，以当年为洪武三十五年，所有建文纪年均编入洪武纪年，表示永乐皇位承自洪武，公私文献所有识建文年号者均加以改正，即便逝者之墓志也要掘出铲改。同时以祥瑞为兆应，献瑞之举大兴。正是在这种政治氛围下，原产非洲的长颈鹿被运来中国，并被当作麒麟宣示天下。本文试图就长颈鹿入华始末及其余续略加叙述，并探讨长颈鹿在明代早期的政治影响。

一　麒麟来了

永乐皇帝的麒麟是产于非洲的长颈鹿，明代不仅有记载其像貌、高矮、所食物料的文献[1]，而且有图像资料为证，勿需赘述。麒麟入明，始见于永乐十二年（1414年）榜葛剌国（今孟加拉国）之贡[2]，同年忽鲁谟斯国的贡品中是否有麒麟尚难详考，但该国贡过麒麟则有史载[3]，其后有永乐十三年（1415年）麻林国（今肯尼亚马林迪）贡麒麟[4]，永乐十五年（1417年）阿丹国（今也门亚丁）贡麒麟[5]，永乐十九年（1421年）郑和使

---

[1]　（明）马欢著、万明校注《明抄本〈瀛涯胜览〉校注》“阿丹国条”称“永乐十九年……分鯮内官周等驾宝船三只到彼……王即谕其国人，但有珍宝许令卖易……其福鹿如骡子样，身白面，眉心细细青条花起满身至四蹄，条间道如画青花……麒麟前两足高九尺余，后两足高六尺，长颈，抬头高一丈六尺，首昂后低，人莫能骑。头生耳短肉角在耳边，牛尾鹿身，蹄有三跆，匾口，食粟、豆、面饼”，海洋出版社，2005年，第80、84页；《明史》卷三二六《阿丹传》载“永乐十九年，中官周姓者往，市得猫睛重二钱许，珊瑚树高二尺者数枝，又大珠……麒麟、狮子……驼鸡、白鸠以归……麒麟前足高九尺，后六尺，颈长丈六尺，有二短角，牛尾，鹿身，食粟豆饼饵”，中华书局，1974年，第8450、8451页。

[2]　《明史》卷三二六《榜葛剌传》载“（永乐）十二年，嗣王遣使奉表来谢，贡麒麟及名马方物。礼官请表贺，帝勿许……正统三年，贡麒麟，百官表贺”，第8446页。

[3]　《明史》卷三二六《忽鲁谟斯传》载“忽鲁谟斯，西洋大国也……永乐十年，天子以西洋近国已航海贡琛，稽颡阙下，而远者犹未宾服，乃命郑和赍玺书往诸国，赐其王锦绮、彩帛、纱罗，妃及大臣皆有赐。王即遣陪臣已即丁奉金叶表，贡马及方物。十二年至京师。命礼官宴赐，酬以马直。比还，赐王及妃以下有差。自是凡四贡。和亦再使。后朝使不往，其使亦不来。宣德五年复遣和宣诏其国。其王赛弗丁乃遣使来贡。八年至京师，宴赐有加。正统元年附爪哇舟还国。嗣后遂绝。其国居西海之极……所贡有狮子、麒麟、驼鸡、福禄、灵羊；常贡则大珠、宝石之类”，第8452、8453页。

[4]　《明史》卷三二六《麻林传》载“麻林，去中国绝远。永乐十三年遣使贡麒麟。将至，礼部尚书吕震请表贺，帝曰：往儒臣进《五经四书大全》，请上表，朕许之，以此书有益于治也。麟之有无，何所损益，其已之。已而麻林与诸蕃使者以麟及天马、神鹿诸物进，帝御奉天门受之。百僚稽首称贺，帝曰：此皇考厚德所致，亦赖卿等翊赞，故远人毕来。继自今，益宜秉德迪朕不逮”，第8451、8452页。

[5]　《天妃之神灵应记》碑文记载：“永乐十五年，统领舟师往西域，其忽鲁谟斯国进狮子、金钱豹、大西马；阿丹国进麒麟，番名祖剌法，并长角马哈兽；木骨都束国进花福鹿并狮子。”巩珍、马欢也有类似记载，参见（明）巩珍著、向达校注《中外交通史籍丛刊·西洋番国志》，中华书局，1961年，第55页；前揭《明抄本〈瀛涯胜览〉校注》。

团在阿丹国买到麒麟并带回[6]，终永乐朝纪年明确的入贡事件计有四次。永乐之后，宣德六年（1431年）郑和使团又在天方国（今沙特麦加）买到麒麟并带回，宣德八年（1433年）苏门答剌（今苏门答腊）贡麒麟，正统三年（1438年）榜葛剌国再贡麒麟。综上，有明一代麒麟共来华八次。关于长颈鹿作为麒麟入华之事，历来多有讨论，甚至有学者称之为"麒麟外交"[7]。

永乐皇帝是中国历史上少见的英主。永乐元年（1403年）即继承洪武之制诏命编纂《文献大成》，永乐五年（1407年）此书定稿，皇帝亲为之序并赐名《永乐大典》，该书共22877卷，11095册，"凡书契以来经史子集百家之书，至于天文、地志、阴阳、医卜、僧道、技艺之言，备辑为一书"，被誉为人类历史上最大的百科全书，福泽万代。永乐三年（1405年）命郑和舟师下西洋，"及临外邦，番王之不恭者，生擒之；蛮寇之侵掠者，剿灭之"，设旧港宣慰使司，由是海道清宁，南洋、西洋各国相继"捧琛执贽，重译来朝"，维护了从东海到波斯湾、红海的国际秩序，东西方海上贸易有了和平的环境。永乐四年（1406年）用兵安南，灭安南伪胡朝，以其地为郡县，此乃五代失安南之后天朝未有之盛举。其后用兵朔漠，打击蒙古余部，实现边境之安定。永乐皇帝一生文治武功可圈点处颇多，但因为受困于皇位得来不合法的非议，故一直以扩大政绩、昭示圣明来改变人们的看法。"永乐十年，天子以西洋近国已航海贡琛，稽颡阙下，而远者犹未宾服"，开始把目光投向西洋更远处，寻求更遥远的国际交往对象，也即要把明王朝的国际影响推向亘古未能及的西印度洋地区，以获取更大的国际承认。于是，永乐十年（1412年），郑和第三次下西洋，大明王朝的舟师历波斯湾、阿拉伯海、红海，偏师直指东非的索马里、肯尼亚等地，实现了中国与环西印度洋赤道以北各国和红海沿岸各地的直接交流。另一方面，永乐君臣也开始加强舆论宣传，于是长颈鹿得以入华并变身为麒麟，成为永乐皇帝夸

[6] 前揭《明抄本〈瀛涯胜览〉校注》"天方国"条载"土产蔷薇露、俺八儿香、麒麟、狮子、驼鸡、羚羊、草上飞，并各色宝石、珍珠、珊瑚、琥珀等宝……宣德五年，蒙圣廷命差内官太监郑和等往各番国开读赏赐……内官太监洪等见本国差人往天方国，就选差通事人等七人，赍带麝香、磁器等物，附本国船只到彼。往回一年，买到各色奇货异宝、麒麟、狮子、驼鸡等物，并画天堂图真本回京"，第102－104页。《西洋番国志》所载略同。

[7] 邹振环《郑和下西洋与明朝的"麒麟外交"》，《华东师范大学学报（哲学社会科学版）》2018年第2期。

示天下的瑞应。

生长于非洲草原的长颈鹿，虽然久不为中国人所知，但在阿拉伯世界则是一种可以获取、买卖的动物，人称“祖刺法”。《诸蕃志》记弼琶啰国有异兽徂蜡“状如骆驼，而大如牛，色黄，前脚高五尺，后低三尺，头高向上”[8]，可以肯定是长颈鹿。《诸蕃志》一书所记海外诸国事多采自胡商所言，这说明宋代入华的胡商（极可能是阿拉伯人）已把长颈鹿的知识介绍到中国，宋代的“徂蜡”和明初的“祖刺法”应为同一词之不同译法。当郑和第三次下西洋到达阿丹国见到当地人称为“祖刺法”的长颈鹿后，深为长颈鹿的长相所震惊：中国人想象中的麒麟“麕身，牛尾，马足圆蹄，一角，角端有肉”[9]和此物同符合契。作为大太监的郑和当然了解永乐皇帝的政治目标和麒麟出现对于永乐皇帝的意义，所以，郑和使团在如实记录了“祖刺法”后，想方设法把它带回中国当作麒麟献给永乐皇帝。“祖刺法”遂名重东方，并一时身贵。根据记载，永乐十二年麒麟第一次被进贡到中国，南京万人空巷，永乐皇帝诏命画工绘麒麟图像昭示天下，并命沈度作辞以颂其盛。永乐十三年冬，远在非洲的麻林国又贡麒麟等方物于朝，永乐皇帝御奉天门受贺，盛况无限。

然而，首次把麒麟贡入明朝的榜葛剌国不仅不产长颈鹿，而且也不闻其有远航能力。再者，榜葛剌国早在永乐六年、七年、十年已三次入贡，如果榜葛剌国人自己能获取长颈鹿且知道长颈鹿对于中国皇帝的意义，自不会等到永乐十二年才献之于朝，故而永乐十二年榜葛剌国进贡麒麟之事颇为诡异。考虑到榜葛剌国进贡麒麟是在郑和第三次下西洋到达阿丹和非洲、认识了长颈鹿之后的事，而且在永乐十二年忽鲁谟斯国也已入贡，该国是郑和第三次下西洋的目的地，且史籍记载该国的贡品中有麒麟、福禄（即斑马）、驼鸡（即驼鸟）等物，所以榜葛剌国作为西洋之“近者”进贡麒麟，一定要在“远者”忽鲁谟斯、阿丹及“绝远者”麻林国宾服、进贡麒麟之前，这一“进贡”的顺序极有可能是永乐君臣有意安排的结果。

---

[8] （宋）赵汝适著、冯承钧撰《诸蕃志校注》卷上“弼琶啰国”条，中华书局，1956年，第55页。

[9] （明）王圻、王思义编集《三才图会》，上海古籍出版社，1988年，第2201页。

二　为皇帝抓麒麟的人

阿拉伯地区的阿丹等地之人虽然早就知道长颈鹿，也从非洲把长颈鹿运回阿拉伯，但其行为目的以及长颈鹿在阿拉伯地区的意义，今已不甚明了。但可以肯定的是，熟知长颈鹿并称之为“祖剌法”的阿拉伯人，并不知道中国文献所说的麒麟和长颈鹿如此相像，也不知道麒麟对中国君主的意义。所以，纵然从唐到元阿拉伯和中国直接交往了数百年，并且阿拉伯人在相当长时期内独揽从中国到阿拉伯世界的贸易之利，却一直没有把长颈鹿送给中国皇帝以获暴利。宋元时期，中国与阿拉伯世界交流虽多，但记载中多系对方入华，而中国人到阿拉伯者则鲜见于史载。中国人由于未能见到长颈鹿，所以仅将胡商所言的“徂蜡”记为异兽，而未能和中国的麒麟关联，直到明初中国人来到阿拉伯世界并见到长颈鹿才改变这一局面。郑和使团在阿丹的所遇所见，正成为改写历史的节点。

考虑到榜葛剌国、麻林国、阿丹国、波斯国进贡麒麟都是在郑和第三次下西洋、中国直接通航阿拉伯和非洲之后，而这些国家和地区的人原本并不知道长颈鹿可与中国人所说的麒麟相联系，尤其对麻林国人来说，长颈鹿只是草原上成群结队的野兽而已，几无价值可言，所以他们不远万里把长颈鹿送来中国一定另有原因。又，郑和下西洋时期，很多国家如麻林国并无远航能力，其使臣来华和返程都需搭乘郑和船队的大船，他们给明廷贡物自然要先取得郑和使团认可，或者说是郑和使团的人让他们进贡的，长颈鹿能够被载来华同样需要郑和使团的认可。再考虑到明廷使团永乐十九年在阿丹买麒麟、宣德五年在天方国买麒麟回国的史实，上述各国进贡麒麟之事，基本可以肯定是郑和使团唆使诸国所为，表面上是外国进贡，实际上郑和使团才是抓捕、购买长颈鹿并运回中国的主力，其目的无非是为通过麒麟现世来说明永乐皇帝的圣明及其皇位的合法性。

笔者曾在 2005 年参加中华人民共和国与肯尼亚共和国在拉姆群岛的联合考古项目[10]，在非洲草原看到了原生状态下的长颈鹿，也了解到拉姆群岛上家、西游、东都等村的村民认为自己是中国人的后代。根据美国纽约时报记者在 1999 年的采访，在当地的传说中，中国人来到此地的目的是为皇帝抓长颈鹿，船触礁后游到岸上并在此地生存、繁衍下来[11]。如果这个传说没有被人为纂改或添加，则足以说明郑和航海图所示和文献记载确凿可信，明之舟师确实到达了肯尼亚马林迪、拉姆群岛等地，而且目的非常明确：一方面，明朝舟师在阿拉伯地区的阿丹等地获得了长颈鹿的知识后，

---

[10] 该项目是在国家文物局主导下由北京大学秦大树教授主持，包括对肯尼亚东海岸各遗址出土中国瓷器的整理，以及对相关遗址的考古发掘工作，是中国学者第一次在中国境外进行的与中国古代外销瓷器和陶瓷之路相关的考古工作。

[11] Nicholas D. Kristof, *1492: The Prequel*, The New York Times Company, 1999.

企图直接到原产地寻求长颈鹿；另一方面，明廷要把距中国绝远且有麒麟的麻林国纳入向大明“进贡”的队伍中。而这次远航也确实是中国与非洲直接进行官方交流的开始。

有明一代共有八次麒麟入华事件，其中属于外国进贡者六次，分别为：榜葛剌国两次、麻林国一次、阿丹国一次、苏门答剌国一次、忽鲁谟斯国一次，地域从东南亚、南亚到西亚，再到东非。其余两次是下西洋的使臣在阿拉伯半岛的阿丹和天方国购买所得。明代所谓的贡，属于朝贡贸易的范畴，无不为暴利而来，永乐十二年、十三年、十五年榜葛剌国、麻林国和阿丹国的进贡均属此类。到永乐十九年由于无人进贡，所以只能是使臣自己购买，这既说明麒麟普通动物的属性，也佐证前几次麒麟入华虽以外国进贡为名，但应是在郑和团队的劝导、诱惑、参与下实现的。

三　两种麒麟在大明

鲁哀公十四年（前 481 年）西狩获麟，孔子作解之后，麒麟一直被视为仁兽，“有王者则至，无王者则不至”，和帝王圣明与否相表里。世虽传其图像，但没人得睹其真容。所以，永乐时期麒麟生于属国，并多次入华，不仅表明大明在国际秩序中的天朝地位，而且可以证明永乐皇帝是真正的“王者”，其意义自非寻常。

不过，麒麟在中国自有传统，新来的长颈鹿虽然和传说中的麒麟相像，但终非同物，所以当长颈鹿入华后，麒麟便有了两个版本，即传统认知中的麒麟和永乐皇帝的麒麟（长颈鹿）。从明代及以后的图像资料看，传统认知中的麒麟在永乐及宣德时期并没有因长颈鹿入华而更改或消逝，相反却一直存在。传统认知中的麒麟见于明代官服补子，可视为官方颁的标准图像，而且是洪武定制[12]，永乐皇帝应不会弃之不用。永乐时期木印本《玉枢经》中的麒麟也是符合传统认知的麒麟图像，晚明成书的《三才图会》不仅在鸟兽部记录了这种麒麟图像，同书记载的官服补子中的麒麟也为传统形象，该图像还影响到整个东亚。至清，麒麟仍以传统认知中的麒麟形象为主。

而永乐皇帝的麒麟在永乐十二年长颈鹿初入华并被画示天下始为世人所知，从沈度所作颂文可知，这个长颈鹿给永乐皇帝带来了无上的光环。永乐十二年榜葛剌国进贡麒麟时皇帝不许百官表贺，次年麻林国进贡麒麟时永乐皇帝虽然在口头上仍不许百官表贺，但麒麟到京后则御奉天门受贺，并称麒麟之来和远国进贡为“皇考厚德所致，亦赖卿等翊赞，故远人毕来。继自今，益宜秉德迪朕不逮”。永乐皇帝既把麒麟的出现视为明太祖皇帝的“厚德所致”，又肯定麒麟出现与万国来朝“亦赖卿等翊赞”，

---

[12]　洪武二十四年（1391 年）定制，公、侯、附马、伯爵官服补子用麒麟、白泽，其他百官则文官用禽、武官用兽各有等差，有明一代对官员服色管制极严重，非赏赐内阁不得用麒麟。参见《明史》卷六七《舆服志三》，第 1638 页。

明徐俌墓出土官服白泽补图（采自南京市文物保管委员会等《明徐达五世孙徐俌夫妇墓》，《文物》1982年第2期）

明徐俌墓出土官服麒麟补图（采自南京市文物保管委员会等《明徐达五世孙徐俌夫妇墓》，《文物》1982年第2期）

明面上是肯定众臣辅佐之功，实际上是表示自己“王者”圣德，并要臣工竭力引导辅佐。正是因为如此，永乐十五年阿丹国又贡麒麟，再证永乐皇帝之圣。

考古发现徐俌夫妇墓出土的官服补子中白泽（图1）和永乐皇帝的麒麟（图2）同见[13]，这为我们理解和重新认知永乐皇帝的麒麟在明代的影响提供了新的线索。徐俌为徐达玄孙，天顺八年（1464年）袭魏国公爵，官至南京守备，正德十二年（1517年）卒。徐俌为公爵，服麒麟补为定制。长颈鹿出现在徐俌的官服上，足证在明代除了把长颈鹿当作麒麟告示天下外，还把作为麒麟的长颈鹿列入国家礼仪制度。徐俌袭爵之天顺八年，距永乐十二年麒麟首次入华已越五十年，距正统三年榜葛剌国再贡麒麟也过二十四年。徐俌袭爵之时入华的长颈鹿是否存世已不可知，但是它作为麒麟见于徐俌官服补子，则可说明这已成为明朝政府法定的内容。再考徐俌的生平，可知以长颈鹿为麒麟的制度到正德时期一直不曾改变。但万历年间成书的《三才图会》所记之麒麟图像已不是长颈鹿，而是回到传统形象，或可说明历史变化的节点所在。

另，从永乐到正统，四位皇帝中除仁宗享国之日浅而不见有麒麟之记录外，永乐时期麒麟数次入华，宣德御极以来麒麟两来（六年舟师购自天方国、八年苏门答剌进贡），正统三年榜葛剌国又贡麒麟，可见麒麟的有无极有可能成为永乐以后各帝仁政与否、皇位是否合法的标志，是明代前期政治需求的重要内容之一。正统以后麒麟不再出现，这既可能与明朝主动下西洋活动停止、对外交流减少有关，也可能是明代政治变化所致。

---

[13] 考古报告错将本应称为麒麟的长颈鹿认作天鹿，又错以白泽为麒麟。但被错认为麒麟的形象与《三才图会》所列公、侯、附马、伯爵官服补子之白泽完全相同，故应为白泽。参见南京市文物管理委员会等《明徐达五世孙徐俌夫妇墓》，《文物》1982年第2期。

四 结 语

明代早期和长颈鹿一起入华的还有斑马（明人称为花福禄）、鸵鸟（明人称为驼鸡）、狮子、长角马哈兽、灵羊等，各地“藏山隐海之灵物，沉沙栖陆之伟宝”并聚于大明，这和后世致天下异物于一起的展示模式并无两样，成为明代早期构建以大明王朝为中心、万国来朝的国际秩序的物化表现。因为当时的政治需要，入华的长颈鹿变为中国的麒麟，这也是永乐皇帝的政治遗产。宣德、正统皇帝在宣扬永乐一系皇位合法性上都多有努力，不过，正统皇帝在遭遇土木堡事变成为蒙古瓦剌部的俘虏，回明后被软禁南宫并最终复辟等一系列事故之后，对皇位之得与失及天命之说应该比别人有更深的理解。正统皇帝复辟后，诏改景泰八年为天顺元年（1457 年），但并未听从谀臣依永乐故事废除景泰年号的建言，不仅如此，还下令释放禁锢于凤阳高墙内五十五年之久的建庶人、吴庶人，这是靖难之变以来明政府首次正面建文皇帝的法统并作结案。正因为复辟的天顺皇帝对待天命的坦荡态度，一直被视作“王者”之兆的永乐皇帝的麒麟也就完成了其历史使命。

（本文原载《故宫博物院院刊》2021 年第 7 期，此处略作修改）

大明定鼎南京以后，国力强盛，安南与暹罗两国首先开始向明廷进贡珍禽异兽。《明祖实录》所记洪武四年（1371 年）春，安南国与暹罗国同年进贡大象。

自永乐三年（1405 年）开始，郑和七次率领庞大的船队出使西洋，除了安南与暹罗两国，占城、真腊和锡兰山旁的不剌哇国也开始向中国进贡大象、孔雀。暹罗、真腊两国甚至曾派使者将大象运来首都南京。《明太宗实录》载，“（永乐五年）暹罗国贡驯象、鹦鹉、孔雀等”。《明史》载，“（永乐）十九年，（占城）遣子宝部领诗那日忽来朝，贺万寿节，献象五十四”。这些进贡给明廷的大象，当时多被豢养在首都南京秦淮河畔的一个名叫象房村的地方，此地毗邻明代的正阳门（今光华门）。进入正阳门，即是皇宫大内，皇帝在万机之暇，走出正阳门，到象房村观赏大象，十分便利。

明代的南京城，都城外还有一道郭城，郭城 18 个城门中有大驯象门和小驯象门，两门相邻，都在今窑岗村至赛虹桥一带。当年饲养大象的象奴，驱赶大象从象房村出发，出大驯象门通过毛公渡或出小驯象门通过土板桥，都可到达水草丰美的沙洲圩放牧。（叶伯瑜）

象纹琉璃构件

Glazed (*Liuli*) Component with Elephant Design

明

长 50、宽 47 厘米

南京博物院藏

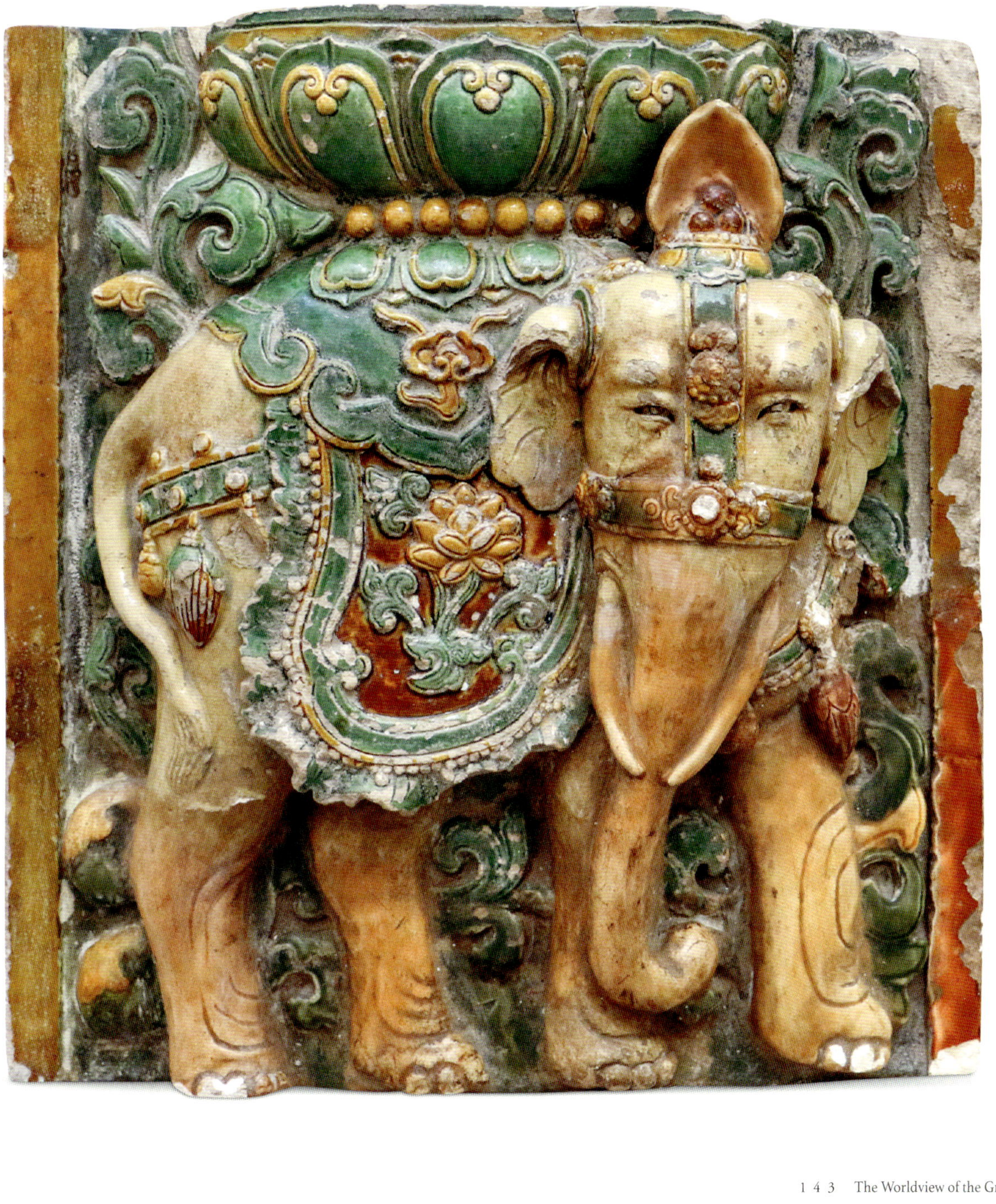

珊瑚枝

Coral Branch

明

高8.5厘米

南京博物院藏

又至那灵霄宝殿……琉璃盘内放许多重重叠叠太乙丹，玛瑙瓶中插几枝弯弯曲曲的珊瑚树，正是天宫异物般般有，世上如他件件无。

——《西游记》第四回《官封弼马心何足　名注齐天意未宁》

在郑和下西洋的路途中，以中国物产与西洋诸国进行贸易的一个重要品类就是珊瑚。珊瑚作为海岛国家出产的珍宝，在下西洋的相关文献中屡有记载。马欢《瀛涯胜览》所记南浡里国西北海内有一平顶峻山名帽山，“其山边二丈上下浅水内。生海树。彼人捞取为宝物货卖。即珊瑚也。其树大者高三尺，根头有一大拇指大根。如墨之沈黑，如玉石之温润，稍上椏枝婆娑可爱。根头大处可碾为帽珠器物”。同书所记，在阿丹国买得“珊瑚树高二尺者数株，又买得珊瑚枝五柜”。来自西洋等地的珊瑚来到中国之后，理所当然地被视为珍宝，成了礼佛用的佛教七宝之一，也成了文人案头流行的用以清供的清赏之物。明清绘画中以珊瑚枝插瓶作为陈设品的图像，最常见于充满各类高级陈设器物的文人雅集图和博古图之中。

禹之鼎　乔元之三好图　卷

清

纸本设色／纵 36.5、横 107.1 厘米

南京博物院藏

Three Main Interests of Qiao Yuanzhi Handscroll

Yu Zhiding

佚名 西旅贡獒图 轴

明

绢本设色／纵160.4、横102.5厘米

故宫博物院藏

Western Tribute Mastiff
Hanging Scroll
Anonymous

西周时就有“西旅厎贡厥獒，太保乃作《旅獒》，用训于王”之典故，而后来的宫廷绘画中逐渐把描绘贡獒这样的职贡题材转化为宣扬国力声威之象征然而事实上，古人常常会误狮以为獒，“獒”“狮”“狻猊”之称谓经常混淆清，所以“贡狮”被误认为“贡獒”亦不足为奇。如明人孙鑛就曾指出：“西所献獒，正今西番所贡狮子。狮有九种，獒则其最下者耳，余尝观京师诸古刹所绘狮，其首尾毛虽视今西苑所畜者小异，然形状大略不甚远。所云青狮尾大斗者，似是特创出怪形，非真物也。”因为古人常常“獒”“狮”不分，故而能会有人误将“西旅贡狮”当作“西旅贡獒”一样看待。

对于那些外番异族，中原的统治者一般都无意动用武力去一一征服，他觉得凭借着自己的仁德与威望，就可以“怀柔远人”，从而令异邦宾服。成于战国时期的《尚书》中即有“明慎德，四夷咸宾”之语，正是怀着这种拥天下的心理，古代中原的统治者通常都会把外国来使认为是其对自己的宾服朝拜，久而久之也就习以为常，四海来朝、职贡献礼逐渐成为异邦诸国宾服臣的必要形式。因而在中国古人的心中，四夷边民向中央王朝称臣纳贡也就视为天下归顺、国运昌盛的政治象征。

参考文献：杨德忠《大元气象——元代皇权意识下的书画活动及其政治意涵》，务印书馆，2018年。

青花缠枝花卉纹折沿盆

Blue and White Basin with Curled Rim and Pattern of Flowers with Interwined Branches

明永乐

口径 30.9、高 13.6 厘米

南京博物院藏

吴仁敬在《中国陶瓷史》中所述："明人对于瓷业，无论在意匠上、形式上，其技术均渐臻至完成之顶点。而永乐以降，因波斯、阿拉伯艺术之东渐，与我国原有之艺术相融合，对瓷业上，更发生一种异样之精彩。"明初，中华文明与伊斯兰文明的交流与往来十分密切。一方面，大量穆斯林来到中国。据《明实录》统计，从洪武到成化的百余年间，西方来归的穆斯林近七十批，其中宣德六年（1431 年）一次来归人数即多达三百余口。此时期为历史上继元之后穆斯林入附中原的新高潮。他们精于手工业制作，其中的手工匠艺人为明初的染织、制瓷、铸造等行业注入了新的生机活力。另一方面，为满足郑和下西洋尤其是与伊斯兰世界国家的交流和贸易，也需要生产一批带有伊斯兰风格的瓷器。

此件明永乐青花缠枝花卉纹折沿盆，仿伊斯兰金属器或玻璃器器形，如美国大都会艺术博物馆藏 14 世纪马穆鲁克王朝时期玻璃盆、13—14 世纪叙利亚铜盆的造型就与此如出一辙。（马成）

马穆鲁克王朝玻璃盆

14 世纪

口径 16.5 厘米

美国大都会艺术博物馆藏

叙利亚铜盆

13—14 世纪

口径 11.4 厘米

美国大都会艺术博物馆藏

青花云龙纹扁壶

Blue and White Flat Pot with Cloud and Dragon Pattern

明永乐

高 45.8 厘米

南京博物院藏

明永乐青花云龙纹扁壶，青花色泽浓艳，施釉肥润，做工精良，是一件具有伊斯兰文化元素的永乐官窑瓷器。这种扁壶器形仿伊斯兰玻璃器，与科威特伊斯兰古物陈列室藏 13 世纪叙利亚釉彩玻璃香水扁壶相似。（马成）

青花花卉锦纹绶带耳扁壶

Blue and White Flat Pot with Ribbon-shaped Handles and Floral Brocade Pattern

明永乐

口径 3.5、足径 7.4、高 24.3 厘米

故宫博物院藏

这件扁壶，束颈，扁圆腹，圈足，双绶带耳，腹部两侧有一圆饼凸起，腹部饰青花花卉锦纹，整体给人繁复紧凑感。此器器形与美国大都会艺术博物馆藏 13 世纪产于伊朗卡山的扁壶相似，该器为杯形口，拉斯特彩装饰。同时也与大英博物馆藏 13 世纪阿尤布王朝玻璃瓶类似。（马成）

阿尤布王朝玻璃瓶

1250—1260 年

高 23.2 厘米

大英博物馆藏

青花缠枝花卉纹单把罐

Blue and White Single-handled Jar with Pattern of Flowers with Interwined Branches

明宣德

口径 7.4、高 13.4 厘米

景德镇御窑博物院藏

赫拉特嵌银单把铜壶

15—16 世纪

高 14.3 厘米

美国大都会艺术博物馆藏

这件明永乐青花缠枝花卉纹单把罐，直口，直颈，溜肩，圆鼓腹，卧足，单把。通体绘青花纹饰，颈、肩部饰仰覆莲瓣纹，腹部主题纹饰为缠枝花卉纹，近足处饰一周仰莲瓣纹。青花色泽浓艳，有黑色结晶斑。美国大都会艺术博物馆收藏有一件赫拉特嵌银单把铜壶，器形与之相似。（马成）

釉里红梅竹纹笔盒

明永乐

长 31.6、通高 8.1 厘米

景德镇御窑博物院藏

Underglaze Red Writing Brush Box with Plum and Bamboo Pattern

这件明永乐釉里红梅竹纹笔盒，呈长椭圆形，带盖，以子母口相合。盒内有不同形状的分格。器物主题纹饰为梅竹纹，侧面绘缠枝花卉纹。这种笔盒仿伊斯兰金属器，与大英博物馆藏 14 世纪产于埃及的嵌金银黄铜笔盒相似。该盒为长方形，内分四格，一为长椭圆形、三为小圆形，盖与盒体以合页相连，并以吊扣固定。（马成）

马穆鲁克嵌金银黄铜笔盒

14 世纪

长 31、宽 8、高 9 厘米

大英博物馆藏

金锭

Golden Ingot

明

长 13、宽 9.8、厚 1 厘米、重 1937 克

湖北省博物馆藏

梁庄王墓为朱瞻垍及其继妃魏氏之合葬墓。朱瞻垍，“仁宗第九子，永乐二十二年封”。墓葬中出土了大量随葬器物，共计 1400 余件（套），其中有两件特殊的金锭，分别为梁庄王两次定亲时皇帝赏赐之物。一件金锭重 1937 克，正面铸有 2 行铭文“永乐十七年四月　日西洋等处买到八成色金壹锭伍拾两重”。据铭文中“永乐十七年”“买到”可推测此金锭应是郑和第五次下西洋所购。关于金锭产国的推测，有说为阿拉伯出产的紫磨金，还有说是船队于非洲购得，后者是根据当时东非出口大量象牙和黄金这一背景所做的推测。

中国人对于宝石的喜好是受元代伊斯兰世界珠宝商的影响。和元代一样，宝石也是郑和下西洋贸易活动中的一项重要内容。永乐到宣德年间中国人获得宝石，需要依赖郑和沿着蒙元时代的航线与伊斯兰世界进行贸易。湖北梁庄王墓出土镶宝石的器物种类有111种，共使用宝石462颗，其中红宝石、蓝宝石、金绿宝石、祖母绿在明代初年的中国并没有产出，必须通过海外贸易获得。同时，该墓还伴出一件金锭，上有铭文“永乐十七年四月　日西洋等处买到八成色金壹锭伍拾两重”。因此推断，梁庄王墓中首饰使用的宝石可能是郑和下西洋时与金锭一起购买。根据相关文献，郑和下西洋时，在多处购买宝石或收到当地统治者纳贡的宝石。《瀛涯胜览》所记载能够购买宝石的地点就有八处，这其中有的是宝石矿产地，如锡兰，有的是宝石贸易集散地，如忽鲁谟斯。如果是在宝石矿产地，购买到的宝石基本都是本地矿床产出的，如果是集散地，就会云集各地所产的宝石，那么郑和船队在这个港口得到的宝石种类就会更多。

当郑和下西洋停止后，明代皇室贵族取得宝石的渠道基本中断。明英宗天顺二年（1458年）内官奏称：“永乐、宣德间屡下西洋收买黄金、珍珠、宝石诸物，今停止三十余年，府藏虚竭，请遣内官于云南等处出官库银货收买上纳。”直到天顺成化年间，中国才在西南找到新的宝石来源地——抹谷。抹谷，位于今缅甸北部的掸邦高原上。明代的中国人，因为该城盛产各种宝石而唤之为“宝井”。当时宝井归孟密城（今缅甸蒙米特）管辖，而孟密城在明初又属于木邦（今缅甸兴威）安抚司统治。成化后，孟密首领脱离木邦安抚司，成为一个独立政权。该地出产有红宝石、蓝宝石、金绿宝石，尤以红宝石最为著名。成化年间与孟密的宝石贸易开辟之后，中国人便不需要通过组织船队下西洋购买，明人首饰所用宝石获得了一个相对固定的来源地。此后，孟密所产的红宝石、蓝宝石在中国广受欢迎，上至宫廷，下至市井富户都喜欢将这些宝石用于首饰。（仇泰格）

镶宝金冠

Golden Crown Inlaid with Gemstone

明

宽12、高10厘米

南京市江宁区文化遗产保护中心藏

金镶宝帽顶

明

底径 4.8、通高 7.5 厘米

湖北省博物馆藏

Golden Hat Top Inlaid with Gemstones

芙蓉花镶宝金簪

明

长 5.9、宽 4.1 厘米（左）

长 5.7、宽 4.1 厘米（右）

南京博物院藏

Golden Hairpin in Hibiscus Mutabilis's Shape Inlaid with Gemstones

金镶宝白玉镂雕龙穿牡丹帽顶

明

底径 5.9–6.6、通高 6.3 厘米

湖北省博物馆藏

Golden White Jade Engraved Hat Top in Design of Dragon Threading through Peonies Inlaid with Gemstones

唐寅　洞箫仕女图　轴

明

绢本设色／纵 164.8、横 89.5 厘米

南京博物院藏

Lady Playing the Flute

Hanging Scro

Tang Yin

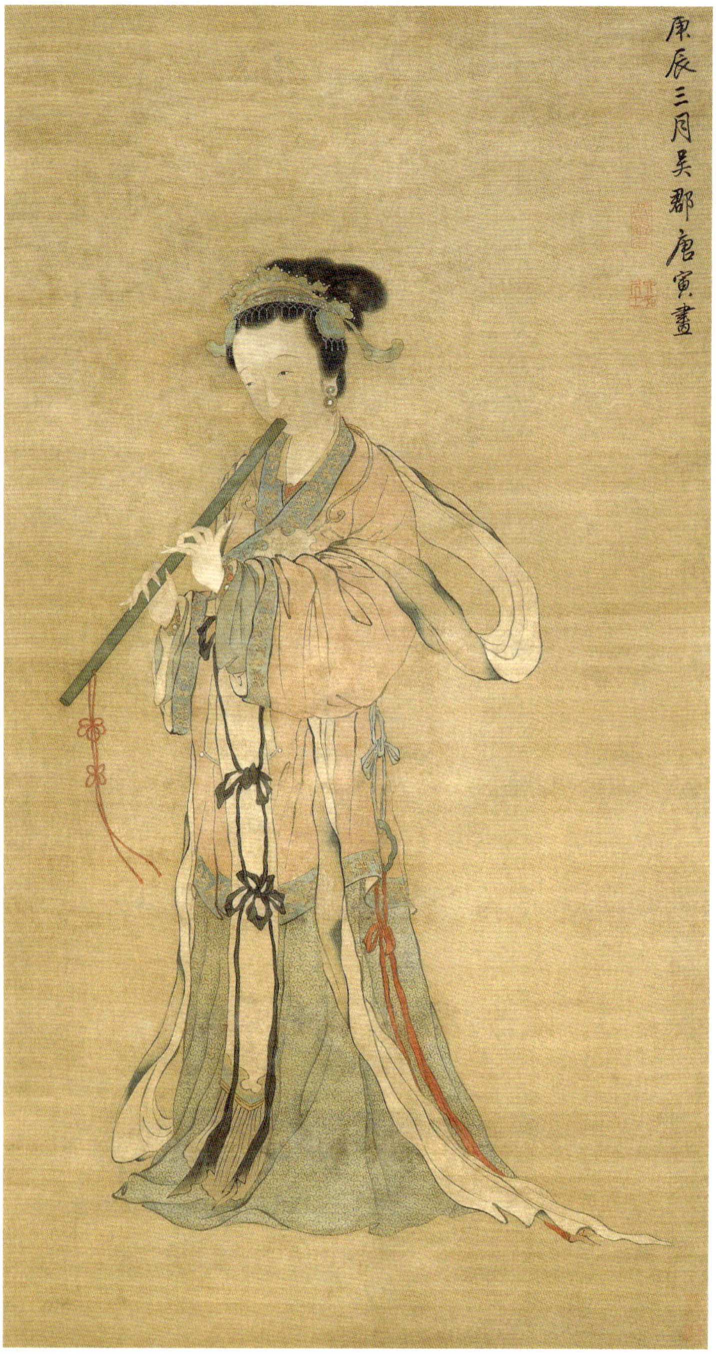

按《大明会典》，皇子婚礼会使用称为“金八宝镯”的外侧镶嵌宝石的手镯，与臂钏、不等饰品一起搭配，作为送给女方的聘礼。在湖北梁庄王墓中出土了与《大明会典》描接近的镯、钏、耳环等饰品组合，其中镯子可能就是所载的“金八宝镯”。类似特征的子在明代高等级墓葬中时有出土，如江西南城益庄王墓及南京黔国公沐斌继室梅氏墓。

此对金镯即为黔国公沐斌继室梅氏墓中出土。镯外侧镶嵌红宝石、蓝宝石与绿松石。宝石与蓝宝石自元代时由中东商人引进中国，红宝石又称为“红亚姑”，蓝宝石又称为“青古”（“亚姑”来自波斯语“yaqut”，为刚玉之意）。明代上层社会延续了对于红宝石、宝石的喜爱，但这两种宝石在明代并不产于中国本土，需要通过贸易获得，因此十分贵重，价一度达到每两一百八十两白银，在明代置办需要相当的财力。这种式样的手镯除了在外镶嵌宝石外，还使用了活环开合及插销锁定的设计。这种活环式开合加插销锁定的手镯在代以前十分少见。目前中国出土宋元时期的手镯基本都是固定一体式的，未见有活环开合插销锁定的手镯。不过，如果把眼光放到域外，便会发现这类活环开合加插销锁定式的手此前已经在波斯地区流行。波斯地区的这类手镯，虽然在外侧装饰上与明代皇室婚礼的“金宝镯”不尽相同，但大体结构接近，都是拿两片半弧用活环连接，可开可合，在另一边用销固定。如果考虑到元代在中国活动的中东珠宝商，那么这种可开合的手镯款式很可能与代在中国活动的波斯珠宝商有关。蒙古国哈拉和林出土的一件13世纪末的镶嵌宝石可开式手镯似也可佐证这一观点。（仇泰格）

镶宝金手镯

Golden Bracelet Inlaid with Gemstones

明

直径7厘米

南京市博物馆藏

四海通达

Sailings Linking the Universe

隆庆元年（1567年），福建漳州月港开海，允许民间商人航行东西二洋，这标志着明朝由官方朝贡贸易向民间私人海上贸易的重要转变。同时，澳门开埠使外商能够合法经营海上贸易，促使了广州外港的兴起，进一步加强了中外经济的联通与交流。放眼全球，葡萄牙人和西班牙人跨越印度洋与太平洋，通过跨洲航线将亚洲传统贸易融入全球体系，开启了早期全球化的进程。作为其中的重要一环，马尼拉帆船贸易连接了东亚与西方世界，将大量中国商品通过港口运往菲律宾中转，再运往美洲与欧洲，同时也将美洲白银和经济作物输入中国。这条航线不仅承载了中国、日本、菲律宾等国家与美洲、欧洲的物资流通与人员流动，更是极大地丰富了世界文化的多元内涵，在人类文明史上留下了鲜明的印记。

In the first year of Longqing's reign (1567), the Yuegang Port in Zhangzhou, Fujian Province stared to be put into operation, which allowing folk merchants to sail to the East and West Oceans, which marked a major change from official tributary trade to private maritime trade. At the same time, the opening of Macao port allowed foreign businessmen to legally operate maritime trades, which promoted the rise of Guangzhou's outer ports, and further strengthened the economic connectivity and exchanges between China and foreign countries. Meanwhile, the Portuguese and Spanish crossed the Indian and Pacific Oceans, which integrated traditional Asian trade into the global system through transcontinental shipping routes, and started the process of early globalization. As a major hub of communications, the Manila clipper trade connected East Asia with the Western world, sending a large number of Chinese goods to the Philippines for transit, and then to the Americas and Europe, while also importing American silver and cash crops to China. This route not only carried the flow of materials and personnel between China, Japan, the Philippines, America, Europe and other regions, but also greatly enriched the multi-connotation of world culture and left a distinct imprint on human civilization.

英国制黄铜星盘

British-made
Brass Astrolabe

16世纪

直径25、连环长33.2、高4.1厘米

上海中国航海博物馆藏

这件为早期航海用天体观测星盘，发明于16世纪，之后被用于确定船只方位，可理解则定船只所在经纬度，后被六分仪、天文钟等更为精确的测量仪器所取代。

星盘的原理相当于把地心说的球面模型映射到一个平面上，其上的刻度实际是以地球看到的一些天体运动的轨迹进行换算描述的。从地球上看到的天体的位置（假设为S），地球上的位置（假设为E）以及时间（假设为T）有关，S、E和T这三个变量已知两个能求出第三个，这就是星盘的原理。使用星盘时，在某一时间根据所在位置转动星盘上应的圆并对照一些曲线，就能预测天体的位置，或者反过来，根据天体的位置转动相应圆，就能大致找出地球上的位置。当然，知道这两个位置，对照星盘也能找到时间。因此，可以把星盘看作是一个特殊的计算尺，它相当于用地心说的模型把计算天体位置的公式实现在这个圆盘上。（李睿）

法国制马格里布黄铜星盘

French-made Maghreb Brass Astrolabe

17 世纪

直径 18.3 厘米

上海中国航海博物馆藏

这件星盘整体使用黄铜铸造并雕刻。马格里布是古代阿拉伯人眼中的今突尼斯、阿及利亚和摩洛哥地区，在阿拉伯语中被译为“日落的地方”。马格里布的天文学研究较为发达其著名的天文学家阿尔鲁达尼曾设计出星盘和地球仪相结合的观测仪器，促进了当时航技术的进一步发展。

星盘将天穹投影到平面上，便于计算星体的位置，并根据太阳确定准确时间，属于种古老的航海天文仪器。与马格里布星盘类似的仪器在 15 世纪由葡萄牙人发明，最初是老的步天规式星盘，到 16 世纪逐渐成为测量天体高度的专门仪器。星盘的基本结构包括射星图的盘和测角装置两个部分，测角装置通过销钉连接在盘中央，并可绕中心旋转，中心对应地球的北极，将星盘与海平面形成一定角度时，就可以求出观测点的纬度。（李

参考文献：［英］基思·马克尔瑞著、戴开元等译《海洋考古学》（第二版），海洋出版社，2023

玛瑙雕辣椒

清

长 2.9 厘米

南京博物院藏

Agate Pepper

鎏金银蕉叶辣椒形玉坠

明

长 4 厘米

江西省博物馆藏

Jade Pendant in Shape of Pepper with Gilded Silver Banana Leaves

黄釉玉米形鼻烟壶

清

高 7 厘米

南京博物院藏

Yellow-glazed Corn-shaped Snuff Bottle

辣椒，起源于美洲，早期欧洲文献中记录的辣椒用途有三种即食用、药用和观赏。16 世纪下半叶起，辣椒逐渐在欧洲，尤其在南欧地区广泛流行，成为昂贵的胡椒的替代品，被称为“穷人胡椒”。关于葡萄牙人通过印度在亚洲传播辣椒的途径，目前主有两种说法：一是从美洲传入欧洲，再传播到印度；二是直接从西将辣椒传入亚洲。辣椒在明末传入中国，一般认为辣椒最早见高濂刊行于万历十九年（1591 年）的《遵生八笺》“番椒”条：“生白花，子俨秃笔头，味辣色红，甚可观。子种。”金国平总结辣椒入华路径可能性最大者有八：一是从浙江舟山的双屿引入；是由日本反传至双屿；三是壬辰之役时，随日军传到朝鲜，然后输入邻近的中国东北辽宁；四是由荷兰人从印度尼西亚传到台湾五是经滇缅古道，从缅甸传入云南，再传播至内地其他省份；六从印度经茶马古道传入西藏；七是万历年间由吕宋传入；八是从门传入广东，再扩散至内地其他省份。辣椒于万历年间传入浙江后，最初是观赏植物，但人们很快发现辣椒可以替代胡椒等调味品不过东南地区没有吃辣的传统，所以辣椒没有被重视。但西南地却大量食用辣椒，这与西南的地理环境有关，部分由于人们相信辣可以“祛湿”，部分由于以辣椒可以代替稀缺的盐，部分由于椒可以帮助下饭。（李昕升）

玉米，起源于中美洲，距今 9000 年前开始被驯化。一般认玉米由葡萄牙人传入中国，其路线有“西北陆路说”“东南海路说”“南陆路说”三种。“西北陆路说”，嘉靖《平凉府志》记载：“麦，一曰西天麦，苗叶如蓟秫而肥短，末有穗如稻而非实。实如塔如桐子大，生节开花，垂红绒，在塔末，长五六寸。”这不仅是米在方志中也是玉米在中国的最早记载。“东南海路说”，即玉经葡萄牙人或中国商人之手较早传入我国浙江等东南沿海地区。书于明隆庆六年（1572 年）杭州文人田艺蘅的《留青日札》较早载“御麦出于西番，旧名番麦，以其曾经进御，故曰御麦”，此“东南海路说”的主要依据。又有万历《泉州府志》中的“郁麦”万历《龙川县志》中的“珍珠粟”作为福建、广东的证据。“西陆路说”，最早由东方学家劳费尔在 1906 年《玉蜀黍传入东亚考提出，玉蜀黍大约系葡萄牙人带入印度，由印度而北，传布于雾根不丹及我国西藏等地，终乃至四川，而渐及于我国各部，并未取欧洲各国。何炳棣后来又作了进一步补充，认为玉米推广最合理媒介是云南各族人民，明代云南诸土司向北京进贡的“方物”就括玉米。他们的主要依据是嘉靖《大理府志》、万历《赵州志》中“玉麦”的记载。乾隆《霍山县志》载：“四十年前，民家惟圃间偶种一二，以娱孩稚。今则延山曼谷，西南二百里皆恃此为岁之粮矣。”短短半个世纪玉米的地位就发生了翻天覆地的变化在于玉米遇见了山区。玉米的抗逆性较强（高产、耐饥、耐瘠、耐旱耐寒、喜砂质土壤等），能够适应山区的生存环境，充分利用了前不适合栽培作物的边际土地。（李昕升）

南瓜在中南美洲的种植历史至少可以追溯到公元前 3000 年，南与菜豆、玉米并称前哥伦布时代美洲的三大姐妹作物，而这三者也称为三大营养来源。欧洲探险者把南瓜种子带回欧洲后，最初被用喂猪，而不是作为人类食物的来源，只限于庭院、药圃、温室栽培，饲料、观赏、研究、药用。

南瓜经由欧洲人之手传遍世界各地，葡萄牙、西班牙人先将其带南亚、东南亚，中国是在 16 世纪初期由葡萄牙人或南洋华侨首先种到东南沿海的广东、福建，稍晚南瓜从印度、缅甸一带传入云南。比，南瓜迅速在中国内地推广。嘉靖十七年（1538 年）《福宁州志》的“金瓜”，是我国对南瓜的最早记载。范洪在嘉靖三十五年（1556）根据《滇南本草》原著整理而成的《滇南本草图说》，其中已对南瓜的记载，所以南瓜至迟在 1556 年已经在云南引种栽培，而很有可能是从缅甸传入的。南瓜与其他美洲作物相比，最突出的点就是除个别省份外基本都是在明代引种的，17 世纪之前，除东省及台湾、新疆、青海、西藏外，其他省份的南瓜种植均形成了定规模。南瓜是美洲作物中最早进入中国且推广速度最快的作物，为救荒作物影响日广，其原因在于南瓜是典型的环境亲和型作物，有高产速收、抗逆性强、耐贮耐运、无碍农忙、不与争地、适口性佳、养丰富等优点。（李昕升）

陈鸣远制紫砂东陵（南瓜）壶

清

高 11.2 厘米

南京博物院藏

Pumpkin-shaped Purple Clay Teapot Made by Chen Mingyuan

广东省博物馆藏

明万历

“南澳Ⅰ号”沉船出水瓷器

Porcelains Unearthed from the Nan'ao I Shipwreck

“南澳Ⅰ号”沉船是明代晚期海外民间贸易纽带上的一颗璀璨明珠。沉船遗址位于东省南澳县云澳镇东南三点金海域，2007年5月发现。2010—2012年，广东省文物考研究所等单位对“南澳Ⅰ号”沉船进行了抢救性发掘，出水文物总数达2.7万余件，包括瓷陶器、金属器、木器、石器等，另有珠管串饰，以及多种水果核、块茎作物等有机质类水银等无机物标本。

“南澳Ⅰ号”沉船遗物体现出外销型经济模式，船中重复的大量陶瓷器、金属器，是切合海外特定市场的商品，以满足特殊需求而大量供应。出水文物以瓷器为最大宗，据瓷器的胎质、造型、釉色、纹饰及工艺等诸方面判断，其主要来自两个窑系，即漳州和景德镇窑，以漳州窑瓷器数量最多，以景德镇窑瓷器品质最优。

据该船瓷器分析，沉船年代应在明万历年间。同时，由该船既有漳州窑青花瓷器又景德镇窑青花瓷器来看，其始发地极有可能是福建漳州的月港。外销的景德镇窑瓷器，广昌—永安—漳平—海澄（月港）、广昌—长汀—大浦镇—漳州—海澄（月港）两条线路水陆兼程运达港口汇聚，再放洋出海。上一线路由漳平入九龙江水系，下一线路由大浦入韩江水系。

据推测，“南澳Ⅰ号”出海后直接驶往东南亚一带，第一站最有可能是菲律宾，在里与西班牙人进行交易，商品通过马尼拉大帆船运往西属美洲销售，最后辗转到欧洲市场也有可能经中国海，巴达维亚，再海运至东南亚、南亚、西亚和非洲地区，终至欧洲诸国

参考文献：广东省文物考古研究所等《孤帆遗珍——“南澳Ⅰ号”出水精品文物图录》，科学出版社，2014年。

景德镇窑青花海水纹「福」字瓜棱盖盒
口径10.8、足径6.5、通高7.3厘米

景德镇窑青花缠枝牡丹纹盖盒
口径8.5、足径5、通高7.2厘米

漳州窑青花缠枝花卉纹玉壶春瓶
口径5.2、足径5.5、高13.5厘米

景德镇窑青花五彩描金开光莲池鹭鸟纹碗
口径12、足径4.5厘米

漳州窑青花仕女图折沿盆
口径25.8、底径13.1、高7.5厘米

漳州窑酱釉白花麒麟望月纹盘

明

口径 40、足径 20.5、高 9.7 厘米

漳州市博物馆藏

Zhangzhou Kiln Brown-glazed Plate with White Pattern of Kylin Looking at the Moon

漳州窑是明代后期在福建漳州月港一带兴起的窑口，其生产瓷器以仿景德镇窑瓷器
代表，主要用于外销。根据 20 世纪 80 年代的考古调查和 90 年代的考古发掘可知，明
漳州窑址的分布主要以福建省平和县南胜镇、五寨乡一带为中心，还包括华安县东溪窑
诏安县秀篆窑，此外，明清时期归属漳州府管辖的龙岩、漳平等地都属于漳州窑的范围

明代漳州窑的品种以青花瓷为主，还包括酱釉、白釉等单色釉瓷器，以及五彩品种
蜚声海外的“汕头器（Swatow）”“砂足器”“吴须染付”“吴须赤绘”主要指的就
漳州窑产品。漳州窑瓷器主要出口至日本、东南亚各国及荷兰，也会通过西班牙、葡萄
的商船销往欧洲、美洲和非洲等地区。在菲律宾海域的“圣迭戈号”沉船、大西洋圣赫
拿岛的“白狮号”沉船以及南海海域附近的“哈彻号”“平顺号”沉船中，都陆续出土
漳州窑瓷器。另外，在日本、东南亚等国的遗址中也有漳州窑瓷器出土。

漳州窑的海外贸易从明代万历年间兴起，漳州月港是兴盛一时的瓷器外销港口。月

海域为“圭海”，是货船的必经之路，再往外可到达中左所（厦门）和浯洲屿（金门）个月港的进出门户。出月港之后，最初通过台湾的鸡笼、淡水将瓷器传入日本以长崎的港口城市；向东南亚传入吕宋一带，衔接马尼拉大帆船航线。西班牙、葡萄牙、荷商船使漳州窑瓷器进一步销往印度、阿拉伯半岛、埃及福斯塔特、土耳其伊斯坦布尔、坦桑尼亚、北美太平洋沿岸及墨西哥地区，最后将一部分精美的瓷器运回欧洲。

漳州窑五彩开光阿拉伯文盘为漳州市平和县南胜窑址产品。盘上的阿拉伯文字内容古兰经》中的警句与赞美先知穆罕默德的真言，是漳州窑瓷器中伊斯兰文化元素的物证。《古兰经》是伊斯兰教的经典，7 世纪阿拉伯半岛统一后，阿拉伯文字成为《古》所使用的文字体系。13 世纪中后期，伊斯兰教传入东南亚并得到发展传播，漳州产了大量适应伊斯兰民众生活需求的瓷器，真正反映了文化因交流而多彩，文明因而丰富。（李海梅）

漳州窑五彩开光阿拉伯文盘

Zhanzhou Kiln Famille Verte Plate with Arabic Scripts

明

口径 38.5、足径 18.4、高 9.5 厘米

漳州市博物馆藏

漳州窑青花海港航船纹盘

Zhangzhou Kiln Blue and White Plate with Seaport and Boat Pattern

明

口径 38.3、足径 22.5、高 6.8 厘米

漳州市博物馆藏

漳州窑五彩开光麒麟花鸟纹盘

明

口径37.3、足径19、高8.8厘米

漳州市博物馆藏

Zhangzhou Kiln Famille Verte Plate with Kylin, Bird and Peony Pattern

漳州窑酱釉白花花卉纹军持

明

口径3.4、足径6.1、高11.6厘米

漳州市博物馆藏

Zhangzhou Kiln Brown-glazed Water Holder with White Floral Pattern

天下熙攘

Silver as the Prevailing Currency

明代白银的流通，一是作为贵金属制品，一如数千年来，人类对于高价值的饰品、器用始终如一的追求；一是承担货币功能，从一种单纯的金属到最终明确赋予其货币属性，明代是这一历史进程的终点。纵览这一变化——明代早期政府力推的宝钞一家独大，铜钱并行；明代中期宝钞滥发，日渐贬值，但官铸铜钱少，民间滥铸盛行，逐渐丧失了其作为主币的可能，而自宋以来逐渐显现货币化功能的白银，在明代官方压制下依然在民间流通；明代中后期，繁荣的市场需要有较高价值的白银来充当一般等价物，国家的赋税改革将白银的使用进一步在全国推广，海外的白银大量涌入，使得白银最终成为通行货币。

The circulation of silver in the Ming Dynasty rest on two main purposes. Firstly, as a luxury item, consistent with human's quest for high-value ornaments and utensils for thousands of years. Secondly, to fulfill its function as a currency, transforming from a mere precious metal to being explicitly endowed with monetary attributes. This transformation was fully completed in the late Ming Dynasty. In the early Ming Dynasty, the government vigorously promoted the use of banknotes, while copper coins circulated simultaneously. In the middle Ming Dynasty, the excessive issuance of banknotes led to their gradual devaluation, while the official minting of copper coins decreased and private minting became prevalent. Gradually copper coins lost their status as the main currency. Since the Song Dynasty, silver had been gradually showing its monetary function, and despite official suppression in the Ming Dynasty, it continued to circulate among the populace. After the middle Ming Dynasty, the prosperous market required high-value silver to act as a general equivalent, and the national tax reforms further promoted the widespread use of silver throughout the whole country. The influx of a large amount of silver from overseas ultimately made silver the prevailing currency.

这幅画表现的是准备称钱的女子。当时的金、银币较软，重量会随着使用而渐渐磨损、
经。因此，细心的人家不得不称钱币的重量，以确认真正的价值。若有标准货币通行，
项工作就无关紧要，但当时还没有。这枚银币，是我们进入 17 世纪中叶世界的一道门。
那道门另一头的长廊尽头，我们将窥见当时最重要的全球性商品——白银。白银在当时
经济中扮演要角，凡是接触到白银的人，其生活都受它影响。此画的作者维米尔生活在
后所谓“白银世纪”的尾声，而白银世纪始于约 1570 年。

在白银还未能运输到外地时，它要在玻利维亚波托西铸币厂铸成雷亚尔。铸成雷亚尔
后，有一半以上通过两条路线运到欧洲，即官方路线和“后门”路线。官方路线由西班
王室掌控，往西翻过高山抵达秘鲁沿海的阿里卡（Arica）港。这段路程由动物载运，要
两个半月的时间。由阿里卡港走海路，运到北边的巴拿马，再转由西班牙船运到大西洋
岸的卡的斯（Cadiz）港。卡的斯港是塞维利亚的进出港，塞维利亚则是全球白银贸易的
心。“后门”路线严格来讲属于非法路线，但因利润甚高，波托西生产的白银，有三分
一经这条路线流出。这条路线由波托西往南下到拉普拉塔河进入阿根廷（Argentina，“白
之地”），抵达布宜诺斯艾利斯，然后由该地的葡萄牙商人用船运到大西洋彼岸的里斯
。运抵里斯本、塞维利亚的白银，有很大部分迅速转到伦敦和阿姆斯特丹，但停留不久，
又出港，运到其最后的目的地，日后欧洲人称之为“欧洲金钱的坟墓”的地方——中国。

〔荷〕约翰内斯·维米尔 持天平的女人
1664 年
布面油画／纵 42.5、横 38 厘米
美国国家美术馆藏

Woman Holding a Balance
Johannes Vermeer
(Netherlands)

中国成为欧洲白银漂洋过海的最后归宿，出于两个原因。首先，白银在亚洲经济体所能买到的黄金，多于在欧洲所能买到的。如果在欧洲买一单位的黄金需要十二单位的白银，那么在中国买同一单位的黄金，只需六单位或更少单位的白银。换句话说，来自欧洲的白银，在中国能买到的东西，两倍于在欧洲本土能买到的。由于这项优势，加上中国境内普遍较低的生产成本，将白银带到中国，买进货物回销欧洲，其获利就很惊人。

中国成为白银最后归宿的第二个原因，是欧洲商人除了白银之外，几乎没有东西可卖给中国。欧洲产品能在质量或价格上与中国产品一较长短的，只有火器而已。白银是唯一能和当地产品一较高下的货物，因为在中国，白银供应不足。中国有银矿，但政府严格限制产量，因为他们担心矿场的白银不受其掌控，流入私人手里。中国政府也不愿铸造银币，而只铸造铜币，希望借此让银价维持在低位。但这些措施丝毫未能降低经济上对白银的需求。随着经济的发展，白银需求跟着上升。到了 16 世纪，在中国，除了最微不足道的买卖之外，其他的买卖全都以白银重量来标定价格，而非以货币单位。因此，那时的中国人若是看到《持天平的女人》，大概马上就知道画中的女人在做什么。称白银重量是那时中国境内日常经济交易的一环。中国太渴求白银，因而荷兰商人带回国的西班牙雷亚尔，随即又朝亚洲流出。中国需要的是纯银，而雷亚尔是以类似国际货币的东西在东南亚流通，不过中国商人仍乐于收进它们。西班牙铸造的雷亚尔，银纯度稳定维持在 0.931，因此很受中国商人信赖，但雷亚尔输入中国后的结果是被熔掉。直到战争和禁运截断雷亚尔流入荷兰之路，荷兰政府才开始自行铸币。女人桌上那枚达克特银币，就是为了弥补这种短缺而在 1659 年发行的货币。荷兰人在 17 世纪用船运了大量白银到亚洲。平均来讲，荷兰东印度公司每年运输价值将近 100 万荷兰盾的白银到亚洲（约重 10 吨）。17 世纪 90 年代结束时，一年的运量增加了三倍。如此经年累月的输出，总量非常惊人。1610—1660 年的五十年间，荷兰东印度公司各总部所核准的输出量，逼近 5000 万荷兰盾，这等于将近 500 吨的白银。光是想象这么多白银堆成的银山，就令人咋舌。若再加上 1640 年后的三十年间，荷兰东印度公司从日本船运到中国的同等数量的白银，那座银山又至少要再加一大半。

参考文献：[加]卜正民著、黄中宪译《维米尔的帽子——17 世纪和全球化世界的黎明》，北京日报出版社，2023 年。

大明通行宝钞

明

纵 33、横 21.5 厘米

南京博物院藏

Daming Tongxing Baochao (Ming Dynasty's circulated banknotes)

「嘉靖通宝」背「十一两」铜母钱

明

直径 4.5 厘米

南京博物院藏

Copper Coin Model with Inscriptions "Jiajing Tongbao" and "Shi Yi Liang" on Both Sides

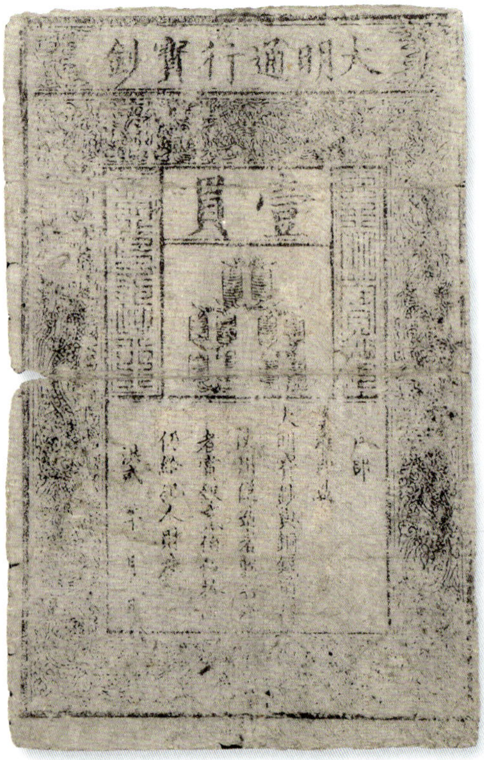

明代法定货币体系包含宝钞与铜钱两大形式。它们承载着官府在商品流通领域的权威与信誉，不仅是经济交易的媒介，更是文化与历史的见证者。明代宝钞以桑穰为原料，呈长方形，高一尺，广六寸，四边印龙纹花栏，中横题额为“大明通行宝钞”六字，中部印有分别表示一贯、五百文、四百文、三百文、二百文、一百文六种不同面额的图案。

铜钱也是明代普遍流通的货币形式。铜钱以铜为主要原料，加入其他金属元素以增加其硬度和耐久性。制造铜钱的过程相对简单，主要通过铸造技术完成，然后进行冶炼、打磨等工序。虽然并不十分精致，但其便于大规模生产与流通的特点使得其在民间广泛使用。

明代货币制度的发展和演变反映了社会经济的变迁和政治权力的转移。随着时间的推移，宝钞和铜钱在明代的地位和作用也发生了一些变化。明初，朝廷先后设置宝源局、宝钞提举司等机构，凭借行政力量发行制式铜钱和宝钞。然而由于未能及时建立相应的回笼、倒换机制，宝钞迅速贬值，并于成化、弘治年间基本退出市场流通领域。明廷发行铜钱，也面临铜矿开采困难、铸造成本高、发行量低的问题，以致铜钱在许多地区处于相对短缺的状态。明代中后期，伴随着白银的广泛流通，明朝货币体系逐渐形成了银、钱并行的格局。（秦鼎）

参考文献：邱永志《“白银时代”的落地——明代货币白银化与银钱并行格局的形成》，社会科学文献出版社，2018 年。

银锭

Silver Ingots

明

长 13—15、宽 7.5—8 厘米

江阴市公安局收缴

在中国历史长河中，银一直都是重要的贵重金属之一，用于交易和储备财富。而银锭，则是将银按照一定规格和形状制成的一种固定重量的货币形式。明代之前，银锭并非主要的流通货币，但随着明代经济的发展和对外贸易的增加，银锭也发挥着越来越重要的作用。

明代银锭具有一定的规格和特点。近年来，四川眉山江口沉银遗址出土了大量熔铸于明代晚期的银锭，其状若马蹄，重量多为五十两一锭，亦有少量一百两及四十两，银锭上多刻有铭文，记载了该银锭熔铸的地点、时间、重量、用途及银匠等信息。这些铭文也揭示了银锭的熔铸与明代的赋役制度息息相关。

明初，朝廷依据“验民之丁粮多寡、产业厚薄，以均其力”的原则征派田赋和徭役，要求百姓自行运输税粮至指定官仓，并服差役。繁杂的力役和运输损耗加重了百姓的负担，同样也不便于官府的征收。明代中期各地官员围绕赋役摊派不均、征收程序烦琐等问题进行了一系列的调整，其中最重要者为万历初年在张居正主持改革下实行的“一条鞭法”。该法规定，各府州县在清丈田亩、清理徭役的基础上，将诸项赋、役合并，按固定折率折算成白银数，再将之作为总额摊入人丁、田亩中，总合条编，征收白银。对官府而言，此举极大简化了赋役征收手续，使官府免于烦琐的摊派与核对，降低了行政运作成本；对民众而言，以地、丁为准摊派银两能在一定程度上缓解赋役不均的问题，同时缴纳白银亦可免去运输税粮的损耗和亲身赴役的辛劳；从社会角度而言，赋役折银征收促使普通农户参与商业行为，纳银两，也进一步推动了明代各地商品经济的发展和市场的流通。各地民众完纳银两之后，官员便雇佣银匠将所征碎银熔铸为完整的银锭，并刻上时间、地点、用途、银匠等信息，以便查录。（秦鼎）

参考文献：唐文基《明代赋役制度史》，中国社会科学出版社，1991 年。

金锭 Golden Ingot

明

长4.9、宽1.5、高1.9厘米

南京博物院藏

明朝的赋役除了以银征收外，也有用金锭的。有明一代，朝廷采取“诸色户计”的方式，将各行业的百姓按户编订成册，以摊派赋税和徭役。其中，明廷将京城周边的工商业者进行户籍清审，编为铺户，并按照一定的次序派拨采办任务，征纳各式物资，以供应皇室与京城各衙门所需。至嘉靖朝，内廷和中央各衙门的物资需求进一步增加，朝廷遂实行“佥商买办”的方式，规定每年所需上供的各项物料数量，并以低于市场价的定价标准佥派周边铺户强行上纳，这就造成了铺户负担的加重，导致每年应征铺户数量的减少和朝廷采买物料难度的增加。为解决这一问题，嘉靖末年朝廷又将强制性的铺户买办改为纳银代役，由此所收的铺行银由五城兵马司征解至户部，后再转由各司招商采买各项物料。朝廷对京城周边铺户的物料之征经历了由强制性的佥发征派到收取重金属货币的转变，对铺户而言这并不意味着征派负担的减轻，但客观上却简化了物料之役征派的手续。

如北京定陵出土金锭有铭文“万历四十六年户部进到宛平县铺户徐光禄等买完”，就是明代京城物料供应改为收取金属货币的直接证据。宛平的铺户将每年应纳额定的物料，折换成等值的黄金或白银，熔铸成锭，封存上纳，由司官员核销之后，于金、银锭上刻下征纳时间、地点和铺户姓名，并进存于户部。（秦鼎）

「荡寇将军印」银印
明崇祯十六年（1643年）
边长 10.4、高 7.5 厘米
南京博物院藏

Silver Seal with Inscription "Dang Kou Jiang Jun Yin"

明代，按照制度，银也用来制作藩属国王及明朝官员的印信。据《明史》记载，明初"赐安南镀金银印，驼纽，方三寸，文曰'安南国王之印'。赐占城镀金银印，驼纽，方三寸，文曰'占城国王之印'"。正一品、正二品、衍圣公、顺天应天二府俱正三品，用银印。品级有差，规制也有差别。武臣如征西、镇朔、平羌、平蛮等将军，"银印，虎纽，方三寸三分，厚九分，柳叶篆文"。明代百官印信用直纽，唯将军印用虎纽，以示威武。印文除文渊阁用玉箸篆，各道监察御史用八叠篆，其余各衙门印信均用九叠篆，唯将军印用柳叶篆。

此印铸于崇祯十六年（1643 年）十月。正值李自成领导的农民起义军在河南郏县及潼关一带，歼灭明督师尚书孙传庭的十万大军，孙传庭阵亡，潼关失守。消息传到北京，崇祯下令封授白广恩并铸成此印信。而就在十月当月，白广恩业已投降李自成，所以这方印信极可能没有送达白广恩本人之手。至于为何出现于南京玉带河中，至今仍无定论。

参考文献：南波《关于"荡寇将军印"》，《文物》1978 年第 2 期。

黄一德、黄阿邵卖田契

Land Sale Contract between Huang Yide and Huang Ashao

明万历

长 125、宽 54 厘米

南京博物院藏

随着经济活动的繁荣，契约作为商业活动中的重要形式，开始逐渐兴起。

此件包含了三份万历年间的土地买卖契约，立约年分别为万历二十八年（1600 年）、三十年（1602 年）和三十二年（1604 年），其中第二份为契尾，前两份立契人为黄一德，最后一份立契人是以黄一德堂弟媳黄阿邵为主、包括黄一德在内的数位族人。内容包括所买地的面积和位置、买地所得银两数等。此地契写在有官府所印契尾的契纸之上。（刘爽）

孙桐卖田契

Land Sale Contract of Sun Tong

明天启

长96.5、宽66厘米

南京博物院藏

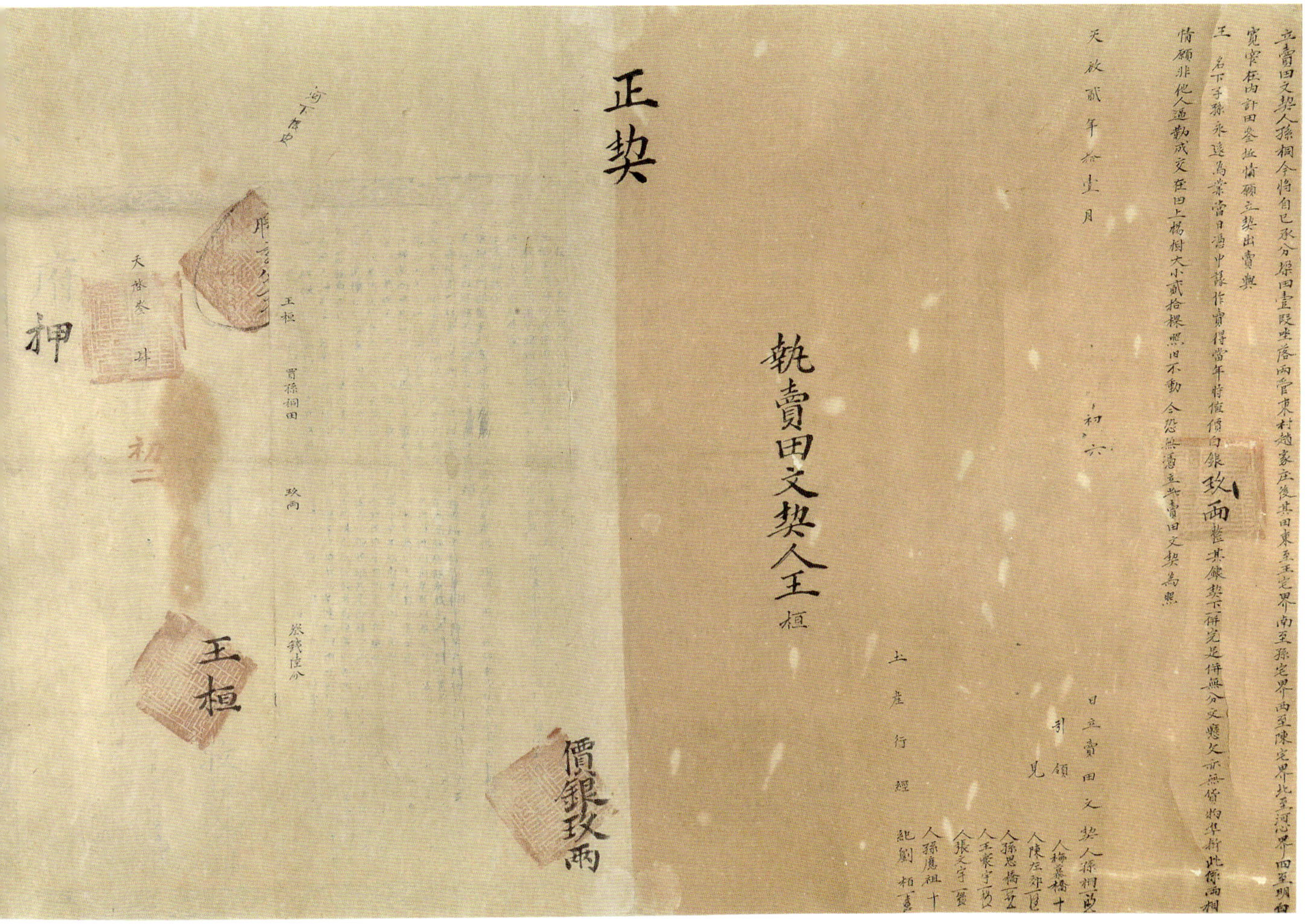

此为天启二年（1622年），孙桐将其祖产田产出卖的一份契约，包含税单。内容写明所卖田产的位置、价格、范围及相关附属物等。这份土地买卖契约中，土地的价值和其所承担的赋税完全折合为银两计算，证明在明代中后期，银两在经济活动中居于核心地位。（刘爽）

十里繁花

Arts and Culture in Jiangnan

春风吹绿江南岸。朝鲜人崔溥视角下的明代江南：「接屋成廊，连衽成帷，市积金银，人拥锦绣，蛮樯海舶，栉立街衢，酒帘歌楼，咫尺相望，四时有不谢之花，八节有常春之景，真所谓别作天地也。」明清时期，江南已成为全国财赋重地与经济中心。伴随白银的大量输入，江南经济极度繁荣，孕育滋养了极富创造力的江南艺术文化。若视大明朝的艺术成就为一石，江南可独占八斗。江南的文人群体，在中式与落第之间，耗尽了毕生的时光，但对于高雅精神世界的追求却从未止步。与此同时，江南的工匠也逐渐从繁重的劳役中解脱出来，在满足市场需求中展现了精湛的技艺，从而能挟其技以游四方。一颗玲珑心，一双巧妙手。特殊的社会环境，也使文人与匠人之间的身份隔阂逐渐消弭，文人意趣与匠人技艺的不期而遇，使传统造物具有了崭新而蓬勃的生命力。

The spring breeze brings greenery to the south of the Yangtze River. In the view of Choe Bu, a Joseon Dynasty officer, the Jiangnan region in the Ming Dynasty looked like as follows: "Row upon row of shops and restaurants lined along the streets, crowds were shoulder to shoulder and closely upon heels, commodity trade was highly developed, and foreign merchant ships came and went in great number. All year round, there was beautiful scenery. What a wonderland in the human world." During the Ming and Qing dynasties, Jiangnan had become a focal center for national finance and economics. With the massive influx of silver, the economy of Jiangnan flourished, nurturing arts and culture full of creativity. If the total artistic achievements of the Ming Dynasty weights one *dan* (equivalent to ten *dou*) in measurement, Jiangnan alone could take up eight *dou*. The literati in Jiangnan spent their whole lifetime to obtain high official positions in the imperial competitive examinations but at the same time did not stop in pursuing a refined and elegant spiritual world. Meanwhile, the craftsmen in Jiangnan gradually liberated themselves from arduous labor and demonstrated exquisite skills in the process of meeting the market demand, allowing them to develop trading nationwide. Also, this kind of unique social environment gradually eliminated the barriers between literati and craftsmen. The serendipitous encounter between the literati's interest and charm and the artisans' craftsmanship endowed the traditional artistry with new vitality.

荷花形金盏

Lotus-shaped Golden Cups

明

口径6、足径2.7、高4.2厘米

常熟博物馆藏

方形委角梅花耳金杯

Square Golden Cup with Smooth Corners and Plum-blossom-shaped Handles

明

长 8.3、宽 5.7、高 4 厘米

常熟博物馆藏

双螭耳六曲金杯

明

长9.4、宽6.1、高4.8厘米

常熟博物馆藏

Hexagonal Golden Cup with Double *Chi*-shaped Handles

灵芝耳金盏、鹤鹿仙人图金盏托

Golden Cup with *Lingzhi*-shaped Ears
Golden Saucer with Pattern of Crane, Deer and Immortals

明

盏两耳间距9.9、足径2.8、高5.4厘米

盏托直径14.5、厚0.4厘米

南京博物院藏

明代晚期，江南作为经济、文化、时尚的中心，珍宝毕聚，巧匠汇趋，名士云集，不逊两京。据明沈长卿《沈氏日旦》载："妇女妆饰逐岁一新，而作俑自苏，始杭州效之，以达于东南，而闽、粤、川、贵等风靡；南都效之，以达于西北，而鲁、燕、秦、晋等风靡。"当前所见明代金银首饰，除帝陵、藩王及勋臣贵戚墓内的发现外，要数江南地区缙绅之家的用物最为宏富多彩、精丽别致。论鬓边时样、腕间风采，他处莫能与之相较，其材质、工艺、设计皆出类拔萃。明人记江南时兴，首饰之属多尚镶嵌，所用质料琳琅满目。钗环斑斓，春色盈额，珍珠、宝石、美玉、犀角、翠毛，不一而足。明范濂《云间据目抄》曰："妇人头髻，在隆庆初年，皆尚员褊，顶用宝花，谓之挑心。两边用捧鬓，后用满冠用倒插，两耳用宝嵌大镮……又名堕马髻。旁插金玉梅花一二对，前用金绞丝灯笼簪，两边西番莲俏簪，插两三对，发股中用犀玉大簪，横贯一二只。后用点翠卷荷一朵，旁加翠花一朵，大如手掌，装缀明珠数颗，谓之鬓边花；插两鬓边，又谓之飘枝花。"

珠宝玉石虽各美其美，但从已刊布的资料来看，晚明江南一带对玉石水晶似有偏爱。梳理江南地区出土的明代金银首饰，发现镶嵌珠玉者几近半数，在这半数之中，使用玉石的比例又逾四成。

明代饰品的设计，江南亦别有心裁。苏州张安晚家族墓出土的金蝉玉叶簪首，鸣蝉神形毕肖、宝光闪烁，玉叶碾琢极细、晶莹剔透，材质工艺与装饰题材相得益彰，娇俏中带着一分文雅，是明代金镶玉的代表之作。言及鸣蝉荷蛙，又要引出草虫一类，作为明代首饰的时髦主题，它们在江南尤为多见，设计制作也最是形意两足、肖翘天真。江南草虫画素有声名，宋元常州地区草虫画已是"晋陵草虫妙天下，一幅千金不当价"。至明代，草虫画进一步发展，逐渐走向世俗。孙龙、沈周、王翘、周之冕、姚裕、陈洪绶、文俶等均有名作留存。画坛的微动不仅波及艺林，也熏染着织绣、金银器等工艺美术门类。且晚明苏州、松江一带"学诗、学画、学书"之风大盛，匠人与文士、商人交游又密，浸淫其中略得一二也是自然。

参考文献：张燕芬《花丝玲珑　肖翘天真——明代江南金银首饰的材质、工艺与设计特点》，《中国艺术》2024 年第 2 期。

童子擎荷金耳坠

明

通长4.6厘米

南京博物院藏

Golden Earrings in Design of Boy Holding Lotus

童子擎荷金耳坠

明

通长5厘米

南京博物院藏

Golden Earrings in Design of Boy Holding Lotus

金蜂采蜜纹金镶银簪

Golden Hairpin in Design of Bee Collecting Honey Inlaid with Silver

明

长 15.3 厘米

常熟博物馆藏

金蛙嵌玛瑙银簪

Silver Hairpin in Design of Golden Frog Inlaid with Agate

明

长 10、玛瑙长径 3.4、玛瑙短径 2.8 厘米

常州博物馆藏

金镶玉竹林观音挑心

明

长 4.9、宽 3.6 厘米

南京博物院藏

Golden Woman's Hair Ornament in Design of Guanyin in the Bamboo Forest

金嵌宝螳螂捕蝉簪首

明

长 10、宽 5.2 厘米

江阴市博物馆藏

Golden Hairpin Top Inlaid with Gemstones in Design of Mantis Stalking Cicada

金蝉玉叶簪首

明

叶长 5.3 厘米

南京博物院藏

Hairpin Top with Golden Cicada and Jade Leaf

金累丝掩鬓

Golden Hairpin with Filigree Decoration

明

长16.1、花宽6.7、花高1.5厘米

南京博物院藏

金三事

明

长36厘米

南京博物院藏

Golden Personal Hygiene Objects

仇英款　曲水流觞图　卷

明

绢本设色／纵47.9、横186.8厘米

南京博物院藏

Wine Cups Drifting along the Curved Stream Handscroll With Inscription "Qiu Ying"

明代中晚期以来，"天下财货莫不聚于苏州"，该地百业兴旺，经济繁荣，吸引各人群聚集于此，苏州以一府之力跃身成为全国最具影响力的经济中心、文化重镇。仇英是"门四家"中唯一一位职业画家。这种以画为生、以画为业的职业画家的产生毫无疑问与时江南地区高度发展的商品经济密不可分。

此《曲水流觞图》采用全景式构图，大青绿山水精工艳丽，人物繁多然错落有致。水流觞，是一种民间习俗。参与者分坐于蜿蜒盘旋的溪水两侧，上游一人取盛满美酒的觞浮于水上，待其顺流而下，羽觞停，则饮酒作诗。耳畔是清风鸟语，眼前有怡然美景以酒助兴，文人雅士尽洒才情，这种饮酒咏诗的雅集是文人墨客偏好的游乐形式。除"水流觞"，另有"凉亭休憩""登高赏景""品鉴雅集"等场景，内容丰富但整体和谐统此作画风近似仇英，但笔墨功夫距其尚有差距，应为"苏州片"。

明代晚期开始，明人为了追逐更多的利润，开始成规模地仿制一些名家画作。出这一特殊文化现象的时代背景当与商品经济的高度发展有关。一是商人趋利忘义，以充真，对于利益的无限追求。二则是富有的江南人对于名家画作的高度追捧。如明万到清中期，苏州山塘街和桃花坞一带，聚集着一批民间画师专门仿造唐宋及同时期有画家的作品，如周昉、张择端、李公麟、仇英等。他们的画作以工笔重彩一路为主，作赝品统称"苏州片"。"苏州片"的造假呈现出市场化态势，不仅有相当规模的作且是订单生产，按需制作，艺术水准较高，很多伪作甚至鱼目混珠，被清廷内府收藏（鲁珊珊）

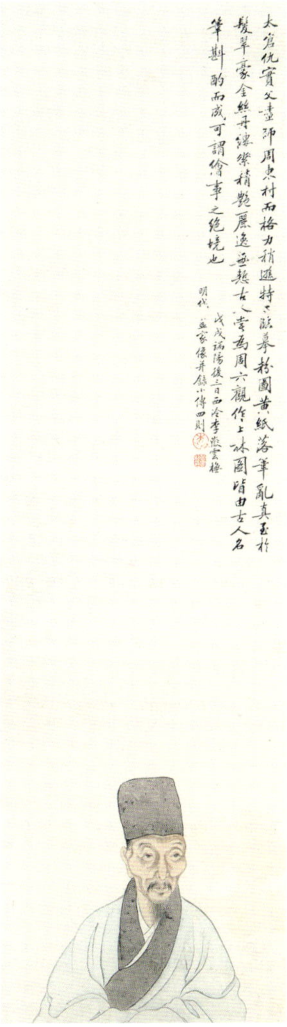

李岳云　仇英像　轴
清
纸本设色／纵73、横21.2厘米
南京博物院藏

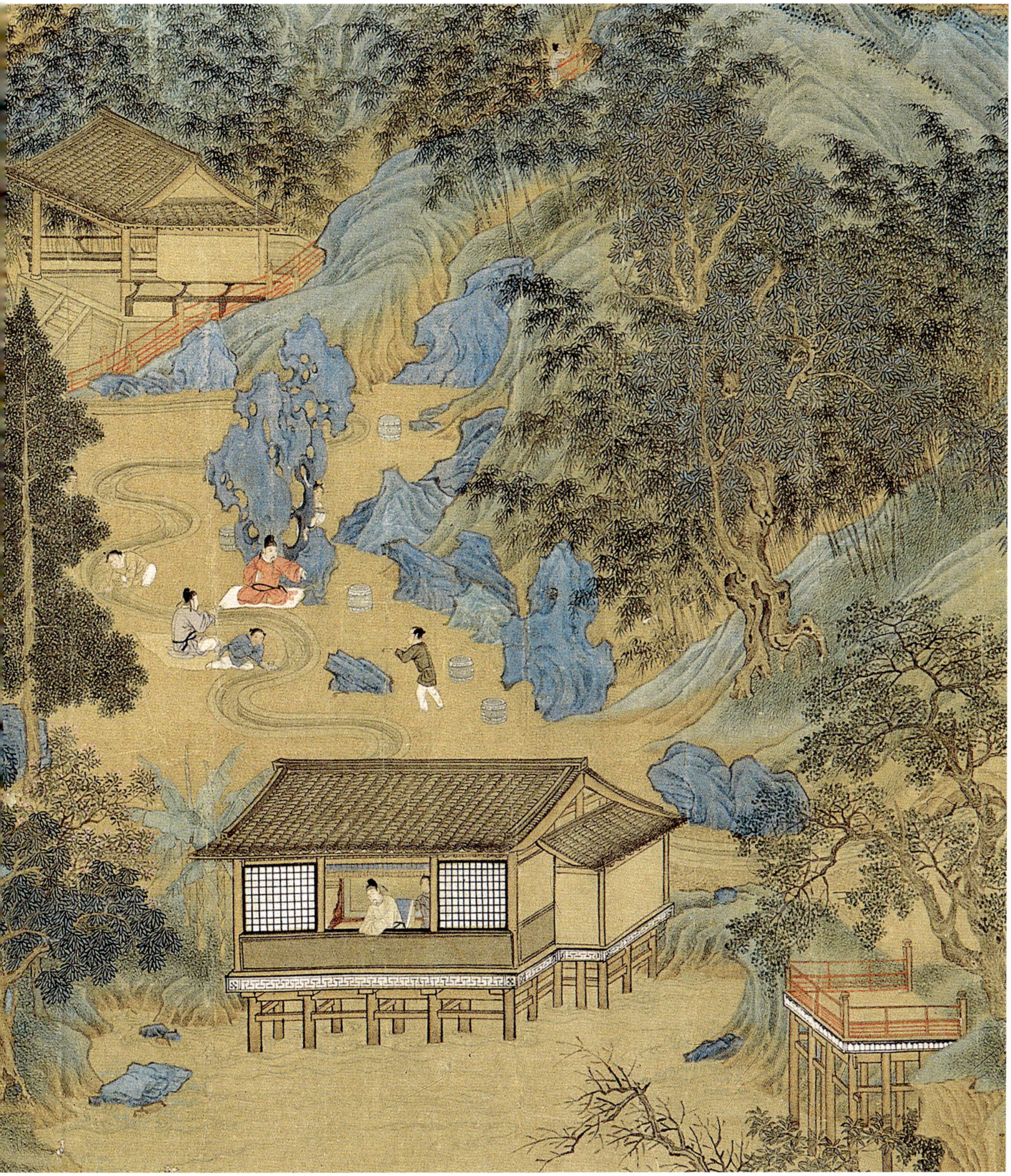

仇英 松溪横笛图 轴

明

绢本设色/纵116、横65.6厘米

南京博物院藏

Playing the Flute
under the Pine
along the Stream
Hanging Scroll
Qiu Ying

明代是中国艺术品生产与消费的大繁荣时期。除了官作之外，民间作坊的生产也是争奇斗妍，各有千秋，独具技艺。匠人们在钱囊银两的叮当声与好事文人推波助澜的激赏声双重驱动之下，技艺集前代之大成，同时也将自己的名字越来越多地落在隐秘角落，名声因落于文人笔端而鹊起。

明人对于当世的紫砂名家壶极为珍视，其中最负盛名的当属时大彬。时大彬，号少山，是供春后制壶四大家（董翰、赵良、元畅、时朋）之一的时朋之子。据《阳羡名陶录》所记，时大彬壶初仿供春，喜作大壶，后游历娄东（今江苏太仓），听闻陈继儒与琅琊太原诸公品茶试茶之论，乃作小壶。宜兴紫砂器之所以被世人称道，除了匠人精湛的制陶艺术外，另一个极其重要的原因就是与文人生活中饮茶之风的紧密结合。陈继儒嗜茶，对于茶之研究颇有心得，其书《茶董补》即为证。时大彬依据文人品茶之喜好及要求，改大为小，如此一来，这种适合的茶具使得紫砂器的地位和性质也发生了极大变化，从单纯的饮茶之器，到被文人所喜，有雅趣，耐赏玩，和书斋中的其他器用一样，已从单一的实用器物上升为一种带有浓厚文人气息的雅玩之物，在文人生活中占据不可或缺的一席之地。故时人对于“大彬壶”之赞誉有加——“近日时彬所制，为时人宝惜”“明代良陶让一时”。尤可值得一提的是，江盈科《雪涛谐史》中的一条记载颇为有趣：“宜兴县人时大彬，居恒巾服游士夫间。性巧，能制磁罐，极其精工，号曰时瓶。有与市者，一金一颗。郡县亦贵之，重其人。会当岁考，时之子亦与院试，然文尚未成，学院陈公笑曰：‘时某入试，其父一贯之力也。’”

徐璋　松江邦彦画像册之陈继儒像
清
纸本设色／纵29.3、横31.8厘米
南京博物院藏

时大彬款紫砂提梁壶

清

高 20.5 厘米

南京博物院藏

Purple Clay Teapot with Hoop Handle and Inscription "Shi Dabin"

项圣思款紫砂桃形杯

Purple Clay Cup in the Shape of Peach with Inscription "Xiang Shengsi"

明

口径 10—10.5、高 7 厘米

托长 14.4、宽 13.8、高 3.8 厘米

南京博物院藏

项圣思款紫砂桃形杯，形制巧妍，剖桃实之半，镂之中空为杯，折枝作把，卷叶和小桃缠绕作装饰，并组成底足。杯身外壁镌“阆苑花前是醉乡，拈翻王母九霞觞”14 字，落款“圣思”，下钤“圣思氏”篆书阳文方印。项圣思，其人未见文献记载。壶艺名工裴石民为此杯配制了托盘，其铭为探知项圣思其人提供了重要资料。托盘题铭：“圣思，相传为修道人。姓项，能制桃杯，大于常器。花叶干实无一不妙，见者不能释手。廿年前，简翁（储南强）得此于燕市，归而宝之。杯底叶小损微跛，名手裴石民，时方以第二陈鸣远名于世，善为前人修旧。昨年用宾虹老人之意，为供春壶重配盖。今岁复以鄙请，为此杯加一外托，中虚而涵纳之，趾乃定。遂为之记略，兼扬其绝艺，以光于陶史为二美。”关于“圣思”，又有一说为宜兴万历至康熙年间人蒋允睿，字圣思，别字瞻武，著名书家。此据为清嘉庆《重刊宜兴县旧志》：“国朝蒋允睿，字圣思，参议如奇子，书法能继其父，一时有二王之目。陈维崧感旧诗有咏蒋公子瞻武云：吾邑临池谁绝妙，蒋公解作擘窠书，郎君大有家鸡好，屋漏钗痕也不如。”

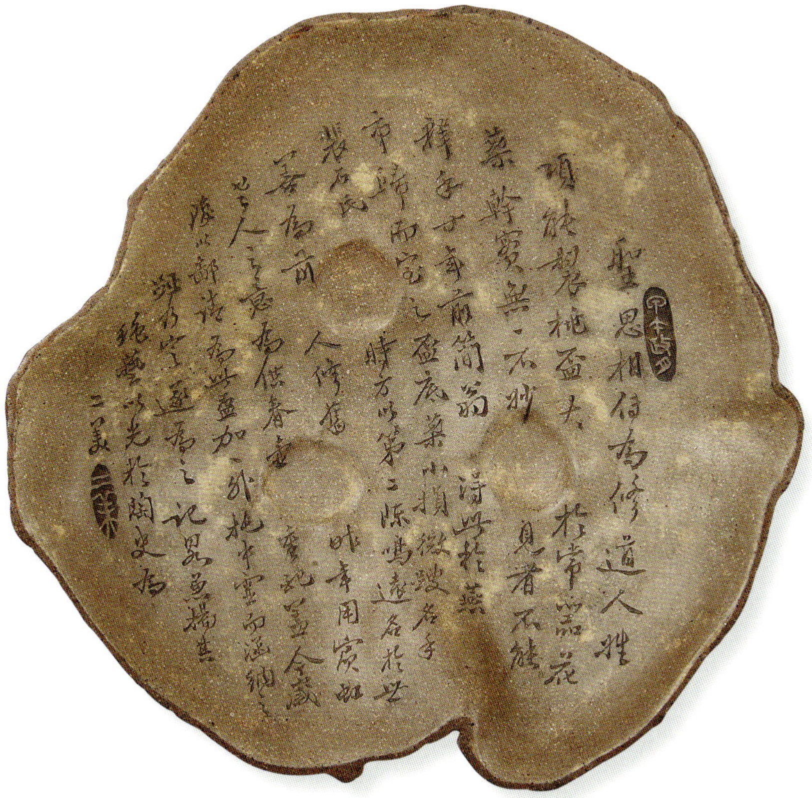

閬苑花
前是醉
鄉
拈翻玉
斝九霞
觴
聖思

顾绣　南极呈祥图

明

纵 102.2、横 42.8 厘米

南京博物院藏

Old Man of the South Pole Bringing Auspiciousness Gu-style Embroidery

花团锦绣。明代刺绣承袭了宋代的传统，作为一种普遍的手工艺品流行于社会各个阶层，又独具时代风格与特质，取得了非凡的艺术成就，其中以露香园顾绣最负盛名。顾绣滥觞于“往来无白丁”的簪缨世家顾氏（即顾名儒、顾名世兄弟，露香园即顾名世所造居所），其女眷在艺术上的表达与追索必然带有文人意味。且随着明代中晚期传统社会秩序的悄然松动，女子逐渐走出闺阁，占据诗名画名，以其积累的丰富艺术素养支撑了织绣技艺的精神内核。顾绣的花鸟虫草、名人书画，在文人名士“技至乎此”的赞叹下，以其独有的艺术风貌风靡江南，甚至作为宫廷贡品为皇室所用。随着社会消费所需及生活环境的变迁，顾绣技艺逐渐从深宅家传走向社会，得以在民间广泛传播。其中最具代表性的人物是韩希孟，即顾名世次孙顾寿潜的夫人。她出身书香门第，嫁入顾家时正值露香园鼎盛期，园内常常高朋满座，雅集频频。她精绘画，善工笔，所绘山水花卉笔墨清丽。徐蔚南《顾绣考》中记：“尝摹临宋元名迹，绣作方册，覃精运巧，寝寐经营，盖已穷数年之心力。”韩希孟的夫君顾寿潜是“华亭画派”一代宗师董其昌的弟子。他能诗善画，对顾绣情有独钟，经常参与夫人的创作。受夫君影响，韩希孟以针代笔，摹绣古今名人书画，夫妻两人共同揣摩，使绣和画融为一体，几欲与书画分庭抗礼，惊动世人。众多声名显赫的文人名士在观赏了韩氏的绣作后，都激赏有加。尤其是董其昌，这位执“华亭画派”牛耳的宗师，在生命的最后几年，多次评点韩希孟绣作，影响最为深远。

徐璋　松江邦彦画像册之董其昌像

清

纵 29.3、横 31.8 厘米

南京博物院藏

南極呈祥

顾绣　柳荫洗马图

Washing the Horse in the Willow's Shade
Gu-style Embroidery

明

纵124、横43厘米

南京博物院藏

朱松邻制竹刻松鹤图笔筒

明

高 17.8 厘米

南京博物院藏

Bamboo Writing Brush Holder with Carved Pattern of Pine and Crane Made by Zhu Songlin

明代中晚期，竹木牙角器兴盛并作为文人士大夫和皇家追逐欣赏的雅物开始风行。当时江南地区的经济得到长足发展，为竹木牙角器等的繁荣奠定了经济基础。而郑和七下西洋，开拓了海外贸易和文化上的交流，带回了各种外国商品和工艺品，以及紫檀、红木、象牙、犀角等珍贵材料。这一方面开阔了国内工艺美术界的视野，另一方面也为国内雕制竹木牙角器提供了大量原料。

刊行于清嘉庆十二年（1807 年）的《竹人录》载：“雕竹有两派，一始于金陵濮仲谦，一始于吾邑朱松邻。”撰者金元钰为上海嘉定人，他在书中点明了竹刻有嘉定与金陵两派，开派人物分别为朱鹤（字松邻）与濮澄（字仲谦）。竹器的加工古已有之，江南地区因盛产竹，对竹材处理加工的流程非常完备。嘉定朱鹤、金陵濮澄以雕镂之工艺施之于竹，制作文房诸器，将竹刻引领到更高的艺术境界，并将此风延续了数百年之久。

明代竹刻名家自朱鹤始。朱鹤工书善画，并长于篆刻。在竹刻领域，制有笔筒、香筒、杯、罂诸器，而尤以簪钗等首饰名重于时。其流传作品非常稀少，可视为真品的为南京博物院所藏竹刻松鹤图笔筒。

明代中后期嘉定地区之外，最重要的竹刻大家为以创金陵派著称的濮仲谦。濮仲谦重视选材，随形施刻，刀法简洁。而另一种风格则是所谓的“水磨器”，若不向光，纹饰几不可见，故前人称赞其“灭尽斧凿痕”。他不仅精通竹刻，还擅长犀角、玉石等的雕刻。

参考文献：徐建清《南京博物院藏竹木牙角器述略》，《南京博物院珍藏大系》之《明清·民国竹木牙角器》，江苏凤凰美术出版社，2019 年。

濮仲谦制竹刻八仙过海图笔筒

明

连座高 15.9 厘米

南京博物院藏

Bamboo Writing Brush Holder with Carved Pattern of the Eight Immortals Crossing the Sea Made by Pu Zhongqian

在明代，社会经济和文化的发展不仅催生了版画插图的诞生，也促进了版画艺术的兴起与繁荣。这一时期，戏曲和小说的流行为版画的广泛传播提供了丰富的素材来源，进而推动了戏曲小说的普及。具体来说，社会商品经济的发展为通俗文学注入了新的商品属性，使其成为市场消费的对象。这种变革反过来又加速了文化产品的市场化和大众化趋势。明代中晚期，市井阶层对文化产品的需求激增，为民间刻书业的蓬勃发展提供了巨大的市场空间。雕版印刷技术的进步，大幅降低了书籍的生产成本，使得书籍成为普通市民负担得起的商品，并且扩大了书籍的传播范围。在这样的背景下，为了增强市场竞争力，商家开始广泛采用插图作为一种重要的营销手段，从而进一步推动了版画艺术的普及和发展。版画艺术的繁荣不仅反映了明代社会文化的进步，也对明清时期其他艺术形式如瓷器、漆器艺术产生了深远的影响。明代的人物故事题材，尤其是那些源自流行戏曲、小说的版画插图作品，以丰富多样的艺术形式，更接近于普通人的生活，加深了人们对文化艺术的理解和欣赏。

青花西游记故事图钵式碗

明崇祯

口径 22.6、高 13.7 厘米

南京博物院藏

Blue and White Bowl with Pattern of *Journey to the West* Stories

黑漆嵌螺钿义侠记故事图盘

Black-lacquered Plate Inlaid with Mother-of-pearl Pattern of *Heroic Legend* Stories

明

直径 12.4 厘米

南京博物院藏

黑漆嵌螺钿西厢记故事图盘

明末清初

直径 12.4 厘米

南京博物院藏

Black-lacquered Plate Inlaid with Mother-of-pearl Pattern of *Romance of the Western Chamber* Stories

五彩西厢记故事图插牌

Famille Verte Table Plaques with Pattern of *Romance of the Western Chamber* Stories

清康熙

长方形牌长 25.2—25.6、宽 15.9—17.9 厘米

圆形牌直径 21.6 厘米

南京博物院藏

佛殿奇缘

僧房假遇

寺警

白马解围

莺莺听琴

堂前巧辩

长亭送别

草桥惊梦

衣锦荣归

第三章

无问西东

Chapter III

The East Meeting the West

东风西渐

The Westward Spread of Eastern Learning

13—14世纪，《马可·波罗游记》的影响如涟漪般荡漾，唤醒了西方人对神秘富庶东方的向往。1585年，西班牙奥斯定会修道士胡安·冈萨雷斯·德·门多萨的著作《中华大帝国史》一经问世，立即在欧洲掀起了一场前所未有的热潮。它不仅满足了欧洲对于中国这个遥远而神秘国度的好奇，更为欧洲各国制定对华策略提供了重要依据。这本书不仅是时代需求的产物，更是时代精神的体现，它为当时的欧洲人提供了一个全新的视角来认识和了解中国，标志着欧洲人从依靠充满神秘色彩的传闻来「想象」中国，向通过了解现实情况来认识中国的重大转变。

In the 13th and 14th centuries, rippling like a wave, *The Travels* of Marco Polo, awakened the Westerner's fascination with the mysterious and affluent East. In 1585, the publication of the *History of the Great and Mighty Kingdom of China* by Juan González de Mendoza, an Augustinian from Spain, immediately sparked an unprecedented craze in Europe. It not only satisfied European's curiosity and demand for knowledge about the distant and mysterious land of China, but also provided important insights for them to formulate policies towards China. This book not only met the need of the time, but also embodied the spirit of the time. It provided a fresh perspective for Europeans to understand and comprehend China, marking a significant shift from relying on rumors to "imagine" the mysterious China, to "understanding" the real China.

马可·波罗（Marco Polo）是一位意大利旅行家和商人，也是著名的游记作家。他13 世纪中叶与父亲和叔叔一同前往东方，并在中国度过了 17 年。在这段时间里，他游了中国及周边地区，并记录下了他的见闻和经历，后来被编成《马可·波罗游记》。该首次向欧洲介绍了中国的文化、地理和经济状况，对欧洲影响深远。首先，它拓展了欧人的地理认知，揭示了一个未知的东方世界。其次，马可·波罗所描述的中国繁荣的贸和文化景象激发了欧洲商人的兴趣，推动了东西方之间的贸易往来。此外，他的航海经也启发了欧洲人寻找新的贸易航路，最终促成了大航海时代的到来，开辟了新的海上贸路线。总的来说，《马可·波罗游记》为欧洲带去了关于东方世界的全新认识，促进了西方之间的交流与互动。

Marco Polo's Return
Leonardo Gavagnin
(Italy)

〔意〕莱昂纳多·加瓦尼　马可·波罗归来

1848 年

油画／纵 65.5、横 86 厘米

意大利威尼斯科雷尔博物馆藏

中华大帝国史　首版首页

西班牙加泰罗尼亚图书馆藏

History of the Great and Mighty Kingdom of China First Edition, Front Page

胡安·冈萨雷斯·德·门多萨（Juan Gonzálcz de Mendoza，1545-1618年）于1583年来到罗马，在罗马期间，应教皇格列高利十三世的要求完成了《中华大帝国史》的写作，此书于1585年在罗马出版。这是一部于中国的百科全书式的专著。据研究，门多萨写作《中华大帝国史》主要据的是加斯帕尔·达·克路士（Gaspar da Cruz）的《中国志》和马丁·德·达（Martín de Rada）的《中国札记》，与此同时，他也直接或间接地用其他葡萄牙人和西班牙人的著作。《中华大帝国史》一出版就受到了广关注，在16世纪的最后15年内成为欧洲同类书籍中最畅销的一本。据不全统计，16—17世纪，《中华大帝国史》被翻译成7种欧洲文字（包括莱芒语），在欧洲有43种版本，其中大部分版本是在1600年之前出现的（有35个版本）。直至17世纪初期，《中华大帝国史》在欧洲仍有一定的响力。

西班牙在16世纪的欧洲是举足轻重的大国，它的一举一动都会影响洲的政治和经济命运。用西班牙文出版的《中华大帝国史》无疑大大增加欧洲公众对中国的了解，激发了他们对中国的兴趣。在《中华大帝国史》中，无论是对中国的物质文明还是精神文明，都流露出作者的仰慕之情。

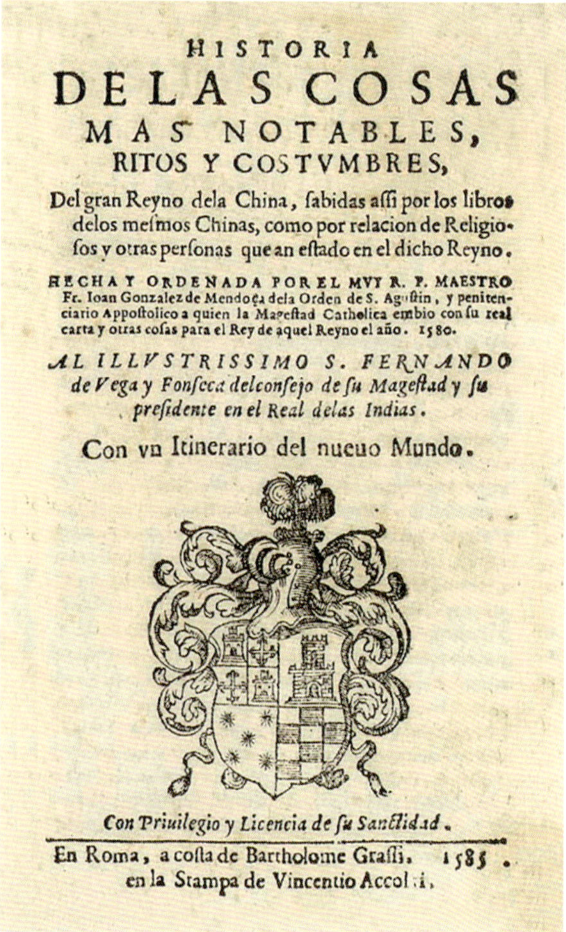
HISTORIA
DE LAS COSAS
MAS NOTABLES,
RITOS Y COSTVMBRES,
Del gran Reyno dela China, ſabidas aſsi por los libros delos meſmos Chinas, como por relacion de Religioſos y otras perſonas que an eſtado en el dicho Reyno.
HECHA Y ORDENADA POR EL MVY R. P. MAESTRO Fr. Ioan Gonzalez de Mendoça dela Orden de S. Aguſtin, y penitenciario Appoſtolico a quien la Mageſtad Catholica embio con ſu real carta y otras coſas para el Rey de aquel Reyno el año. 1580.
AL ILLVSTRISSIMO S. FERNANDO de Vega y Fonſeca del conſejo de ſu Mageſtad y ſu preſidente en el Real de las Indias.
Con vn Itinerario del nueuo Mundo.
Con Priuilegio y Licencia de ſu Sanctidad.
En Roma, a coſta de Bartholome Graſsi. 1585.
en la Stampa de Vincentio Accolti.

这个大帝国分为十五个省，其中每个都比全欧洲我们所知的最国家要大。有的被当作省城的城市，其中驻有长官、守令，即总督，用他们本来的话叫作Cochin。诸省中有两个省，叫作大南京（Tolanchia和北京（Paguia），由国王及其朝廷亲自管辖。国王总是驻驿这两个大和人口最多的省之一，原因并不在于它们最合他的意，或因他在中得到的享受超过别的省，而是仅仅因为它们跟鞑靼国接近。在过他们常有持久的战争，国王要更方便地弥补所受的损失，有更好的会防备他的敌人入侵，所以他把他的宫室和朝廷安设在这两省。因有多年的历史，又有气候优良、各种必需品充足的优点，它保留到今天而且仍将是该国诸王的驻地。

十五个省的名字如下：Paguia（北直隶，北京），Foquiem（福建）Olam（云南），Sinsay（原注为广西，中译者作陕西），Sisuam（原注为山西，中译者作江西），Tolanchia（原注为陕西，中译者作大直隶，南京），Cansay（原注为江西，中译者作广西），Oquiam（广），Aucheo（福州，门多萨误认为福州为一个省），Honan（河南）Xanton（山东），Quicheu（贵州），Chequeam（浙江），Susuam（四川）及Saxij（原注为广东，中译作山西），几乎所有这些省，而特别是海的十省，都布满甜水大河，可航行，很多城镇坐落在大河的支流上，你不仅知道它们的数目，还知道它们的名字。

——［西］门多萨撰、何高济译《中华大帝国史》第一卷第七章《这个国的十五省》，中华书局，1998年。

这个国家像西班牙一样产各种草木，而且有更多的品种。也像西班牙一样产各种果，还有不知道名字的其他水果，因为它们和我们的大不相同；但如人们所说，这或那种都极其味美。他们有三种橙，一种很甜，甜中带过量的糖分，另一种不像头一种那样甜，第三种微酸，但味道甘美。他们还有一种叫作“荔枝”的果子，十分好吃，尽管大量地吃，却从不伤身体。也盛产大瓜，香和味都很佳，而且很大。

——［西］门多萨撰、何高济译《中华大帝国史》第一卷第三章《这个帝国的富饶，它生产果实及其他东西》，中华书局，1998 年。

青花荔枝纹盘

Blue and White Plate with Lychee Pattern

明永乐

口径 38.5、足径 28、高 7.1 厘米

南京博物院藏

金发冠

Golden Crown

明

宽 7.8、高 9.2 厘米

南京博物院藏

他们把头发在头顶打成髻，用很奇特的金网罩住，并用金针……他们的妇女穿很奇特，很像西班牙的样式，她们戴许多金首饰和宝石，衣服有宽袖，穿的是金银各种丝绸料子，如前所述，他们有大量的丝绸，质地极佳，而且十分便宜；穷人则绒料，未修剪过的绒料和哔叽。她们留得一头好发，仔细勤快地梳理它，像热那亚妇女用宽丝带把它系在头上，缀满珍珠和宝石，并且她们说这使她们显得漂亮；她们涂抹粉，某些部位特多。

——［西］门多萨撰、何高济译《中华大帝国史》第一卷第十章《该国百姓的体质、品貌服饰和其他情况》，中华书局，1998 年。

艾虎五毒纹金掩鬓

Golden Hairpin with Mugwort Tiger and Five Poisonous Creatures Pattern

明

长 11.2 厘米

江阴市博物馆藏

嵌宝耳坠

Earrings Inlaid with Gemstones

明

长 8 厘米

江阴市博物馆藏

他们有大量的纸，用树茎皮方便地制成，它很便宜。他们印刷的书也用它制作
都只能在一面写，因为它太薄。他们并不像我们那样用羽毛笔写字，而是用竹子制的笔
尖端像细毛刷，类似画笔；尽管他们的方式是这样，他们当中仍有优秀的书手，由
发了大财。当他们给大人物写信时，他们把纸张的四周涂金，修剪整齐，把信放进
同样涂金和有图画的纸袋中，封闭和加印，因此信只能留在里面。

——［西］门多萨撰、何高济译《中华大帝国史》第三卷第十三章《中国人使用的文字，
这个帝国的书院、学校和其他奇事》，中华书局，1998年。

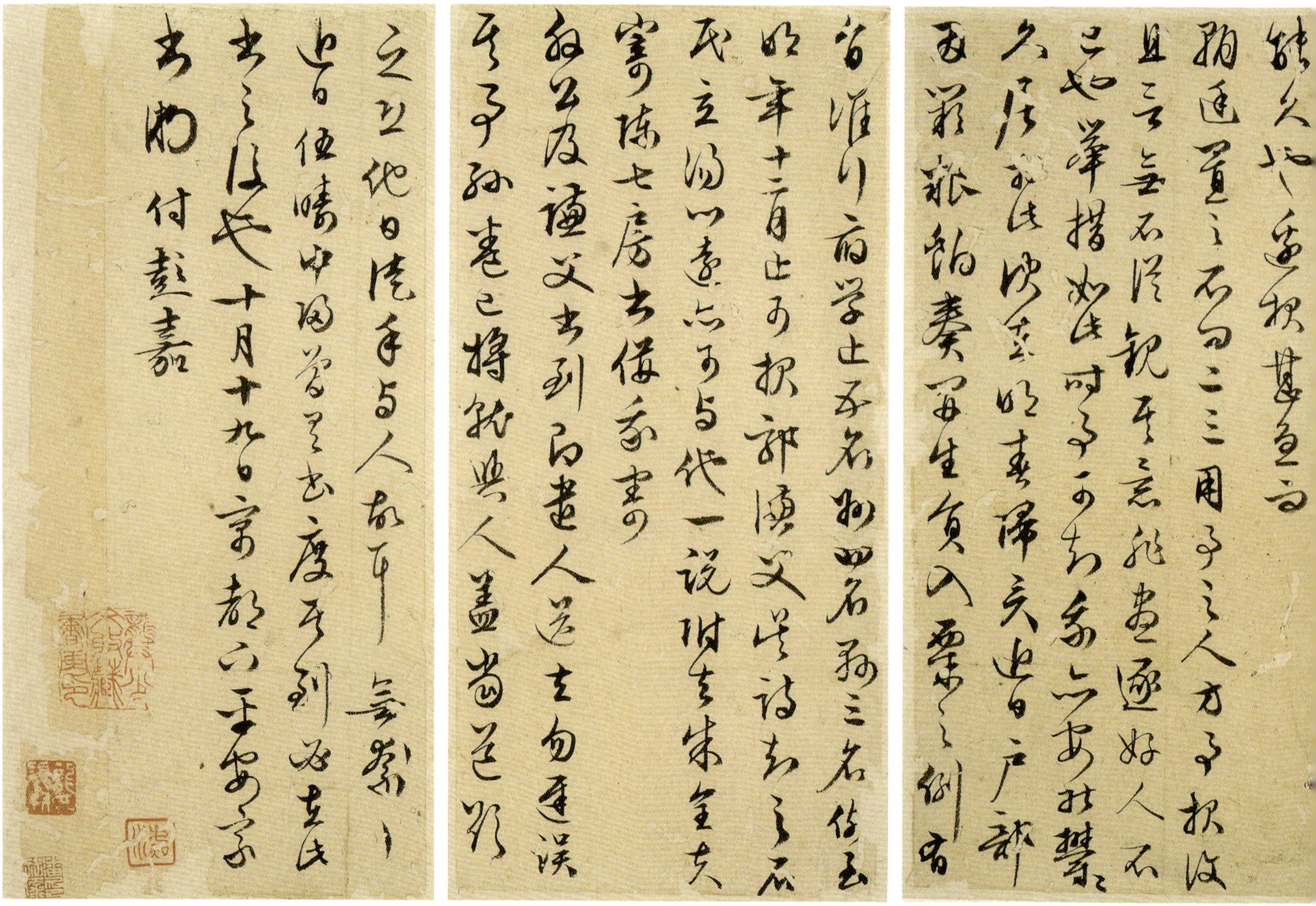

文徵明致文彭、文嘉札

Letter to Wen Peng and Wen Jia by Wen Zhengming

明

纵 25.3、横 12.6 厘米

南京博物院藏

札文：

久不得家中信息，大郎病，甚是悬念。十七日，吴复自安山来，得王绳武转递到文嘉八月廿四日书、文彭九月初一日书，始知家中之事，方才放心。汝等今后但遇，便捎一信来，使我常常知道，不嫌频数也。近日丰存礼去，因忙不曾写书。想到吴必然相见，存礼在此与我颇厚，可特出城一望。渠若有文事相烦，须与拨忙干当干当。意欲章简夫刊帖，可与简夫说，须自宜张主，不可多取耳，价他日受累也。存礼带了我《上尊号帖》去，约说途中遇王子美寄还。若不曾还，可讨了留在家中，必须再三□之，切记切记。王绳武因水大，此月初八日方过安山，度其到京必在廿五六间也。三娘舅事，此间已将考，恐来已迟矣，奈何奈何！近日，吏部尚书杨旦、侍郎汪伟、文选郎中刘天民，俱被陈洸给事中劾去，惟白楼公得留，想亦不能久也。边报甚急，而朝廷置之不问，二三用事之人方事报复，且言无不从。观其意，非尽逐好人不已也。举措如此，时事可知，我亦安能郁郁久居于此，决在明春归矣。近日，户部因阙粮饷，奏开生员入粟之例，有旨准行，府学止五名、州四名、县三名，倚至明年十二月止。可报郭谦父、吴诗知之，石民立、汤心远亦可与他一说。附去朱全夫寄陈七房书，并我寄。外公及谦父书到，即遣人送去，勿迟误其事。孙卷已将就与人，盖当道欲之，恐他日徒手与人故耳，无奈无奈！近日伍畴中归曾有书，度其到，必在此书之后也。十月十九日寓都下，平安家书，徵明付彭、嘉。

参考文献：陈名生《略附此心报平安——南京博物院藏文徵明〈付彭、嘉六书〉考释》，《中国书法》8 年第 10 期。

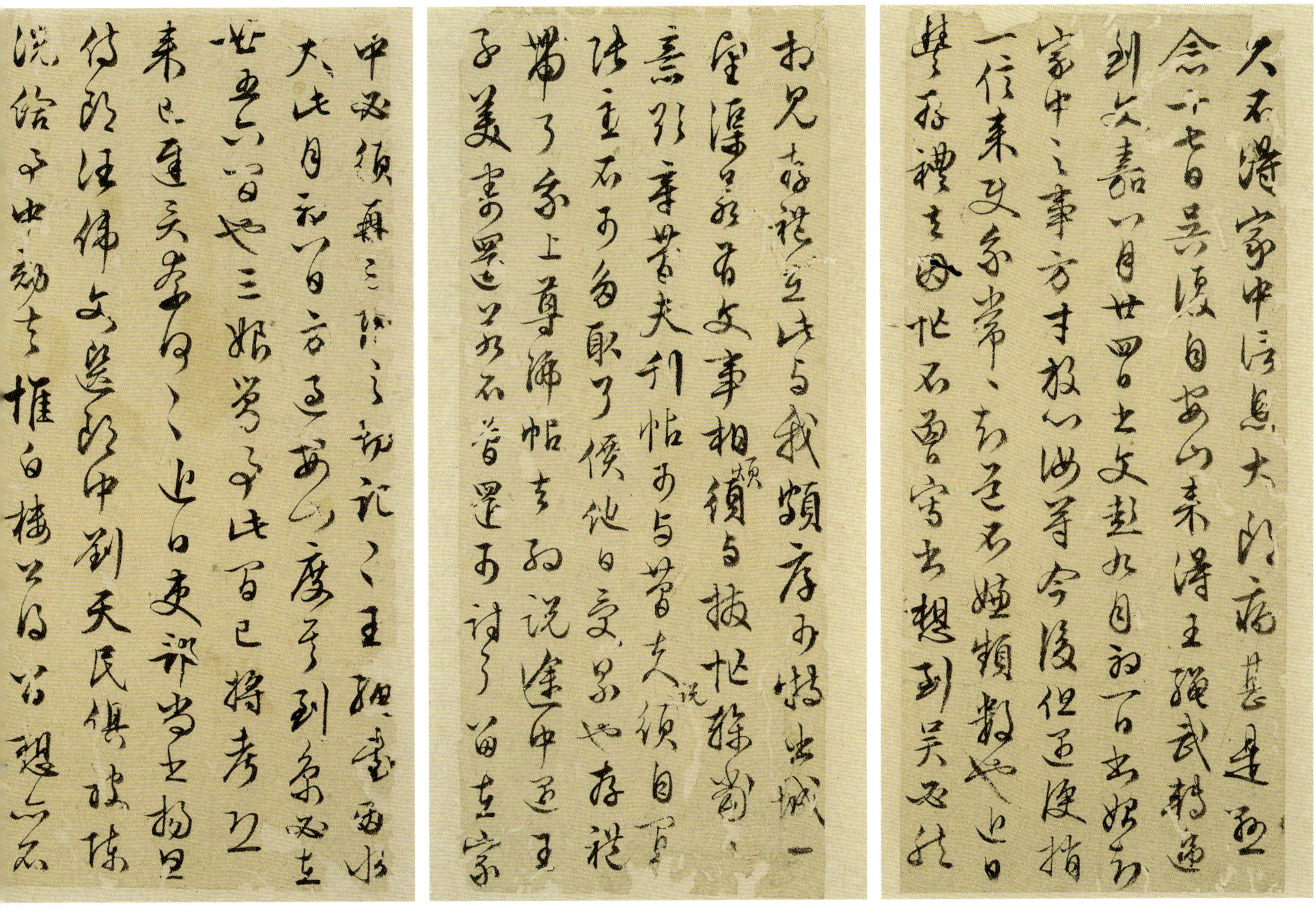

象牙毛笔

Ivory Writing Brush

明

长 22.1、最大径 0.9 厘米

南京博物院藏

黄道周夫人蔡玉卿自用砚

Personal Inkstone of Cai Yuqing, Wife of Huang Daozhou

明

长 13.8、宽 9.3 厘米

南京博物院藏

青花五彩云鹤纹笔架

Blue and White Polychrome Brush Rest with Cloud and Crane Pattern

明万历

长 19、高 8.3 厘米

南京博物院藏

令人惊奇的是，这位异教国王十分留意他的官员和法官，及总督、长官、首脑，连同其他官吏，都应恪尽职守，这是他们应做的；因为在他们任职的三年末，他们自己要在任所直接向叫作察院（Chaenes）的法官述职。国王也每年秘密地向各省派出其他法官和巡阅史，叫作御史（Leachis），这些人是值得信任的，长期经验证明生活廉洁，作风端正，执法刚正不阿。出巡的这些官员在他们到达的每个城镇（极秘密得不让人知道）调查该省发生的冤案和疾苦，因此人人都（如谚语所说）无从隐形，他们在职权上得到皇帝授与的绝对权力，以致他们如发现任何违法行为，不用返回朝廷，就可以逮捕并处罚他们，可以停刑、缓刑，或按己意行使他们的职权，这样不致滥杀人。（据说）如无皇帝批准则不能杀人。

——［西］门多萨撰、何高济译《中华大帝国史》第三卷第十一章《皇帝每年派往各省查访下级官员的巡阅使，及他们对违法者的处罚》，中华书局，1998年。

「御史大夫章」铜印

Bronze Seal with Inscription "Yu Shi Da Fu Zhang"

明

长2.1、宽2.1、高1.7厘米

南京博物院藏

曹鈢抗倭函牍

Cao He's Correspondence on Resisting Japanese Pirates

明

纵 24.3、横 90 厘米

南京博物院藏

葡萄牙走私者不是这个时期唯一到中国海岸的人。从明朝的观点看，日本海寇的骚扰是更为严重的。这时日本正处在战国时期的阵痛中，封建诸侯为争夺地方权而彼此争战，出现一连串眩目怵心的事件，分合浮沉接连不断。劫掠中国沿海是日本西南很多武士喜好的勾当，他们视情况所需，或当海盗或扮商人。用明朝正史的话说："倭寇性狡黠；他们携带商品和武器，在沿岸这里那里出现。如果遇到时机，他们就拿出武器，无情劫掠蹂躏。否则他们摆出商品说他们要到朝廷进贡。东南沿海受到他们的欺害。"这些倭寇常常由九州、四国和内海的诸侯所组织和装备，他们的来源并不是清楚的。据一位著名日本史家说："他们行为粗暴，生活放荡，思想卑贱，脾气躁，力量强大，而且相互猜疑和妒忌。"

——［英］C.R. 博克舍编注、何高济译《十六世纪中国南部行纪》之《导言》，中华书局，1990

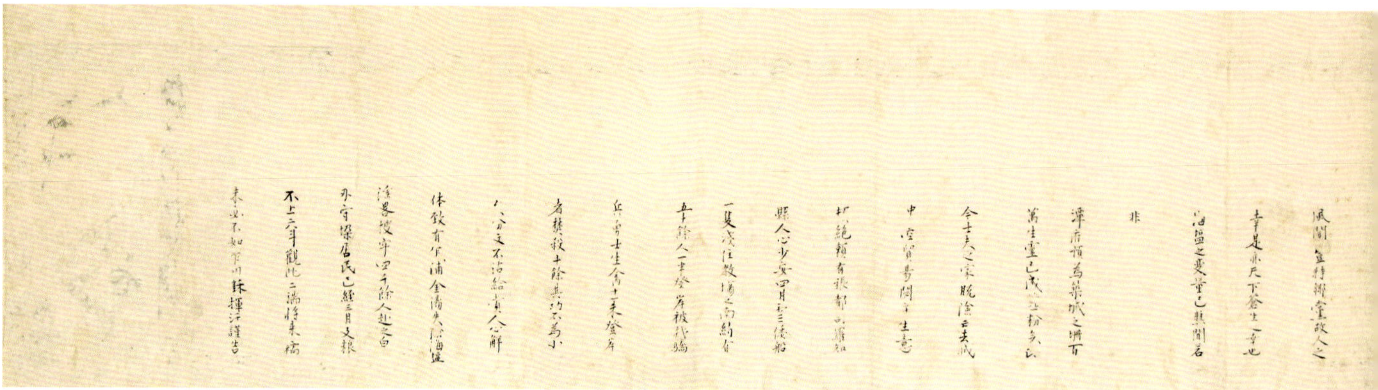

释文：

散松回询，知由吉美誉风闻，岂特乡党故人之幸？是亦天下苍生之幸也！海盐之量已熟闻，若非潭府预为筑城之坍，百万生灵已为齑粉矣！即今士夫之家，脱险亡去城中空，贸易阏，生意顿绝，赖有张都司、罗知县，人心少安。四月初三，倭船一只浅住教场之南，约有五十余人，一半登岸，被我骄兵勇士生禽十一，未登岸者，焚杀十其功不为小□，分文不沾给赏。人心解体，致有乍浦金汤失险；海盐淫略搜牢，四余人赴之，白刃守垛，居民已经三月乏粮，不上六斗。观此二端，将来祸未必不如乍

鈢挥汗谨告。

讲完这番意思，再说广州。它四周有坚固的城墙，构筑良好，也相当高。中国人声称，城墙自建筑以来已有一千八百年，但看上去几乎是新的。城墙很整齐，没有裂口、窟窿或缝隙，也没有丝毫使它毁坏的形迹。其原因在于，城墙是用够一个人高的活动石块构筑，上面砌有泥土制成的、颇像瓷碗质地的砖头，因此墙十分结实。我在马六甲盖了一座教堂，发现一块（从中国运来的）类似的砖，很难用锄把它打坏。此外，在此城及其他所有的城，皇帝派有一位官员，他的唯一职掌是监护城池，由此他得到高薪俸。每年当朝廷官员巡视该省时，也和别的官一起去察视城墙，询问护城官有无恪尽职守。如果发现他犯有过失或玩忽职守，那就免掉他的官职，施以惩罚。如果他为修缮城垣有所花费，赋税监督官就负责供给他所需的东西，唯恐有误修缮期限，他也一样要受到严惩。所以各城镇的墙垣一直维护得很好，得到妥善的修治。

——［英］C.R. 博克舍编注、何高济译《十六世纪中国南部行纪》之《克路士：中国志》，中华书局，1990 年。

明城墙砖
City Wall Bricks
南京城墙博物馆藏

我们在这座城看见很多鞑靼人、蒙古人、缅甸人和老挝人，有男有女。鞑靼人很白的人，是好骑士和射手，在北京那一边与中国为邻，这两国之间有大山分开。的道路通过大山，两边都有堡垒，始终驻有军队。在过去，鞑靼人不断跟中国人打仗但这八十年来平静了，直到我们被俘的第二年。蒙古人也一样是白的，信奉邪教。们听说他们一边和这些鞑靼人接境，另一边又和波斯的鞑靼人为邻，因此他们向我做一些手势，[？模仿]他们服装的样式，及撒拉逊人戴的帽子，但我们什么都不知摩尔人肯定说，在皇帝的所在地，有很多鞑靼人和蒙古人，把一些很值钱的蓝颜料到中国，而我们都认为那是坎贝（Cambaya）的靛蓝，通常是在忽鲁模斯售卖。因这就是该国的实际位置，并不如我多次听说的它在北方，和日耳曼接境。

——［英］C.R. 博克舍编注、何高济译《十六世纪中国南部行纪》之《伯来拉：中国报道》中华书局，1990 年。

青花缠枝花卉纹碗

Blue and White Bowl with Pattern of Flowers with Interwined Branches

明宣德

口径 29.8、高 10.8 厘米

南京博物院藏

青花外莲瓣内缠枝花卉纹碗

明永乐

口径21.2、高10厘米

南京博物院藏

Blue and White Bowl with Pattern of Flowers with Intertwined Branches on the Inter Side and Lotus Petals Pattern on the Outer Side

胡文明制鎏金缠枝莲纹铜印盒

Gilded Copper Seal Box with Pattern of Lotuses with Intertwined Branches Made by Hu Wenming

明

直径7、通高3.4厘米

南京博物院藏

至于小的涂金盒、大盘、篮、写字台和桌子，数不胜数，再好不过。金匠、银匠、铜匠、铁匠和其他各行各业，既多又完备，各种的东西也十分丰富，应有尽有。他们使用无数的黄铜器皿。他们从中国供应爪哇和暹罗这些器皿，在印度叫作巴特格利亚（Bategaria），品种齐全。他们用小锅、火盆及别的铸铁器皿，他们不仅铸造铁器，而且在被打破之后可以再买来重铸。

——［英］C.R. 博克舍编注、何高济译《十六世纪中国南部行纪》之《克路士：中国志》，中华书局，1990年。

紫砂盖罐

Purple Clay
Lidded Jar

明

通高 13 厘米

南京博物院藏

有点教养而又有些日子没见面的人，他们之间特殊的礼节是手臂弯曲，手指相扣紧，他们弯腰说些很殷殷的话，各自极力伸手要对方起来，越是显贵，行这种礼时间就越长。体面的和高贵的人在桌上也很讲礼节，一个请另一个喝酒，各自极力手请对方喝，因为在桌上除喝酒外没有别的礼节……如果有人或有几个人造访某个面人家，那习惯的做法是向客人献上一种他们称为茶（cha）的热水，装在瓷杯里，在一个精致的盘上（有多少人便有多少杯），那是带红色的，药味很重，他们常饮用是用一种略带苦味的草调制而成。他们通常用它来招待所有受尊敬的人，不管是不熟人，他们也好多次请我喝它。

——［英］C.R. 博克舍编注、何高济译《十六世纪中国南部行纪》之《克路士：中国志》中华书局，1990 年。

德化窑白釉杯

Dehua Kiln White-glazed Cups

明末清初

高 5.3—6.8 厘米

南京博物院藏

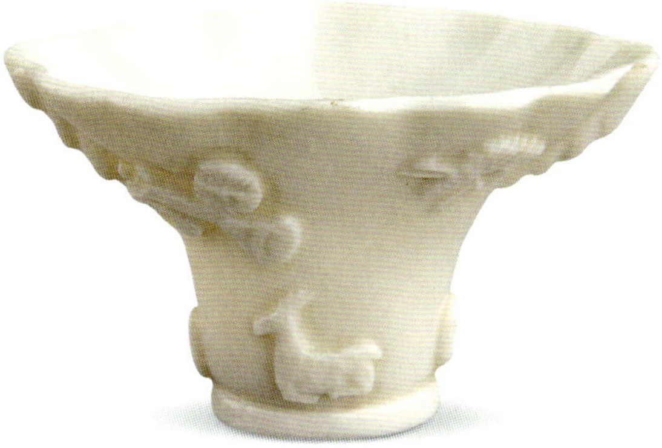

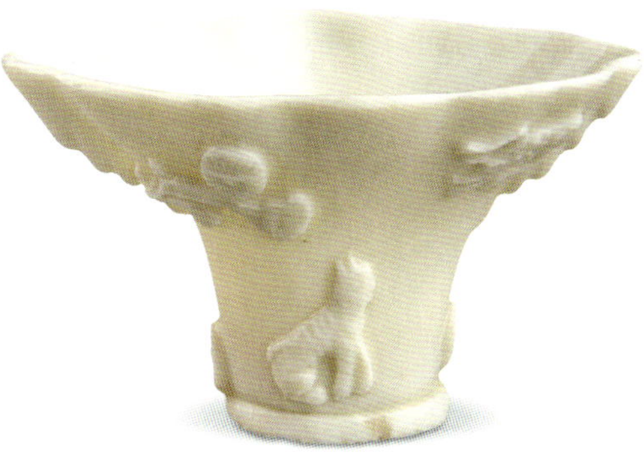

西人东来

Westerners Journeying to the East

在大航海时代曙光的指引下，西方人发现了新的航道，终于踏足了明朝时期的中国，这是中西方互相「发现」对方的历史时刻。西方的传教士，跨越重洋，将西方的哲学智慧、绚烂艺术与科学之光带到了中国，同时，他们也如同归来的航海家们，满载着中国的思想精髓、璀璨文化、艺术珍品与珍稀物产，向西方世界展示了一个真实而又神秘的东方。

晚明以降，以中国为中心的东亚知识界迎来了大航海时代欧洲新知识的挑战。明代社会开始重新塑造全球化的路线、媒介技术、观念思维和审美标准。明末清初之际，中国不仅孕育了对世界的全新认识，开始逐渐形成「世界意识」，也为世界文明的共融贡献了丰富而精彩的篇章。

Guided by the dawn of the Age of Navigation, Westerners discovered new sea routes and finally set foot in China in the Ming Dynasty, marking a historical moment of mutual "discovery" between the East and the West. Western missionaries, crossing the oceans, brought the wisdom of Western philosophy, splendid arts, and scientific knowledges to China. At the same time, like returning navigators, they took the essence of Chinese ideology, its magnificent culture, artistic treasures, and rare commodities back, presenting a real yet mysterious East to the their homeland.

Since the late Ming Dynasty, in the Age of Navigation, the East Asian intellectual community centering on China encountered the challenge of new knowledges from Europe. The Ming people began to reshape their worldview, communication technology, mode of thinking, and aesthetic standards. At the succession period of the Ming and Qing dynasties, China not only nurtured a new kind of worldview, gradually developed a "world consciousness", but also contributed greatly to the integration of various civilizations.

唐大秦景教流行中国碑　拓本

the Stele on the Diffusion of the Luminous Religion Rubbing

纵 279、横 99 厘米

西安碑林博物馆藏

《大秦景教流行中国碑》，简称《景教碑》，是世界基督教史上的重要文献，也是迄今基督教传入中国的最早的文字资料。此碑共 1780 个汉字，以及数十个叙利亚文字。此碑详细记载了基督教的一支聂斯脱利派（Nestorians，汉语名“景教”）唐初传入中国、受到唐朝君臣礼遇并准予在华传播的事实。唐建中二年（781 年），碑竖于长安义宁坊大秦寺。唐会昌年间（841—846 年），武宗灭佛，景教徒为保护该碑而将其埋于地下。明朝天启年间（1621—1627 年）出土于陕西周至。此碑被发现时就引起了在华天主教徒以及中国某些儒生的极大兴趣。文献记载，一日张赓虞前去参观，虽然他并不是基督徒，但是知道一些有关基督教的知识。细读碑文，他感到此碑的内容恐怕与利玛窦之教有关，遂制作拓片寄送杭州，并致信李之藻。李之藻收到拓片后与神父们一起反复揣摩，最终确认景教碑就是他们一直期望和寻求的中国古基督教的明证。鉴于外国传教士在古汉语阅读中的巨大局限和中国古典修养的匮乏，李之藻毫无疑问居于整个揣摩过程的主导地位。因此，在张赓虞猜测的基础上，肯定地把景教碑文作为基督古教传入中国的珍贵文献，是李之藻对景教碑研究的第一大贡献。之后李之藻等人将碑文刊布，以有利于基督教的传播：“今而后，中士弗得咎圣教来何暮矣！”他本人还将研究成果简要地写成《读景教碑书后》。李之藻主持研究景教碑的成果，被完整地保存了下来。对于西方来说，由入华传教士曾德昭（Álvaro Semedo）首先进行了详细报道。他完成于 1640 年的《大中国志》（初名《中国及其邻近地区的传教报告》），把对景教碑的考察情况和碑文汉语部分的译文作为一章写入，最先详细、全面地向欧洲人报告了景教碑的发掘、研究情况及碑的外形和内容。《大中国志》是早期向西方传递景教碑信息最丰富的著作之一，由于它随即出版了多种译本，中国发现景教碑的消息一时盛传欧洲全境。而对于东方来说，李之藻等人的研究成果又由入华传教士阳玛诺（Emmanuel Diaz）在定稿于崇祯十四年（1641 年）的《景教流行中国碑颂正诠》中加以反映。该著作用汉语写成，并在中国出版，无疑是供来华传教士及对基督教有兴趣的中国人阅读的。

参考文献：计翔翔《明末奉教官员李之藻对“景教碑”的研究》，《浙江学刊》2002 年第 1 期。

英国女王伊丽莎白一世致中国万历皇帝信

Letter from Queen Elizabeth I to Emperor Wanli

1602年

纵43.7、横51.5厘米

英国兰开夏郡档案馆藏

神恩天命英格兰、法兰西及爱尔兰诸国之女王，信仰的守护者伊丽莎白致敬伟大及强大而不可战胜的大明皇帝陛下：

我们通过对各方文献记录的了解，以及那些有幸游历过陛下雄伟帝国的商人的倾诉，从而得知陛下的伟大和对远方客人的仁爱。这鼓舞我们去寻找比世界上大部分的航行路线更短的到达大明帝国的航海路线。更近的航行路线，可提供我们两国直接的贸易机遇并促进友好关系的增长。出于这种考虑，过去我们很多次鼓励开拓者穿过北部区寻找更近的通道。他们中的一些船只至今未归也从未听到有关他们的消息，推测可能是由于冰冻海洋和无法忍受的寒冷。尽管如此，我们希望再次尝试并做好准备在具有丰富学识和航行经验的总领航员乔治的指挥下驾驶两艘小船出发。我们考虑初航不应该太麻烦陛下，所以此次带的商品样本比较少，因为船只航行于未知的航线并需要必需品来探索航线。届时请陛下检验我们商船上带来的各式各样的商品样本，并告诉乔治·韦茅斯哪些商品可以运来交易，我们将在下一批商船舰队提供这些货物。我们希望仁慈的陛下能给予他们关照，并鼓励他们，开通这个迄今为止还没有被经常光顾的贸易航线。通过这种方式，我们两国可以增强贸易合作，各取所需并增进两国人民的友谊。在此际，我等愿上天保佑陛下。

耶稣降生后1602年，伊丽莎白一世登基第四十四年，五月四日。格林威治宫。

伊丽莎白

世界的东方，有一个梦幻的国度，是马可·波罗笔下遍地是黄金的国度。伊丽莎白一世每当念及西班牙、葡萄牙、荷兰船队从中国辗转运回的瓷器、丝绸、茶叶等物资时都艳羡不已，因为这能够在欧洲市场上产生极其丰厚的利润。但当时的传统航道被葡萄牙、荷兰牢牢控制，女王显然希望使者能从完全出乎意料的航线抵达中国，既不与葡、荷正面冲突，又能抢占先机。

开辟通往世界东方的西北航道，在过往的几十年中，在女王的鼓励下，经历了数次艰苦卓越的探索，最后均以失败告终。继1583年、1596年之后，伊丽莎白一世于1602年第三次致信给中国皇帝。在信中，女王再一次提及了与中国的通商请求，这次信使的重要任务落在了乔治·韦茅斯的身上。在信件中，她也殷切地要求中国皇帝能给予这位信使以关照与鼓励。

ETH BY THE GRACE OF GOD QUEEN

eland Defendor of the faith &c. To the great, mighty, and Invincible Emperour of Cathaia, greeting. Wee haue receaued
by our owne Subiects, and by others, whoe haue visited some parts of your Mats Empire, and Dominions, wherby they haue
Invincible greatnes, as your kynd vsage of Strangers, that resorte vnto yor Kingdomes with trade of merchandize, wch hath
d oute some neerer waye of passage by Seas from vs, into your cuntrey, then the vsuall frequented course that hetherto hath byn
st part of the world; By which neerer passage, not only opportunity of entercourse of traffique of merchandize may be offred between ye
t also a mutuall league, and amity may growe, and be contynued, between yor Matie and vs, or Cuntries, and Dominions being in their
remote, or seuered, as they are estranged, and vnknowen the one to the other, by reason of the long and tedious course of Nauigacon hetherto vsed
th ende wee haue heretofore many yeares past, and at sundry tymes synce made choice of some of or Subiects, being a people by nature enclyned to
of Contries, and Kingdomes vnknowen, and sett them in hand wth the fynding out of some neerer passage by Seas into yor Mats Contries,
of the world, wherin hetherto not preuayling, but some of their Ships neuer returning back agayne, nor being heard of synce their departure
back agayne being hindered in their entended voyage by the frozen Seas, and intollerable cold of those Clymates; wee haue yett once more
rmost yt may be done to performe at length a neerer discouery of yor Contrye, prepared, and sett fourth two small Shipps vnder ye direction of our
outh, being ye principall Pylott of this present voyage, a man for his knowledge, & experience in nauigacon specially chosen by vs to this attempte &
sper in his passage, yt either hee, or any of his company shall aryue in any port of your Kingdome, wee pray yor Matie in fauor of vs, who haue soe
cesse vnto yow, & in regard of an enterprize pformed by hym, & his company wth so great difficulty, & danger, yt you will vse them wth that regard yt
e this their newe discouered passage, wch hetherto hath not byn frequented, or knowne by any to become a vsuall frequented trade from their pts of
es yor contrey may hereafter be serued wth the natyue comodityes of their parts of speciall seruice, & vse, both for yor Matie and Subiects, and
our contrey comodities, wee & our Subiects may be furnished wth thinges of lyke seruice and vse, out of wch mutuall benefitt amity, and
blished between vs, wch wee for our part will not sett hereby to offer vnto you for the honorable report wch wee haue heard of yor Matie and because in
contrey, it seemed to vs not convenient to ymploy Shipps of that burthen, wch might bring in them any great quantity of or natyue comodities wherby
lue to vse small shipps as fittest for an vnknowen passage, laden for ye most part wth such necessaries, as were of vse for their discouery; It may
r of such things, as are brought in their shipps to vnderstand yt of goods of those kyndes, or kingdome is able to furnish yor Matie most amply, & also
ze of like vse, wherof it may please yor Matie to be more pticulerly enformed by the said George waymouth, & his company, of all wch vpon significaco
turned by or said Subiects, yt our visiting of yor Kingdomes wth our shipps, & merchandize shalbe acceptable, & kyndly receiued, wee will in the next
ake it more fully appeare what vse, & benefitt, or amity, & entercourse may bring to yor Matie & contrey. And in the meane tyme do comend yor
ternall God, whose prouidence guideth, and preserueth all Kinges, and Kingdomes. From our Royall Pallace of Greenwiche the fourthe
or Raigne .44.

Elizabeth R

游文辉 利玛窦像

Portrait of
Matteo Ricci S.J.
You Wenhui

1610 年
布面油画／纵 120、横 95 厘米
意大利罗马耶稣堂藏

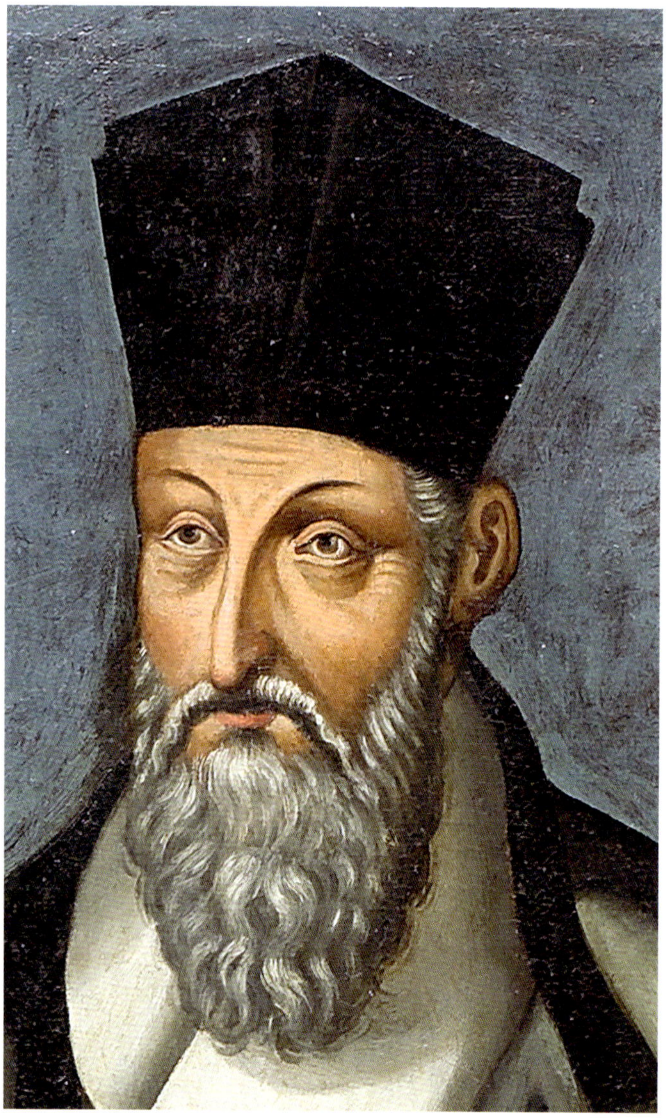

马泰奥·里奇（Matteo Ricci），汉名利玛窦，号西泰，又号清泰
西江，天主教耶稣会意大利籍神父、传教士、学者。在明朝颇受
大夫的敬重，被尊称为“泰西儒士”。他是天主教在华传教的开
者之一，也是第一位阅读中国文学并对中国典籍进行钻研的西方
者。他除传播天主教教义外，还广交中国官员和社会名流，传播
方天文、数学、地理等科学技术知识。他的著述不仅对中西交流
出了重要贡献，对日本和朝鲜半岛上的国家认识西方文明也产生
重要影响。

1581 年，罗明坚神父向东方总巡察使范礼安举荐了利玛窦
次年，利玛窦应召前往中国传教，8 月 7 日到达澳门。1598 年
利玛窦与另一位郭居静神父于 7 月初到达南京，9 月 7 日抵达北京
但当时正值日本侵犯朝鲜，爆发万历援朝之役，利玛窦由于外国
的身份无法在北京久留，而且又遇到了财政上的困难，仅住月余
返回。1600 年 5 月 18 日，利玛窦带着庞迪我神父和准备好献给
帝的礼物再度赴京，并于 1601 年 1 月 24 日抵达北京，进呈自鸣钟
《圣经》、《万国图志》、大西洋琴等物，得明神宗信任。同年
明神宗下诏允许利玛窦等人长居北京。1610 年 5 月 11 日，利玛
病逝于北京，享年五十八岁。赐葬于平则门外的二里沟滕公栅栏

游文辉（Manuel Pereira Yeou），字含朴，1575 年生于澳门
目前世界上最为流行的利玛窦像，就是这幅游文辉于 1610 年所
油画《利玛窦像》，这也被认为是中国人绘制的最早的传世油画
这幅画是 1614 年由金尼阁返回罗马时带回去的。当时，利氏的
悬挂在罗马耶稣堂的会院客厅里，左右两旁是耶稣会创始者依纳
与第一位试图进入中国的耶稣会士沙勿略画像。像下以拉丁文书写
“利玛窦神父。马切拉塔城人，为耶稣会第一位把福音传入中国者
1610 年去世，享年（虚岁）60。”由此既可以说明当时人们十
珍视这幅画像，也可以说明游文辉所绘画像具有一定的艺术性与
实性。尽管游文辉还是一名西画初学者，但该图所显示的写实能
令人惊叹。就在游文辉来到利氏身边之前不久，利玛窦放弃欧洲
父所用的“十”字形神帽与中国僧人的服装，戴一顶奇特的、有
儿像主教行大礼的帽子，身穿读书人的服装，装扮得如同中国士
一般，游文辉画的即是这样的穿着，符合利氏写回欧洲信中所叙
情况。再将此画与其他利玛窦画像对照，也可以发现，游文辉成
地抓住了利氏晚年的面部特征。

《利玛窦像》更深层的意义在于：中国肖像画由此开始了新
篇章，游文辉毕竟是一名中国人，在他仅存的这幅画中，我们可
看到中国人是如何运用西方绘画特性，并将它与传统肖像画的某
特点相结合的。众所周知，中国肖像人物画历来强调“传神写照
正在阿睹中”，而其余的物品或背景往往作为陪衬，大胆地去繁
简。相较于同时期传教士沙勿略、范礼安等人之画像，我们可以
白《利玛窦像》是何等简洁明了，确实是把神态的写照放在首位
此外，在色彩的配置、衣纹的处理等方面也吸收了传统方法的优点

参考文献：莫小也《游文辉与油画〈利玛窦像〉》，《17—18 世纪
教士与西画东渐》，中国美术学院出版社，2002 年。

The Enchanting China of Matteo Ricci S.J.

‘The Greatest Marvel in the East”

Francesco D’Arelli
Italian Cultural Institute in Shanghai)

利玛窦笔下的迷人中国

「东方最伟大的奇迹」

达仁利
（意大利驻沪总领事馆文化处）

Matteo Ricci reached Macau on August 7, 1582, full of trepidation and desirous of undertaking his mission in China. First, he carried out a clear mission given by Alessandro Valignano, who had been Visitor of Missions in the Indies since 1573 and was a brilliant strategist of the Society of Jesus in East Asia. Upon Valignano's wishes, Ricci was sent to Macau to first study Asia's most difficult and strange language: Chinese. Only after having learned the language would he attempt to discreetly enter the vast and feared Chinese empire.

He willingly submerged himself in the exhausting language study, a disposition he had already showed in his years as a student of theology in Goa (1578-1581). As he wrote to General Claudio Acquaviva on November 25, 1581, Ricci was well aware "that this was the will of obedience, as a consequence of God's will." [1]China was another world, different from the others, so much so that Ricci would often repeat that "one who does not see it cannot realize" and would recommend only very particular people for the mission – those "of a very great spirit." [2]

Ricci landed in Macau by sea, passing through Malacca, as was common during his times. It had been a journey of little more than a month that, in the end, nearly cost Ricci's life: "The Lord wanted to visit me with such a serious illness, that I was about to pass away during the journey, but then, by the grace of God, I found myself well on land." [3] At the time, people traveled long distances mainly by sea, thanks to the resourcefulness of the Portuguese, who had just opened the routes of Asia to the West.

Land, which appeared to be so benevolent that it almost miraculously restored Ricci's health, had been traveled extensively in previous centuries, as if it were the only possible way to reach the East from Europe. Ricci was unaware of how long those before him had traveled through the boundless lands of Eurasia. In fact, people of all sorts, including nomads and farmers, passed through these lands, disseminating divine and religious beliefs, and trading both refined and daily-use goods. This traffic of objects, traditions, and people date back to very distant times, as is clearly indicated and localized in historical sources, accompanied by the frequent presence of curious details. Recent archaeological findings have enriched these texts with evidence that expands the boundaries of this traffic and extends its presence in time. Land routes from East to West and from West to East not only served trading purposes but also expansion and military conquests; routes of religious propagation; roads filled with lively and still-visible traces of travelers who animated these locations with their presence and deeds.

---

[1] M. Ricci S.J. to C. Acquaviva S.J., Jesuit General, Goa, November 25, 1581, *Lettere*, edited by F. D'Arelli, Macerata, 2001, p. 29.

[2] M. Ricci S.J. to C. Acquaviva S.J., Jesuit General, Macao, February 13, 1583, *Lettere*, p. 53.

[3] M. Ricci S.J. to M. de Fornari S.J., Macau, February 13, 1583, *Lettere*, p. 45.

It should not surprise the modern reader at all that the roads of Eurasia have been traveled with great ease by embassies, men of arms, and merchants since the 2nd century BCE. In fact, we should give this more consideration, as Giuseppe Tucci seemed – over half a century ago – to remind us when investigating the fruitful exchange of ideas and goods along the caravan routes: "(...) in ancient times the exchange occurred almost entirely through direct contact along these roads, during the long stops in the caravanserai and in the emporiums, in hushed and long conversations during sleepless vigils, in the light of the bivouacs; much of the travelers' interest then turned not only on the merchandise and precious goods of their own lands or those of their companions, but also on the very intense religious life, fables, legends, myths, and ideas that were passed on from stop to stop, evolving and expanding until – wherever it may be – they were caught by a curious mind that took possession of it. These were stories originating from afar, entering the literary memory, spreading widely, and taking on new shapes." [4]

Ideas of all kinds were more agile than the heavy and valuable merchandise that was transported with effort; intense and sophisticated spiritual and religious experiences would enliven people's existence with irresistible fervor and richness. For example, the life of Xuanzang is impressive: Buddhist monk, tenacious pilgrim, and refined scholar and translator who was active at the beginning of the Tang Dynasty (618-907). He wandered for decades (629-645) along the paths of Asia, visiting the sacred places of Buddhism, collecting canonical texts, and studying with the most revered masters of the time. The epic journey of Xuanzang is narrated in *Records of the Western Regions of the Great Tang Dynasty (Da Tang xiyu ji)*, one of the most valuable and abundant historical sources on Central and South Asia of the first half of the 7th century. Xuanzang had the privilege of living in a splendid era: the Tang Dynasty, which featured the large presence of foreigners active in the capital Chang'an (today's Xi'an). The then-capital city had long had an attractive charm, drawing, as Edward H. Schafer sagaciously noted, "the natives of almost every nation of Asia, some curious, some ambitious, some mercenary, some because they were obliged to come." [5]During this era, too, various religious people came from Persia to profess and spread different faiths, including the Mazdean, Manichaean, and Christian (sometimes improperly known as Nestorianism). Christian religious figures had been in China since the beginning of the 7th century, precisely 635, when the monk Aluoben reached Chang'an. The lively activity of the Christian communities is primarily recorded in a Chinese inscription engraved in a stele in 781 by the religious figure Jingjing and titled *Eulogy of the Stele on the Diffusion of the Luminous Religion (Jingjiao liuxing Zhongguo bei song bing xu)*. The stele was found by accident in Zhouzhi, near Chang'an, between 1623-1625 by a farmer who was plowing his land. The piece

---

[4] G. Tucci, *Le grandi vie di comunicazione Europa–Asia*, Turin, 1958, p. 56.

[5] E. H. Schafer, *The Golden Peaches of Samarkand: A Study of T'ang Exotics*, Berkeley–Los Angeles–London, 1963, p. 10.

of news immediately reached Li Zhizao (1565-1630), *alias* Leone Li, refined scholar and one of Ricci's most influential friends at the imperial court. Li Zhizhao received this information from his friend Zhang Gengyu, who included in his message a rubbing of the inscription. Li published the transcription of the stele with no hesitation, including a postscript (June 10, 1625) titled *After Reading the Stele Inscription of the Luminous Teaching* (*Du Jingjiao bei shuhou*). Subsequently, there was a great deal of talk about it, first among the Jesuit missionaries in China and then among the European scholars of the Society of Jesus, who were trepidatiously expecting *novissima sinica* (the latest from China). With his small book titled *Correct Explanation of the Tang Stele Eulogy on the Luminous Teaching* (*Tang jingjiao beisong zhengquan*), the Portuguese Jesuit Manuel Dias Junior (1574-1659) launched the commentary work in Chinese on the text of the inscription. Dias' work was published in Hangzhou in 1644 and included a preface by him dated March 25, 1641. Numerous translations of the original inscription were published in 17th-century Europe: from the Latin version of 1625 – an anonymous manuscript preserved in the Roman Archives of the Society of Jesus (ARSI, *Japonica Sinica* 115 I, ff. 24r-29v) and published in 1902 by Henri Havret – to the Italian one, published in Rome in 1631 with the title *Dichiaratione di una pietra antica, scritta e scolpita con l'infrascritte lettere, ritrovata nel Regno della Cina* (Declaration of an ancient stone, written and carved with the undersigned letters, found in the Kingdom of China). Other examples are the works by the Jesuits Athanasius Kircher and Daniello Bartoli, as well as China-based missionaries like Alvaro Semedo (1586-1658), who was the first European to see the stele (1628), António de Gouvea (1592-1677), and Michel Boym (1656-1730). The text of the inscription narrates in detail the historical events of the Christian community from 635 to 781, including doctrinal matters, and reveals both the state of the hierarchical organization and the protocol customs adopted in court circles.

From 1421, Portugal embarked on the systematic exploration of the west coast of Africa. This undertaking was motivated by the voyages and fanciful tales of Marco Polo (1254-1324). The Portuguese Crown, alongside historic discord with Castilian monarchs, advanced in its exploration and conquests of Africa, rounding the Cape of Good Hope in 1487 and connecting the new route with the already known sea routes to India. Nevertheless, the unquenchable resourcefulness of the Castilian monarchs, and particularly the curiosity of Queen Isabella, who was a fervent supporter of Christopher Columbus, marked a further change in the age of exploration. After Columbus' discovery of America (October 1492), Ferdinand and Isabella of Castile obtained from Pope Alexander VI the papal bull *Inter caetera* (Among Others; May 4, 1493), which established a clear line of demarcation between the possessions acquired by Portuguese explorations and the most recent Spanish dominions. This was a line that ran from pole to pole a hundred leagues west of the islands of the Azores and Cape Verde, creating two immense areas of influence: Spanish to the west and Portuguese to the east. The quarrels between Portugal and Spain to reduce the size of their opponent's areas of influence were only momentarily attenuated with the signing of the Treaty of Tordesillas (June 7, 1494), which fixed a new measure of demarcation: still going from pole to pole, but this time 370 leagues west of the Cape Verde islands.

In early 1514, the Portuguese tried to gain secure access to China's lucrative trade going through Malacca. Unfortunately, the Portuguese embassy to Beijing led by Tomé Pires in 1520 failed and inevitably suffered the Chinese reaction caused by the outrageous adventures of Simão Peres de Andrade along the southern coast of China. The Portuguese reputation of being conquerors had already been known, as Ricci reported a rooted discontent among the Chinese, who were "always afraid of foreigners, especially [those] courageous and warlike, as they easily saw the Portuguese to be, given their armed men and ships which were the largest ever seen. And what frightened them most were large artillery, never seen or heard of in China." [6] In 1554, the commercial traffic between the Portuguese and the Chinese was formally recognized. Macau became the gateway to China and the first stop for Western religious missionaries aiming to reach the Chinese mainland. In the beginning of the second half of the 16th century, Macau recorded the presence of about a thousand Portuguese, as well as a large population of immigrants from India, Malacca, and Africa. The city lay on the "seashore of the province of Quantone [Guangdong], in a strip of land that makes a peninsula of two or three miles in circuit."[7] For Ricci, Macau and the province of Guangdong were just a preview of the whole of enchanting China, which was, as he remarked, "the greatest marvel of natural and supernatural things that can be found in the East."[8] In fact, during his stay, Ricci had the "great desire to go and see the wonders of China, which are much more in the inner land than in these" peripheral and coastal parts [9].

Based in Goa since September 6, 1574, Valignano visited the missions founded by the Society of Jesus in India between 1575-1577. On his way to Japan, he stayed in Macau from the beginning of September 1578 until July 7, 1579. Well aware of the specificity of East Asia, he was able to conceive a careful *modus operandi* designed for colleagues at the Chinese missions. In a memorial composed in February 1582, Valignano exhorted to practice in China the conduct already professed – although sometimes in vain – in the missions of India. He hoped that the young missionaries would be motivated "to learn the Mandarin language, to write and read, and to study the customs and everything that is necessary to be able to attempt this enterprise and please Our Lord; they must not be distracted by other occupations, nor must the Superior of the house distract them by occupying them in other things." [10]

---

[6] P.M. D'Elia S.J., *Fonti Ricciane*, Rome, 1942, vol. I, p. 149, No. 206.

[7] P.M. D'Elia S.J., *Fonti Ricciane*, Rome, 1942, vol. I, p. 149, No. 206.

[8] M. Ricci S.J. to G. Fuligatti S.J., Zhaoqing, November 24, 1585, *Lettere*, p. 111.

[9] M. Ricci S.J. to G. Fuligatti S.J., Zhaoqing, November 24, 1585, *Lettere*, p. 114.

[10] P.M. D'Elia S.J., *Fonti Ricciane*, Rome, 1942, vol. I, p. LXXXIX.

This suggestion was adopted to the letter by both Ruggieri and Ricci, and turned out to be an effective practice. Learning the Chinese language, so much recommended by Valignano, fashioned an essential key to open some significant Chinese doors, including entering the imperial throne room of the Ming Dynasty (1368-1644).

Before arriving in Macau (1579), the Jesuit Michele Ruggieri was appointed to learn the Chinese language in Malabar at the end of November 1578, thanks to his exemplary performances in the study of *lengua tamul* (the Tamil language). Of the epistles Ruggieri left, 14 are still preserved and were sent from China between November 8, 1580, and November 8, 1586. The letters are an exclusive source for understanding how he dealt with the enterprise of studying the Chinese language, even after the arrival of Matteo Ricci in Macau (August 7, 1582). Of the letters, ten were sent to Generals of the Society of Jesus, namely Everard Mercurian (three) and Claudio Acquaviva (seven). This shows how Ruggieri shared exhaustive information on his activity in China between the years 1580-1586, including both missionary duties and language study.

During his years in Macau (1579-1583), Ruggieri's Chinese did not improve very much as he was – according to Ricci – primarily occupied in the relations with the Portuguese and distracted by quite frequent missions in China. Ricci offers unwavering testimony: "This matter started to hold some hope, but it still faced major impediments. One is that the fathers based in Macau were few while the affairs of the Portuguese were many; thus, Father Ruggieri had to put himself in them, to the great detriment of his own matter, which was the study of Chinese language. The other was that he was the only person devoted to this task, and no one could continue his work when he would leave Macau for his missions in Guangdong with the Portuguese, [an absence] that sometimes lasted up to half a year." [11] Ricci thus revealed that the repeated journeys of his colleague, with various difficulties – including, in the first place, the lack of an instructor "who knew how to teach the Chinese language of the court" – were real hindrances. Ruggieri traveled often, not only during his stay in Macau, but also during his more permanent post in China (July 1579-November 1588). On his missions, he always had an interpreter, which denotes a mediocre degree of knowledge of the Chinese language, surely insufficient for independent use. This was also the case on his last journey through the provinces of Guangxi and Huguang, undertaken towards the end of January 1587 and in search of "at least another residence." [12] Noteworthy is a piece Ruggieri wrote in one of the last epistles still preserved, written from Zhaoqing (November 8, 1586): during a stay in Shaoxing, "hardly I had time to eat and recite the prayers and celebrate Mass; all the rest of the time I would converse with

---

[11] P.M. D'Elia S.J., *Fonti Ricciane*, Rome, 1942, vol. I, p. 157, No. 211.

[12] P.M. D'Elia S.J., *Fonti Ricciane*, Rome, 1942, vol. I, pp. 234-236, No. 291.

them and discuss about the holy doctrine of ours; and as there was no interpreter who could speak, I could only speak the language with mediocrity." [13] After seven years of missionary activity in China and two years before returning to Rome, Ruggieri himself evaluated his own knowledge of the Chinese language at this level [14]. According to Ricci, Ruggieri's old age and inability of learning the language prompted, among other things, Valignano to send Ruggieri to Rome to promote a papal embassy to the Chinese imperial court. Ricci wrote: "Because Father Ruggieri was already old and could not learn the Chinese language, [Valignano] took this good opportunity to send him to Europe" [15] and thus "to increase the authority of the Fathers based in Sciaochino [Zhaoqing] (...) which was necessary for the mission of preaching our Holy Faith." [16] An achievement of Ruggieri's effort of learning the "language and letters" of China is still preserved in the Roman Archives of the Society of Jesus (*Japonica Sinica* I 198, ff. 32r-156r): a *Portuguese-Chinese Dictionary*, as titled by Pasquale D'Elia, who discovered it in 1934. The manuscript, published in a facsimile edition more than twenty years ago[17] and widely studied[18],

---

[13] M. Ruggieri S.J. to C. Acquaviva S.J., Jesuit General, Zhaoqing, November 8, 1586, in P. Tacchi Venturi S.J., *Opere Storiche del P. Matteo Ricci S.I. Le lettere dalla Cina*, Macerata 1913, vol. II, pp. 447–448.

[14] F. D'Arelli, *Michele Ruggieri S.J., l'apprendimento della lingua cinese e la traduzione latina dei Si shu (Quattro Libri)*, in "Annali [dell'] Istituto Universitario Orientale di Napoli," 54, pp. 479–487.

[15] P.M. D'Elia S.J., *Fonti Ricciane*, Rome, 1942, vol. I, pp. 249–250, No. 303.

[16] P.M. D'Elia S.J., *Fonti Ricciane*, Rome, 1942, vol. I, p. 248, No. 303.

[17] M. Ruggieri, M. Ricci, *Dicionário português-chinês/ Portuguese-Chinese Dictionary*, edited by J.W. Witek, Lisbon-Macao-San Francisco, 2001.

[18] P.F.-M. Yang, *The Portuguese-Chinese Dictionary of Matteo Ricci: a historical and linguistic introduction, in Proceedings of the Second International Conference on Sinology, Section on Linguistics and Paleography*, Taipei, 1989, vol. I, pp. 191–241; R. Zamponi, *Per una nuova immagine del dizionario portoghese-cinese attribuito a Ricci e Ruggieri, Humanitas. Attualità di Matteo Ricci: testi, fortuna, interpretazioni,* edited by F. Mignini, Macerata 2011, pp. 65–101; C. Assunção, S. Neto and G. Fernandes, *The first Portuguese-Chinese dictionary: Contributions to the discussion of the context of production and authorship*, in "Beiträge zur Geschichte der Sprachwissenschaft", 29, 2019, pp. 49–70.

is the work of Ruggieri and Ricci. According to many[19], the two Jesuits composed it in Zhaoqing between 1583 and 1588. Other scholars, as claimed with well-founded arguments a few years ago, speculate that the dictionary was compiled in Macau between the second half of 1582 and the first half of 1583. Ruggieri and Ricci wrote the headwords of the letters D-Z (ff. 72r-156r) and those of the letters A-C (ff. 32r-66v), respectively, while a Chinese scribe designed the elegant strokes of the characters. There are also additions by a non-Chinese hand. Raoul Zamponi noted in a terse and essential essay that the dictionary was "a didactic tool conceived by Ricci and Ruggieri but probably also used and integrated by other (European) missionaries of the college of Macau. That is to say, the dictionary was a lexical work of reference *in fieri*, very likely destined to a larger group of Jesuit confrères than to the exclusive use of the two Italians, who could have instead simply – and more reasonably – drawn up a *lemmario* (list of entry words) with headings in their own mother tongue. Even from the point of view of a collective work, we need to credit the contribution of those who traced on the papers, in Chinese characters, the translations of the lemmas and of those who indicated to Ruggieri the pronunciation of the written characters." [20]

Ricci's study of the "language and letters" of China was undoubtedly more profitable. In addition to his innate talent, he enjoyed the favorable circumstances of not being distracted from the "affairs of the Portuguese" and by frequent travel. In one of his epistles from Canton (November 30, 1584), Ricci reported to General Acquaviva the progress made by himself and Ruggieri in the study of the Chinese language. Ricci did not fail to delicately distinguish himself from his colleague: "We are very advanced in the language, and it seems to me that I can already both confess and preach." [21] With subdued satisfaction, he wrote in 1585 to his confrère Ludovico Maselli how much he was adapting himself to the *modus vivendi* of the Chinese, advantaged above all by his ability in the language. Ricci sensed how only dexterity in language would facilitate the more natural *accommodatio* in China: "I am accommodating [adapting]... and every day I improve, because I already speak the language fluently." Valignano and Ricci's orientation towards the practice of the Jesuits in China was then determined. An emblematic decision was taken in mid-November 1594, when the superiors decided to "banish the name *bonzo*" (bonze), evidently Buddhist and used during the years of Ruggieri (since 1583). Additionally, the Jesuits decided to wear the "dress, which is proper to the literati" or the Confucians. Ricci arrived at this radical change of conduct gradually and primarily thanks to the systematic study of the texts of the Confucian canonical tradition. In his *ante mortem* manuscript *Della entrata della Compagnia di*

---

[19] R. Zamponi, *Per una nuova immagine*, pp. 81–85.

[20] R. Zamponi, *Per una nuova immagine*, p. 67.

[21] M. Ricci S.J. to C. Acquaviva S.J., Jesuit General, Canton, November 30, 1584, *Lettere*, p. 93.

Giesù e Christianità nella Cina (On the entry of the Society of Jesus and Christianity into China), the fifth chapter of the first book, *Delle arti liberali, scientie e gradi che nella Cina si danno*, Ricci wrote with his usual accuracy: "Confucius assembled four ancient books and also made the fifth by his own hand, which are called the *Five Doctrines*. They treat either of the things well done in the government by the ancients, or are about the rites and ceremonies of China. In addition to the *Five Doctrines*, three or four authors collected various moral precepts in what we could call [a] random order and produced a highly esteemed book, which they call *Four Books*. These nine are the oldest books in China which contain almost all the letters [Chinese characters], and from which the others have flowed." [22] The *Four Books*, in Chinese *Sishu*, are a corpus of texts of the Confucian tradition, consisting of the *Great Learning* (*Daxue*) and *Doctrine of the Mean* (*Zhongyong*) – which were, respectively, already chapters 42 and 31 of the *Classic of Rites* (*Liji*) – along with the *Analects* (*Lunyu*) and the *Works of Mencius* (*Mengzi*). According to the *History of the Song* (*Songshi*), the origin of the collection dates back to the Cheng brothers (11th-12th centuries), in the sense that they were the first to consider these texts essential for every Confucian. The collection was then elevated to the same rank of importance as the *Five Classics* (*Wujing*), or, as Ricci wrote, *Five Doctrines*: an ancient textual collection of the Confucian tradition that was canonized in the 2nd century BCE. In 1190, Zhu Xi (1130-1200) was the first to publish an edition of the *Four Books*, but entitled *Four Masters* (*Sizi*), crowning a period of fifty years of studies and interpretations. From the *Four Books*, the source of Confucian doctrine and almost a sort of *ratio studiorum* or *via philosophica*, Zhu Xi established the immutable order: for young people, the collection worked as a progressive pedagogical way; for scholars, it represented the path of the gradual unveiling of the hidden yet immediate truth. In the cultured and philosophical circles of imperial China, Zhu Xi's exhortation was widely accepted, and it was suggested to first read the *Daxue* to take the Confucian path, then the *Lunyu* to establish the Confucian foundations, thirdly the *Mengzi* to refine the Confucian practice, and finally the *Zhongyong* to unveil the inaccessible mysteries of the ancient sages. The influence of the *Four Books*, and particularly Zhu Xi's commentary, was so pervasive that in 1313 the court of the Yuan Dynasty (1279-1368) issued a decree which defined these Confucian books as compulsory textbooks for candidates for the civil service examinations. The collection retained an undisputed authority until the end of the Qing Dynasty (1644-1911).

Ricci immediately understood that the *Four Books* were the fundamental corpus both Confucian philosophical tradition and of the learning curriculum of the Chinese. Since the *Four Books* contained "almost all letters" and showed the way of natural adaptation, Ricci soon applied himself to reading and studying them, although he complained on several occasions about the absence of a mentor, of a "good teacher". Residing in Nanchang starting in the end of June 1595, he informed General Acquaviva thoroughly about the Chinese examination system in November of the same year. Ricci

---

[22] P.M. D'Elia S.J., *Fonti Ricciane*, Rome, 1942, vol. I, pp. 42–44, Nos. 61–62.

claimed the system was "based upon the *tetrabiblio* [his way of referring to the *Four Books*], a moral book, including six ancient doctrines. Each student [taking the exam] chooses one in which he becomes very proficient, since he can be asked and examined only about the doctrine of his choice. As we attempt to prove the deeds of our holy faith through books, in these years I have been asking good masters to teach me about the *Four Books* and the six ancient doctrines." [23] Ricci very likely found these "good masters" teach him about the *Four Books* while in Zhaoqing between 1584 and 1587. He then read the collection to the Portuguese Jesuit António de Almeida, who lived in Zhaoqing between August 1588 and August 1589. Ricci's interest in the *Four Books* and, more generally, in the *Five Classics* (*Wujing*) intensified between 1592-1595, when he enacted his intention to present himself to the Chinese as a "Chinese literatus". This metamorphosis was authorized by Valignano himself towards the middle of November 1594, while it gradually matured along Ricci's "experience of the land", as recounted by the Jesuit himself. Almost a year later, Ricci reported many details of his new approach in the aforementioned letter to General Acquaviva: "I too – having learned from my experience in this land, that to achieve any success, one must carry oneself with gravity and authority – had a silk robe made for formal visits upon leaving the city of Sciaoceo [Shaozhou], as well as others for ordinary occasions. The ones for formal visits, worn by learned and important people, are made of dark purple silk with very wide and open sleeves; on the hem by the feet a strip of very light turquoise-blue silk, half a palm wide, all around, and the same strip on the sleeves and the collar, reaching down to the waist. The belt is also made of the same fabric as the dress, and then two pendants hang down to the ground, like those worn by our widows. The shoes are also made of silk with some embroidery; the cap has some resemblance to that of our bishops; and whether at the start of a friendship or at formal celebrations or when visiting those in official positions, the Chinese go dressed in this robe, and the visited person also always wears a similar robe or one suited to their rank, which [following this custom] made me gain much authority. (...) In addition to that, we decided to abolish the name 'bonze', with which we have been called until now in this kingdom, as it is usual for them to refer to friars, but in a very low-ranking way; for in China there are three main sects, and that of the bonzes – who do not take wives and remain in the temples worshipping idols – is the lowest because it consists of poor and uneducated people. And although they profess virtue, they are likely the most immoral of all; in fact, especially the governors not only are of the opposite sect, but they do not respect these bonzes at all. And because they, too, shave their hair and beard, keep altars, and live in temples without taking wives, they easily assumed that we belonged to the same sect and that, among our people [in Italy], we are regarded in the same way as the bonzes are among them [in China], and because of this, despite our efforts to gain authority, many make fun of us, and the literati do not want to grant us the position that best suits us. For this purpose, by order of the

---

[23] M. Ricci S.J. to C. Acquaviva S.J., Jesuit General, Nanchang, November 4, 1595, *Lettere*, p. 315.

father visitor, and in addition to wearing this robe, which is typical of the literati, we let our beards grow, and mine grew very long in just a few months, and we have people address us in the same way as the local masters, not out of reverence, but out of social status, and we built a reputation as theologians and preachers, as well as literati, very well learned just like them. And in this way, they will grant us access [to the highest levels of the society] and an appropriate social status; and now they [already] wish to engage with us because no gentleman associates closely with a bonze, not only in Nanjing but also throughout this entire city. Having put all of this into practice, few now call or speak to us with the disparagement shown to bonzes." [24]

Since 1593, Ricci's epistles abounded with references to the "*Four Books* by four very good philosophers and good moral documents." [25] Furthermore, the undisputed relevance of the *Four Books* and the *Five Classics* in the Chinese learning curriculum led Ricci to declare without hesitation that the new missionaries, once "familiar (...) with the *Four Books* of the literati of China and one of the *Five Doctrines* (...) [–] which is what a Chinese man of letters usually hears in school [–], (...) would accomplish the course of their study. For it would leave nothing lacking but devoting themselves to composition." [26] Following this approach, Ricci gave lessons to his Italian brother Francesco de Petris (1562-93), who arrived in Shaozhou at the end of December 1591. On December 10, 1593, Ricci then wrote to General Acquaviva that he had spent the entire year studying and remarked: "I finished reading to my confrère the *Four Books* of four very good philosophers, as the literati of China are used to do in terms of moral learning." [27] This led to the idea of the making of a Latin translation of the *Four Books*; a wish of Visitor Valignano, who, returning from Japan, met Ricci himself in Macau at the end of 1592. Valignano had personally entrusted Ricci with this translation, as we can read in the aforementioned epistle of December 10, 1593, addressed to the General of the Order: "Father Visitor makes me translate these [*Four Books*] into Latin to support me in the process of composing a new catechism." [28] We can guess that Ricci returned to Shaozhou from Macau in the second half of February 1593 and began the Latin translation of the *Four Books*. By December 10 of that year, he had "already finished the first three books, leaving only (...) the

---

[24] M. Ricci S.J. to C. Acquaviva S.J., Jesuit General, Nanchang, November 4, 1595, *Lettere*, pp. 308–309.

[25] M. Ricci S.J. to C. Acquaviva S.J., Jesuit General, Shaozhou, December 10, 1593, *Lettere*, p. 184.

[26] P.M. D'Elia S.J., *Fonti Ricciane*, Rome, 1942, vol. I, pp. 330–331, no. 424.

[27] M. Ricci S.J. to C. Acquaviva S.J., Jesuit General, Shaozhou, December 10, 1593, *Lettere*, p. 184.

[28] M. Ricci S.J. to C. Acquaviva S.J., Jesuit General, Shaozhou, December 10, 1593, *Lettere*, p. 184.

fourth." [29] He finally completed the work by November 15, 1594. In other words, Ricci translated the *Four Books* into Latin between the second half of February 1593 and November 15, 1594. In 1594, although the Latin text still needed improvements in form, the *Four Books* were already accompanied by a "commentary for greater clarification of the things that are treated in the rest [of the book]."[30] In the end, the work was so useful for understanding the books "with little help of a master" that each missionary used to copy it for himself[31]. In early December 1593, Ricci promised General Acquaviva a copy of the translation. This was an intention that, although affirmed to his confrère Fabio de Fabii in an epistle of November 15, 1594, remained unrealized in 1597, as Ricci wrote to the Jesuit Lelio Passionei: "To this book, which I call *Tesserabiblio* for being a collection of four books, we have spent ourselves a lot, and some years ago I turned it into Latin and made some clarifications that are very useful to our people, who still learn from this book. I do not doubt that in Europe it will be esteemed, but I had no time yet to transcribe [it and send] it to Father General as I intended."[32] Two years later, Ricci assured that Visitor Valignano "had it transcribed for his [mission in] Japan where the same books are studied, but not for Europe, where perhaps he would be grateful to see such a work. I scarcely was able to write a book for myself, not to mention transcribing a book to send to others. I have no such time in this land. That is why I do not send it to him: *maneat haec cura nepotes* (may this duty await future generations)." [33] It remains unknown whether he ever found time in the remaining 11 years of his life in China. Giulio Aleni S.J. (1582-1649), a missionary active in China from 1610 to his death, wrote in his Chinese biography of Ricci, entitled *Life of Master Ricci*, Xitai *of the Great West* (*Daxi xitai Li xiansheng xingji*) and published in 1630: "Matteo Ricci then attempted to translate the *Four Books* of China into a European language [i.e., Latin] and sent it to his homeland. His compatriots read those books and appreciated them, because the Chinese classics were able to investigate the great origin, without misunderstanding its Lord." [34] Unfortunately, the source of this reference is still difficult to verify.

---

[29] M. Ricci S.J. to C. Acquaviva S.J., Jesuit General, Shaozhou, December 10, 1593, *Lettere*, p. 184.

[30] M. Ricci S.J. to C. Acquaviva S.J., Jesuit General, Shaozhou, December 10, 1593, *Lettere*, p. 184.

[31] M. Ricci S.J. to G. Costa S.J., Nanjing, August 14, 1599, *Lettere*, p. 364.

[32] M. Ricci S.J. to L. Passionei S.J., Nanchang, September 9, 1597, *Lettere*, p. 349.

[33] M. Ricci S.J. to G. Costa S.J., Nanjing, August 14, 1599, *Lettere*, p. 364.

[34] G. Aleni S.J., *Vita del Maestro Ricci, Xitai del Grande Occidente*, edited by G. Criveller, Brescia, 2010, p. 45.

The study and translation into Latin of the *Four Books* earned Ricci such expertise in the Chinese language that great fame soon spread: "He could speak of everything in that [Chinese] language and give an account of the things of our land, in what they are similar and dissimilar, of habits and clothes."[35] Additionally, the Latin translation, so desired by Visitor Valignano to "help me [Ricci] compose a new catechism (...) in that language [Chinese], " [36]earned Ricci an exceptional competence in Chinese writing to the point that his major works in Chinese dated from 1595 onwards. Among these are worth mentioning *Treatise on Friendship* (*Jiaoyou lun*, 1595), *The Western Art of Memory* (*Xiguo jifa*, late 1595 or early 1596), *Treatise on the Four Elements* (*Sixing lun lüe*, circa 1600), *Eight Songs for Western Manichord* (*Xiqin quyi bazhang*, circa 1607), *True Meaning of the Lord of Heaven* (*Tianzhu shiyi*, 1603), *Twenty-five Words* (*Ershiwu yan*, 1604), *Doctrine of the Lord of Heaven* (*Tianzhu jiaoyao*, 1605), *Remarkable Examples of Western Writing* (*Xizi qiji*, January 9, 1606), and *Ten Paradoxes* (*Jiren shipian*, early 1608) [37].

By then Ricci dressed in "dark purple silk with very wide and open sleeves," an outfit worn for solemn visits of "learned and important" people. He would be extremely proficient in both "language and letters" of China and was ready to enter Beijing, introduced, above all, by the widespread fame according to which "of the things of mathematics, they believed there is none more expert than me. And in truth, if China were the whole world, [they] would undoubtedly address me as the greatest mathematician and natural philosopher, (...) because they all devoted themselves to the morality and elegance of speaking, or to put it better, of writing." [38]

---

[35] M. Ricci S.J. to C. Acquaviva S.J., Jesuit General, Nanchang, November 4, 1595, *Lettere*, p. 315.

[36] M. Ricci S.J. to C. Acquaviva S.J., Jesuit General, Shaozhou, December 10, 1593, *Lettere*, p. 184.

[37] See A. Dudink and N. Standaert, *Chinese Christian Texts Database* (*CCT-Database*) (http://www.arts.kuleuven.be/chinese-studies/english/cct), KU Leuven, Belgium.

[38] M. Ricci S.J. to C. Acquaviva S.J., Jesuit General, Nanchang, November 4, 1595, *Lettere*, p. 316.

怀着忐忑不安的心情和对在中国传教的渴望，利玛窦于1582年8月7日抵达澳门，他肩负着范礼安给予的使命。范礼安自1573年以来一直在印度传教，是东亚耶稣会的杰出战略家。带着他的期待，利玛窦来到澳门，学习亚洲最难也是对他们而言最奇怪的语言——中文。只有在学会了中文之后，他才能小心翼翼地进入威震天下的中华王朝。

他沉浸在令人筋疲力尽的语言学习中，这是他在果阿学习神学时（1578—1581年）就已经表现出来的一种性格。正如他在1581年11月25日写给罗马耶稣会总会长克劳迪奥·阿夸维瓦的信中所说，他很清楚“这是长上们的意愿，也就是天主的意愿”[1]。中国是另一个世界，与其他世界不同，以至于利玛窦经常说，“没有亲眼得见的人是不会完全知道的”，并只推荐天选之人来完成这个使命——那些“最具善心”[2]的人。

按照前人的惯例，利玛窦经马六甲从海路登陆澳门，耗时一个多月，这险些要了他的命——“天主让一场重病光顾了我，让我在旅途中一病不起，但当我登陆后天主又恩赐我恢复了健康”[3]。当时，人们主要通过海路长途跋涉到达东方，这要归功于葡萄牙人的足智多谋，他们刚刚开辟了通往西方的亚洲航线。

土地如此仁慈，它奇迹般地使利玛窦痊愈了。在过去的几个世纪中，这条路被走过了无数遍，似乎这是从欧洲到达东方的唯一可能的路径，利玛窦不知道他的前人在广袤无垠的欧亚大陆上旅行了多久。事实上，包括游牧民族和农民在内的各色人等都踏上过这些土地，传播神祇和宗教信仰、买卖精美的日用品。这种物品、传统和人员的流动可以追溯到很久之前，在史料中时常出现，以及很多不寻常之事。最近的考古发现进一步扩展了这条道路的时空界限。从东到西和从西到东的陆路不仅出于贸易目的，而且为了扩张、军事征服以及宗教宣传。道路上到处都是旅行家们走过的印记，他们的一言一行充实了这些地方的历史。

公元前2世纪之后，外交官、士兵和商人就能轻松地在欧亚大陆上自由通行。事实上，正如朱塞佩·图齐在半个多世纪前研究商队路线上硕果累累的思想和货物交流时说的那样：“……在古代，这里交流频繁，在商队驿站和商铺，在一个个不眠之夜，在露营地的灯光下，旅行家不仅关注那些商品，而且还关注宗教、寓言、传说、神话和思想，这些东西广为流传，被人记录下来。这些故事来自远方，被文字记录、广泛传播，内容也在不断变化。”[4]

思想远比单纯物质的东西富有变化，精神和宗教体验能激发人们的热情和情感。例如，玄奘是一个佛教僧侣、意志坚定的朝圣者、活跃在唐代（618—907年）初期的学者和翻译家。他跋山涉水几十年（629—645年），到达佛教圣地，网罗经典，并与高僧们一起学习。玄奘的史诗之旅记载在《大唐西域记》中，这是7世纪上半叶关于中亚和南亚最有价值、内容最为丰富的史料之一。玄奘有幸生活在一个辉煌的时代——唐朝，都城长安（今西安）聚集了大批的外国人。这座城市长期以来魅力不减，正如薛爱华的高见那样：“这些外国人，或出于好奇，或雄心勃勃，或唯利是图，或身不由己，来到这里。”[5] 在这个时期，宗教人士从波斯来到这里，宣扬、传播信仰，包括拜火教、摩尼教和基督教（即“景教”）。635 年，当阿罗本到达长安时，基督教开始在中国出现。基督教社团的主要活动被记录在 781 年宗教人士景净的碑刻《大秦景教流行中国碑》上。这块碑是 1623—1625 年间，一位正在耕地的农民在长安附近的周至偶然发现的。这条消息很快被李之藻（1565—1630 年）得之，他是一位儒雅的学者，也是利玛窦在朝中最有影响力的朋友之一。李从他的朋友张赓虞那里得到了这个消息，张还送来了碑文的拓片。连同一篇后记，李于 1625 年 6 月 10 日将碑文发表于众，题为《读景教碑书后》。随后，中国的耶稣会传教士和欧洲的耶稣会学者展开了讨论，他们彼时正在等待《中国近事》的出版。葡萄牙耶稣会士阳玛诺（1574—1659 年）以其著作《景教流行中国碑颂正诠》为碑文展开了中文评注工作。这本书于 1644 年在杭州出版，其中包括他在 1641 年 3 月 25 日写的序言。17 世纪的欧洲出版了许多碑文的翻译，诸如保存在耶稣会罗马档案馆中的 1625 年拉丁文手稿（1902 年由夏鸣雷出版）、1631 年在罗马出版的意大利文《在中华帝国发现刻有铭文的古老石头》和耶稣会士阿塔纳斯·珂雪和巴托利的作品，以及像曾德昭（1586—1658 年）、何大化（1592—1677 年）、卜弥格（1656—1730 年）这样的在华传教士的著作，曾德昭是第一个看到石碑的欧洲人（1628 年）。碑文详细叙述了 635—781 年间，中国基督教群体的历史事件，包括教义问题，并揭示了社会等级的状态和宫廷礼仪。

从 1421 年起，葡萄牙开始了对非洲西海岸的大规模探索，这项事业源自马可·波罗（1254—1324 年）的远航传奇故事。由于长期与西班牙王室不和，葡萄牙王室推进了对非洲的探索和征服，于 1487 年绕过了好望角，并将这条新航线与已知的通往印度的海上航线连接起来。然而，西班牙王室无比聪明，特别是伊莎贝拉女王，她富有好奇心，是克里斯托弗·哥伦布的狂热支持者，这些引起了海外探索的变革。在哥伦布发现美洲大陆（1492 年 10 月）后，西班牙国王斐迪南和女王伊莎贝拉获得了教皇亚历山大六世的诏书《教皇亚历山大六世给西葡两国颁下诏令》（1493 年 5 月 4 日），决定了西葡两国所获得领地的界线。这条线划在亚速尔群岛和佛得角群岛以西 100 里格的地方，连接两极，以西属西班牙，以东属葡萄牙。1494 年 6 月 7 日，西葡两国签订了《托尔德西里亚斯条约》，确定了新的界线，但这只是暂时缓和了矛盾。新界线仍然连接两极，但是是在佛得角群岛以西 370 里格的地方。

1514 年初，葡萄牙人试图通过马六甲进入中国，打通利润丰厚的贸易路线。但是，1520 年托梅·皮列士领导的“葡萄牙驻北京大使馆”计划失败了，中国政府也对安德拉斯在中国南部沿海的无耻行为做出了反应。葡萄牙人作为征服者早已扬名海外，正如利玛窦所介绍的那样，中国人的不满情绪根深蒂固，他们“对外国人总是猜疑的，尤其是那些勇猛好斗的民族，而他们一向觉得葡萄牙人就是如此。葡萄牙人的船只规模和装备都是异乎寻常的，他们前所未有的巨炮，最让中国人感到恐惧”[6]。

1554 年，葡萄牙人和中国人之间的商业往来得到了合法化。1557 年，澳门成为通往中国的通道和西方传教士进入中国内地的第一站。据记载，在 16 世纪下半叶初，澳门有大约 1000 名葡萄牙人和大量来自印度、马六甲和非洲的移民。这座城市位于“广东省的海滨，在一个两到三英里的环形半岛上”[7]。对利玛窦来说，澳门和广东省只是迷人中国的一个缩影，正如他所说，“在东方有一个这样令人不可思议的地方，在这里不仅有自然的东西，还有超自然的东西”[8]。事实上，在他逗留期间，利玛窦“梦寐以求去见识一下中国的那些神奇之处，而在这方面内地要比”他所在地的周边和沿海地区“好得多”[9]。

范礼安自 1574 年 9 月 6 日起在果阿定居，他参观了耶稣会在 1575—1577 年间在印度建立的传教会。在前往日本的途中，他于 1578 年 9 月初至 1579 年 7 月 7 日留居澳门。他深知东亚的特殊性，因此能为在华传教士们精心设计工作方法。虽然有时是徒劳的，在 1582 年 2 月撰写的一份备忘录中，他劝告要在中国实行在印度传教时所宣传的教义。他希望年轻的传教士“学习汉语、写作和阅读，研究习俗和一切必要的东西，以便能够践行这项事业，达到上主的要求。他们不能被其他事情分散注意力，主教们也不能要求他们做其他事情，分散他们的注意力”[10]。这一建议被罗明坚和利玛窦完全采纳，并被证实是有效的。最终，耶稣会因此改革。范礼安极力推荐学习中文，这是解答中国很多奥秘的关键，包括进入明朝（1368—1644 年）的内朝。

在抵达澳门之前（1579 年），由于在学习泰米尔语方面的杰出表现，耶稣会士罗明坚于 1578 年 11 月底被派往马拉巴尔学习中文。在他留下的书信中，有 14 封保存完好，是在 1580 年 11 月 8 日至 1586 年 11 月 8 日之间从中国寄出的。甚至在利玛窦来到澳门（1582 年 8 月 7 日）之后，这些信件也是了解他如何学习中文的唯一来源。在这些信件中，有 10 封是寄给耶稣会总会长们的，即埃弗拉德・迈居利埃（3 封）和阿夸维瓦（7 封）。他分享了他在 1580—1586 年间在中国详细的活动情况，包括传教和语言学习。

在澳门期间（1579—1583 年），罗明坚的中文水平并没有多大提高。正如利玛窦所说，他主要忙于处理与葡萄牙人的关系，并被频繁的传教任务分散了注意力。利玛窦说：“这件事逐渐有了转机，但仍然面临着巨大的障碍。其一，澳门的神父很少，而葡萄牙人的事情却不断。因此，罗明坚不得不处理这些琐事，而这极不利于他自身的事业，即研究中国。其二，他是唯一一个致力于这项事业的人，当他离开澳门与葡萄牙人一起前往广东传教长达半年之久时，没有人继承他的事业。”[11] 利玛窦说他游行不断，遇到各种困难，包括缺少一个“知道如何教宫廷中文”的老师，这是真正的障碍。他到处游行，不仅是在澳门逗留期间，而且是在中国长期任职（1579 年 7 月至 1588 年 11 月）期间。当他传教时，总有一个翻译陪同，这说明他中文一般，使用起来捉襟见肘。他于 1587 年 1 月底在广西和湖广的最后一次游行也是如此，此次是为了寻找“另一个寓所”[12]。值得注意的是，罗明坚一封写自肇庆的书信（1586 年

11月8日）中写道：在绍兴逗留期间，“我几乎没有时间吃饭、背诵祷文和做弥撒，我都在和他们交谈，讨论我们神圣的教义。因为没有翻译，我只能通俗易懂地说”[13]。罗明坚在中国传教七年，在回到罗马前两年，他如此评价自己的中文水平[14]。根据利玛窦的说法，罗明坚年纪大了，学习不了中文，这促使范礼安将其派往罗马，推动教皇向中国派遣大使。利玛窦写道：“因为罗明坚神父年事已高，不能学习中文，（范礼安）就借着这个好机会把他送回欧洲去”[15]，从而“增强肇庆神父们的权威，这是我们布道时所必需的。”[16]《葡汉字典》，这一罗明坚努力学习中国“语言文字”的成果至今仍保存在耶稣会罗马档案馆中，由德礼贤于1934年发现。这份手稿在20多年前被复印出版[17]，并被广泛研究[18]，是罗明坚和利玛窦的作品。很多人认为[19]，这是两位耶稣会士在1583—1588年间在肇庆写成的。几年前，一些学者提出了有充分根据的论点，推测该词典是1582年下半年至1583年上半年在澳门编纂的。罗明坚和利玛窦写下了D—Z的词目和字母A—C，而一位中国书吏设计了优雅的笔画。也有人认为，没有中国人参与其中。拉乌尔·赞波尼在一篇简短而重要的文章中指出，词典是“利玛窦和罗明坚构思的一种教学工具，但也被澳门学派的其他欧洲传教士使用和整合。也就是说，这本词典是一本不断完善的词汇参考书，注定要供更多的耶稣会会友使用，而不是只限于这两个意大利人。他们本可以更简单合理地用自己的母语编写一份词条表。即便把它看作是一份集体作品，我们也需要赞扬那些用中文记录词根翻译的人，以及那些指导罗明坚发音的人。”[20]

利玛窦对中国“语言文字”的研究无疑更为顺利。除了他的天赋之外，他还没有“葡萄牙事务”和频繁旅行的烦恼。在一封书信中（1584年11月30日），他向总会长阿夸维瓦报告了他和罗明坚在中文研究方面取得的进展。他将他二人区分开来：“在语言方面我们进步很大，我认为我已经可以做告解和布道了。”[21]他在1585年给他的朋友马塞利的信中说，他适应了中国人的委婉性格，而他的语言能力是他最大的优势。他意识到，在中国，只有语言上灵活应变，才能做到适应：“我正在适应……而且我每天都在进步，我已经说得很流利了。”范礼安和利玛窦由此可以在中国顺利地开展耶稣会的传教活动。1594年11月中旬，主教们做出一个标志性的决定，“放弃bonzo（僧人）这个称谓”，这个名字显然是佛教的，在罗明坚时期（自1583年以来）使用。此外，耶稣会士决定穿“文人的服装”，或者说，儒家的服装。利玛窦最终实现了上述改变，这主要归功于他对儒家经典的系统研究。他在他的临终手稿《耶稣会与天主教进入中国史》第一卷第五章节《关于中国的人文科学、自然科学和中国的学位》中他准确地写道：“孔子曾重订过四部古书，又亲手写了一部，合称《五经》，其中所涉及的或是古代统治者的德行，或是记述这些德行的诗歌，或是中国的礼法，或是一些警世的训诫。除《五经》之外，有三四位作者辑录了很多道德箴言，并编纂成书，受到人们的青睐，这些书被合称为《四书》。以上九部书是中国最古老的书籍，而其他的书都是由此衍生出来的，这九部书中几乎包括了中国所有的文字。”[22]《四书》是儒家传统文本的语料库，包括《大学》（《礼记》第四十二章）、《中庸》（《礼记》第三十一章）、《论语》和《孟子》。据《宋史》记载，这些典籍的起源可以追溯到程颢、程颐两兄弟（11—12 世纪），因为他们率先认为这些典籍对儒家是必不可少的。后来，它的重要性被提升到与《五经》平起平坐的地步。《五经》是古代儒家经典的合集，于公元前 2 世纪被封为圣典。1190 年，朱熹（1130—1200 年）首先出版了《四书》，但书名为《四子书》，为他 50 年的研究和解释画上了句号。《四书》是儒家学说的来源，几乎是一种理性科学和哲学之路，朱熹由此建立了不变的教条——对年轻人来说，这是一种进步的受教育方式；对于学者来说，它揭示了隐晦而又现实的真理。朱熹的劝导被传统中国的文化哲学界广泛接受，首先读《大学》走儒家道路，其次读《论语》建立儒家基础，接着读《孟子》深化儒家实践，最后读《中庸》揭开古代圣贤不可解的奥秘。《四书》的影响，尤其是朱熹的注解，是如此巨大，以至于元朝（1279—1368 年）于 1313 年颁布了一项法令，将这些儒家经典规定为公务员考试的必修教材。它们直到清朝（1644—1911 年）末期都保持着无可撼动的权威。

利玛窦很快明白，《四书》是儒家传统哲学和中国人学习的基本语料库。由于《四书》包含了“几乎所有的汉字”，学起来也容易实现水到渠成，他很快投入到阅读和研究中，尽管他屡次抱怨没有指导，没有“好老师”。他于 1595 年 6 月底开始在南昌定居，并于同年 11 月向阿夸维瓦详细地介绍了中国的科举制度。他声称这个体系是“以《四书》为基础的，还有六部古老的经典。每一位学生都要在其中选择一经，潜心研习，因为考试与提问的时候，只涉及他自选的那一经。在以往这些年中我请了一些优秀的老师，他们除讲授我《四书》外，还有全部六部经典”[23]。利玛窦很可能是在 1584—1587 年在肇庆期间，找到这些“优秀的老师”教授他《四书》的。接着，他把这些经典读给葡萄牙耶稣会士麦安东听，后者在 1588 年 8 月至 1589 年 8 月居住在肇庆。利玛窦对《四书》，更广泛地说，也包括《五经》的兴趣在 1592—1595 年间增强，当时他打算以“中国文人”的身份出现在中国人面前。1594 年 11 月中旬，在范礼安的支持下，利玛窦开始了他的“入乡随俗”。大约一年后，利玛窦在给阿夸维瓦的信中介绍了他这一新方法的许多细节：“根据我在中国积累的经验，为了取得一些成果，必须要穿着体面，而且还要有威仪。因此在离开韶州的时候，我做了一身绸缎的衣服，以备正式拜访所用，此外还有几身供平时穿用。那身正式场合的礼服是中国文人和大人物们穿用的，深红色的绸缎长袍，袖子非常宽大，袖口敞开，在下摆上有一道半掌宽的宝石蓝色绸边，十分鲜明，这样的边在袖口和领口也有，一直延至腰带。腰带与衣服是同样的材质，腰带上还垂下两条带子，一直到地，就像我们那里寡妇的衣服。鞋子也是丝制的，做工精细。帽子的形状有些像我们主教的方帽。当中国人在会友、重大节日，或与官员见面时，就穿这样的衣服，而被访者也要穿同样的衣服或符合其身份的衣服出来相见。这身衣服使我很有威仪。韶州的郭居静神父做了同样的衣服，与当地人交往，这也是我们的命令。此外，我们还决定放弃僧人这个称谓，此前在中国大家都是这样称呼我们的，僧人就如同我们的修士，但却是一个很低贱的概念。中国有三个主要的教派，其中和尚的那个教派是不能娶妻室的，要在寺庙中敬拜偶像，地位十分低下，因为他们都是些穷人，不能读书识字。尽管他们也以修德为业但或许比任何人都堕落。尤其是那些官员士大夫，他们秉承的教派与和尚截然不同，根本不重视这些和尚。由于这些和尚要剃去须发，设立祭台，在庙宇中生活，不娶妻室，人们很容易认为我们与和尚同属一个教派，而我们在自己国家的地位与那些和尚在这里是一样的，因此那些文人们不愿给予我们适当的地位。在视察员神父的命令下，我们除了换上文人的服装外，还蓄起了胡子，仅仅几个月的时间，我的胡子已长得很长了。我们让家里的人不要再以师徒之名称呼我们，而要以主仆之名称呼，我们要以神学家或布道学者的名声出现在世人面前，就像他们的文人那样，这样他们就会让我们进门，还会以礼相待。他们已愿意与我们交往，但没有一位绅士愿意亲切地与一个和尚讲话，不只南京这样，在南昌这里也是一样。自从我采取了这项措施之后，已经很少有人称呼我们和尚或以对待和尚的方式与我们讲话了。”[24]

自 1593 年以来，利玛窦的书信中大量提到“《四书》，其作者是四位相当出色的哲学家，其内容是优秀的关于道德的文献”[25]。此外，《四书》和《五经》在中国教育中无可争议的基础性地位使利玛窦无比相信，新传教士一旦“熟悉中国文人常提及的《四书》和《五经》之一，他们就算成功学会中文了。因为这样他们就什么都不缺了，只需要全身心地投入到传教中去就行了”[26]。按照这种方法，利玛窦给他的意大利教友石方西（1562—1593 年）上课，后者于 1591 年 12 月底到达韶州。1593 年 12 月 10 日，利玛窦写信给阿夸维瓦，说他花了一整年的时间学习，并说：“我已经给我的同伴石方西神父讲完了一门课程，这是中国文人都要下功夫学习的关于道德的课程，也就是《四书》。”[27] 这就产生了将《四书》翻译成拉丁文的想法——这是 1592 年底，从日本回来的范礼安在澳门见到利玛窦时的愿望。范礼安委托利玛窦翻译，正如我们可以在上述 1593 年 12 月 10 日写给阿夸维瓦的信中读到的那样：“视察员神父还让我把这些书译成拉丁文，以便对我编著一部新的教理问答手册有所帮助。”[28] 我们可以推测，利玛窦于 1593 年 2 月下旬从澳门回到韶州，开始了《四书》的拉丁文翻译工作。到当年 12 月 10 日，他“前三卷已经译完，只剩下第四卷了”[29]。他终于在 1594 年 11 月 15 日完成了这项工作。也就是说，利玛窦在 1593 年 2 月下半月至 1594 年 11 月 15 日之间，将《四书》翻译成了拉丁文。1594 年，尽管拉丁文文本还需要做形式改进，但《四书》已经附有“评注，以便将书中涉及的问题讲得明明白白”[30]。最后，这项工作对理解这些经典大有裨益，“只需老师稍加指点”，传教士每个人都亲自誊抄了这个译本[31]。1593 年 12 月初，利玛窦承诺给阿夸维瓦一份译本。尽管在 1594 年 11 月 15 日的一封信中，利玛窦向他的同事法比奥·德·法比重申了这一想法，但他仍未兑现。正如利玛窦写给耶稣会士帕肖内的信中所言：“由于这部书是由四卷构成的，所以我把它称为‘Tesserabiblio’，我们在这部书上花了很大的功夫。几年前我把它译成了拉丁文，并为它做了些解释，这对于我们新到中国要学习这部书的传教士而言是非常有用的。毫无疑问，如果我们在欧洲出版这部书，定会受到欢迎，但我却没有时间按照我当初的决定将译文誊抄一遍，寄给总会长神父。”[32]两年后，利玛窦写道，范礼安神父“还命人为日本方面抄写一份，因为在日本的神父也要学这部书，但他却没有吩咐给欧洲方面也抄一本，我想那里也会希望看到这部作品。我刚抽空为自己也抄了一本，但再抄一份寄往欧洲是不可能的，因为我在这里根本没有这个时间，所以我也就不给您寄了，‘让我的后继者们去操心这件事吧’”[33]。在他生命中剩下的最后 11 年里，他是否做到了，不得而知。从 1610 年一直活跃在中国的传教士艾儒略（1582—1649 年）在他关于利玛窦的中文传记《大西西泰利先生行迹》（1630 年出版）中写道：“利玛窦将《四书》翻译成了欧洲语言，即拉丁语，并寄回他的祖国。他的同胞读了这些书，深表欣赏，因为中国的经典能够探究伟大的起源，而不会误解上主。”[34] 然而，这个说法却并不可考。

对《四书》的研究和翻译使利玛窦的中文能力炉火纯青，他很快就名声大噪：“他完全可以讲他们的语言（中文），而且还传播西方的道理。在习惯与衣着方面有些与他们相近，有些则不一样。”[35] 此外，范礼安一直渴求的拉丁文译本，“以便对我（利玛窦）编著一部新的教理问答手册有所帮助”[36]，这使利玛窦在中文写作方面有了非凡的能力，他的主要中文作品可以追溯到 1595 年以后，其中包括《交友论》（1595 年）、《西国记法》（1595 年末或 1596 年初）、《四元行论》（约 1600 年）、《西琴曲意八章》（约 1607 年）、《天主实义》（1603 年）、《二十五言》（1604）、《天主教要》（1605 年）、《西字奇迹》（1606 年 1 月 9 日）和《畸人十篇》（1608 年初）[37]。

那时，利玛窦穿着“深红色的绸缎长袍，袖子非常宽大，袖口敞开”，这是“文人和大人物们”在正式场合会友时穿的衣服。他对中国的“语言文字”非常精通，并准备进京。最重要的是，他富有这样的盛名——“在数学方面享有盛名，然而在这一领域，中国人认为世界上无人能与我相比。说实话，如果说中国就是全世界的话，那么毫无疑问，我就是世界上最大的数学家和自然哲学家了，因为……他们全都致力于道德及优雅的言辞，或更确切地说是写出优美的文章。”[38]

MATTHEVS RICCIVS MACERATENSIS, QVI PRIMVS E SOCIETAE
ESV EVANGELIVM IN SINAS INVEXIT OBIIT ANNO SALVTIS
1610 ÆTATIS, 60

野墅平林图

View of a Country Villa and Serene Forest

明

绢本设色／纵 218.2、每屏横 65.5—71、总横 273.2 厘米

辽宁省博物馆藏

《野墅平林图》本为紫禁城内府藏品。该画题记较多，多是一些收藏家的赞誉之词。其中有清末北京著名裱画作坊“二友山房”的裱后题记和印章，题曰：“当初装裱此画时背面发现‘利玛’二字。”该画第四幅裱边右下题跋所记：“二友承装此幅，与此角绢与托纸间发现原签，揭之误成两片。字最显者‘利玛恭’三字，余不清。”据此推测，此图为明万历十年（1582 年）到中国来的意大利传教士利玛窦所作。

林梅村在《野墅平林图考》一文中，曾提及单国霖对此画艺术风格和绘画手法的解析：“这幅屏风画的构图采用中国式和西洋式相结合的形式。中国画构图没有严格的视线，而此图却采用了西方焦点透视法，又不完全遵循西方画法。如右边的松树就遵循中国画的习惯，近景树大，不在严格意义上的焦点透视线上。湖水用西洋画法，绘有倒影，水波纹用色彩表现，而中国画绝无倒影，水波纹亦用线条表现。图中松树的鱼鳞皴采用中国画法，但是松树的皴纹有明暗则属于西方技法。在树叶上加白粉，使之成为亮面，更为西方画法的特点。据他分析，《野墅平林图》整张画的风格和绘画手法一致，应该出自同一位画师之手。”

《野墅平林图》是一幅屏风画。据林梅村研究，为了制造大幅世界地图，利玛窦多次接触屏风画。利玛窦在札记中提到，他的中国好友、南京工部主事李之藻“搞到一份再版《皇舆全图》，尽可能予以放大，以至尺寸超过一人高，刻印为六块，可以展开如屏风。利玛窦补充以若干王国，加以注释，若干士大夫赋诗题之”。利玛窦还在 1608 年（万历三十六年）8 月 22 日的信上说“有一天忽被皇上传召入宫，由太监降旨命献六轴十二幅绸印《坤舆全图》”。在为明神宗、李之藻制作六轴版《坤舆万国全图》以及为朝鲜人李应试（李保禄）制作八轴版《两仪玄览图》的过程中，利玛窦熟悉了中国古老的绘画形式屏风画。为了让西方君主了解东方艺术，利玛窦还买过一套有世俗画的屏风寄给西班牙国王，《野墅平林图》正是这样一幅屏风画，只是内容并非欧洲皇宫风景，而是中国京城风光。据林梅村的研究，《野墅平林图》的景色与北京什刹海湖光秋色颇为接近。如果这幅画表现的真是北京某地风光，这个景色当为明代北京城“西涯八景”第一景“银锭观山”。明代文人墨客把什刹海一带称作“西涯”，其名典出明朝文渊阁大学士李东阳所作《西涯杂咏》十二首。

《野墅平林图》的产生绝非偶然，当为利玛窦借用中国绘画形式进行宗教宣传的一个尝试，旨在展示西方先进的透视学以及欧洲文艺复兴时期新发明的绘画技法，借以宣传西方文明，为在中国传播上帝福音开辟道路。既然如此，这幅内府藏画当为利玛窦献给明神宗的贡画之一。

《野墅平林图》面世后，学人及书画鉴定研究者范静宜、刘肇宁、陈宗舜、舒湮、谢稚柳、杨仁恺皆认同此画的作者为利玛窦。然而这个看法并未在美术史学界达成共识。陈瑞林认为："至于现藏中国辽宁省博物馆传为利玛窦所作的油画，似乎不大可能出自这位著名的早期来华传教士之手，更有可能是接受了西方美术影响的清代中国画师的作品。"莫小也长期致力于17—18世纪西洋美术东渐问题研究，他从《利玛窦全集》找出两条记载说明利玛窦本人粗通绘事。林梅村提出了新的见解，认为《野墅平林图》的作者并非利玛窦，而是兼通东西方绘画技巧的耶稣会中国籍画师倪雅谷。万历三十年至三十二年（1602—1604年），倪雅谷第一次进京为利玛窦创立的南堂和明廷作画，那么《野墅平林图》当创作于倪雅谷第一次进京作画时期，即1602年7月至1604年12月之间。利玛窦在画上题款后，觐献给了万历皇帝，遂使这幅用西方透视学方法创作的青绿山水屏风画成为紫禁城内府藏品。

参考文献：林梅村《〈野墅平林图〉考》，《文物》2010年第12期。

墨彩描金耶稣受难图盘

清乾隆

直径 22.7 厘米

广东省博物馆藏

Ink Color Gold-painted Plate with the Passion of Jesus Pattern

1601 年 1 月，利玛窦在官员朋友的推荐下，终于有机会来到北京，并走向了那座神的皇宫，觐见中国皇帝。此前一年，在赴京路途中，利玛窦在山东临清遇到了税监马堂当马堂发现传教士的行李中有耶稣受难像时，他大叫了起来，认为这些外国人显然想用诅咒皇帝。于是利玛窦一行被拘押了半年。1601 年 1 月 9 日，圣旨到了，命令立即将利窦一行以及贡品送到北京。此后为吸引更多的中国信徒，利玛窦写信与罗马总会长阿桂瓦（Claudio Aqcuaviva）神父讨论过："至于圣像，不要寄有关基督受难之类的，因目前他们尚不能了解。"耶稣受难图确实不如圣母子之类的画像更能获得人们的情感认同不仅底层民众难以接受，仕宦阶层也颇为反感。事实上，耶稣受难像不但不被国人理解还被认为是与巫术有关的产物。

铜十字圣功牌

Bronze Cross-shaped Saint Medal

清康熙

宽 11.7、高 25.3、厚 6.3 厘米

常熟博物馆藏

碑为紫铜质，扁平状，下部为左右对称的三级台阶，中间往上连接一十字架。正面分别刻有“天主三位一体”“仰赖耶稣圣功”“坚信切望赦罪，复活常生之恩”三段文字及人物简历一篇：“王安臣，常熟县人，于康熙二十三年七月十五日领洗，圣名类斯，生四十五岁，于康熙三十七年二月十九日去世。已行教礼，赖天主仁慈，息止安所。”清康熙二年（1663 年）罗马天主教档案称，其时常熟城内有大堂两座，乡间小堂甚多，教友逾万。铜牌所载王安臣者，当系比利时籍神父鲁日满主持常熟教务时加入天主教。从铜牌铭文看，类似墓志铭。（周公太）

德化窑白釉观音像

Dehua Kiln White-glazed Guanyin Statue

明

高18.8厘米

南京博物院藏

所谓的玛利亚观音，是把观音菩萨像当成圣母像。很多中国青釉瓷和白釉瓷器中有慈母观音像，是起源于中国的观音菩萨抱着婴儿充满慈祥与仁慈的造型。白釉观音被当成圣母玛利亚是一种“替代”行为，即由于日本幕府对基督教实行禁教政策，公开礼拜圣母玛利亚自然无法被容忍，为了在保护自身信仰的同时避免被镇压，日本基督徒只得利用佛教或神道教偶像作为圣母的替代品。根据日本学者的考证，基督徒利用的偶像有不少，其中各种观音占了很大一部分。这些基督徒此时并不关注如何解释这些偶像本身的宗教含义，他们关注的是对其进行创造性的解释，使之可以代替圣母，以符合其自身需要。

参考文献：陈禹默《被误为圣母的观音像》，福建师范大学硕士学位论文，2010年。

德化窑白釉送子观音像

明

高21厘米

南京博物院藏

天文钟是一种能用多种形式来表达天体时空运行的计时仪
既能表示天象，又能计时。它是把动力机械和许多传动机
且合在一个整体里，利用机械构造，把机轮的运动变慢，使
寺续保持一个恒定的速度，与天体的运动一致。

中国率先研制钟表并获得成功是在13世纪，后来才西
至欧洲并普及开来。西洋的计时器也经过水钟和机械钟两
介段。“据国外文献记载，14世纪中叶意大利米兰最早出
勺机械钟，是在中国制作天文钟的影响下诞生的。”英国
桥大学李约瑟博士推测说：“这样一来，中国天文钟的传
和后来欧洲中世纪机械钟的祖先就有了更为密切的直接联
”到了16世纪以后，欧洲钟表制造业才开始兴盛起来，
之向世界各地传播。最早传入中国是在17世纪初。1601年，
大利耶稣会的传教士利玛窦进献给明神宗一只“自鸣钟”。
鸣钟，为一种计量、指示、报告时间的机械钟，亦泛指时钟。
中自鸣钟，在当时的宫廷内引起了轰动，由此拉开了中西
匕相互撞击交流的序幕。

南京博物院所藏的清代天文钟，其动力源是重锤的下坠
随着铅锤的缓慢下坠，显示板的时间由“酉”开始（下
六时），装在重锤之上的指针随之自上而下地指示时刻，
重锤降至底部失去重力作用，即到次日的下午六时左右，
摆就会停走。此时应将丝绳卷紧，拨动摆锤，方能继续运
重锤坠力取代了多且大的盛放水、沙的容器，使计时器
牛变得小巧而精致。坠力动力源的改革为计时器的发展开
了一个新领域，它是钟表科技发展进程中的一个重要标志，
是中外科技文化交流碰撞的结果。它不仅标志着中国钟表
术的革新与进步，也对世界钟表发展做出了杰出贡献。

参考文献：刘亦泽《重锤坠力天文钟述略》，《东南文化》2006
第3期。

十二时辰坠力天文铜挂钟

Copper Twelve-Division Timekeeping Astronomical Clock

清

高28厘米

南京博物院藏

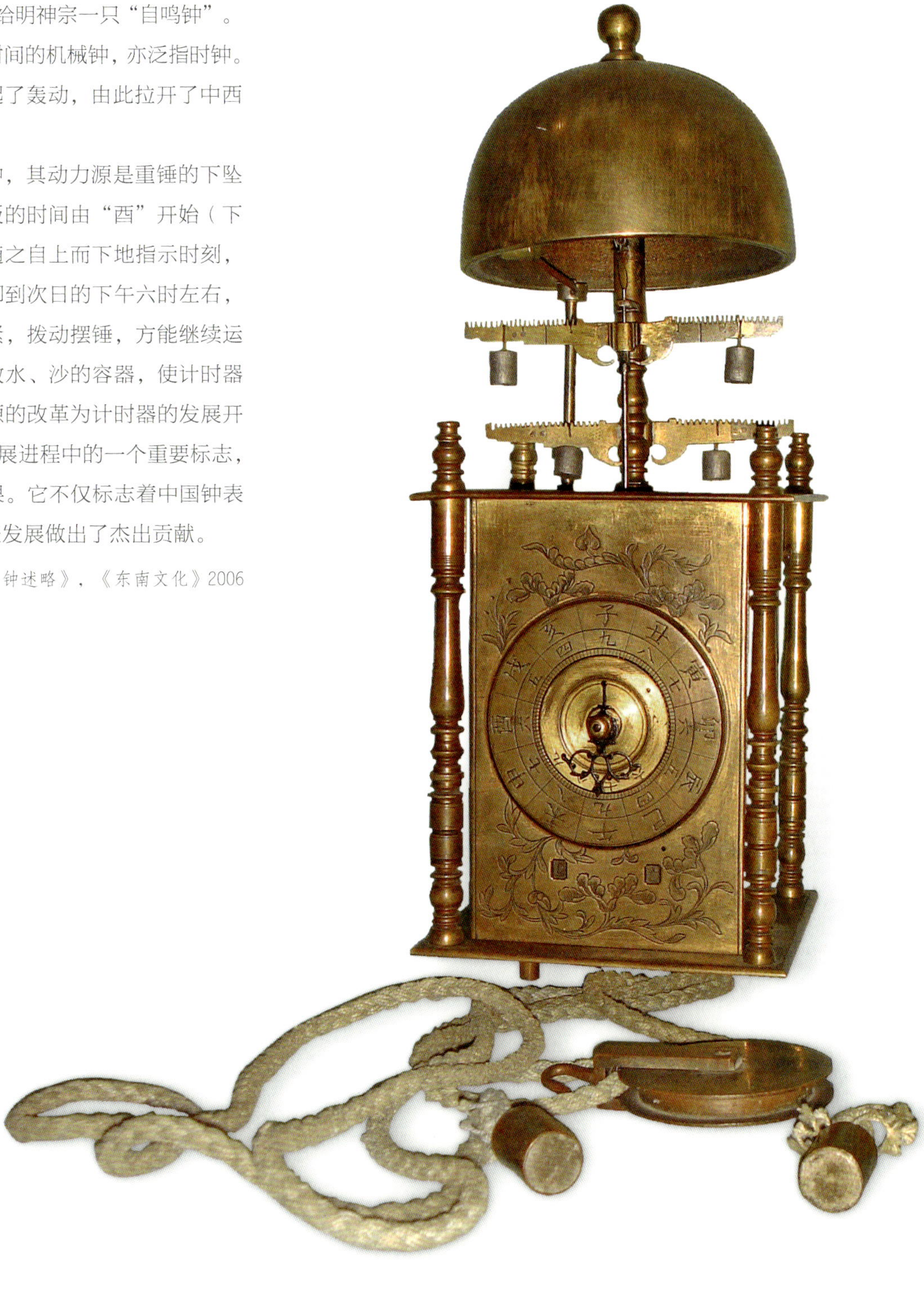

十二时辰坠力铁壳天文钟

Iron Twelve-Division Timekeeping Astronomical Clock

清

高44厘米

南京博物院藏

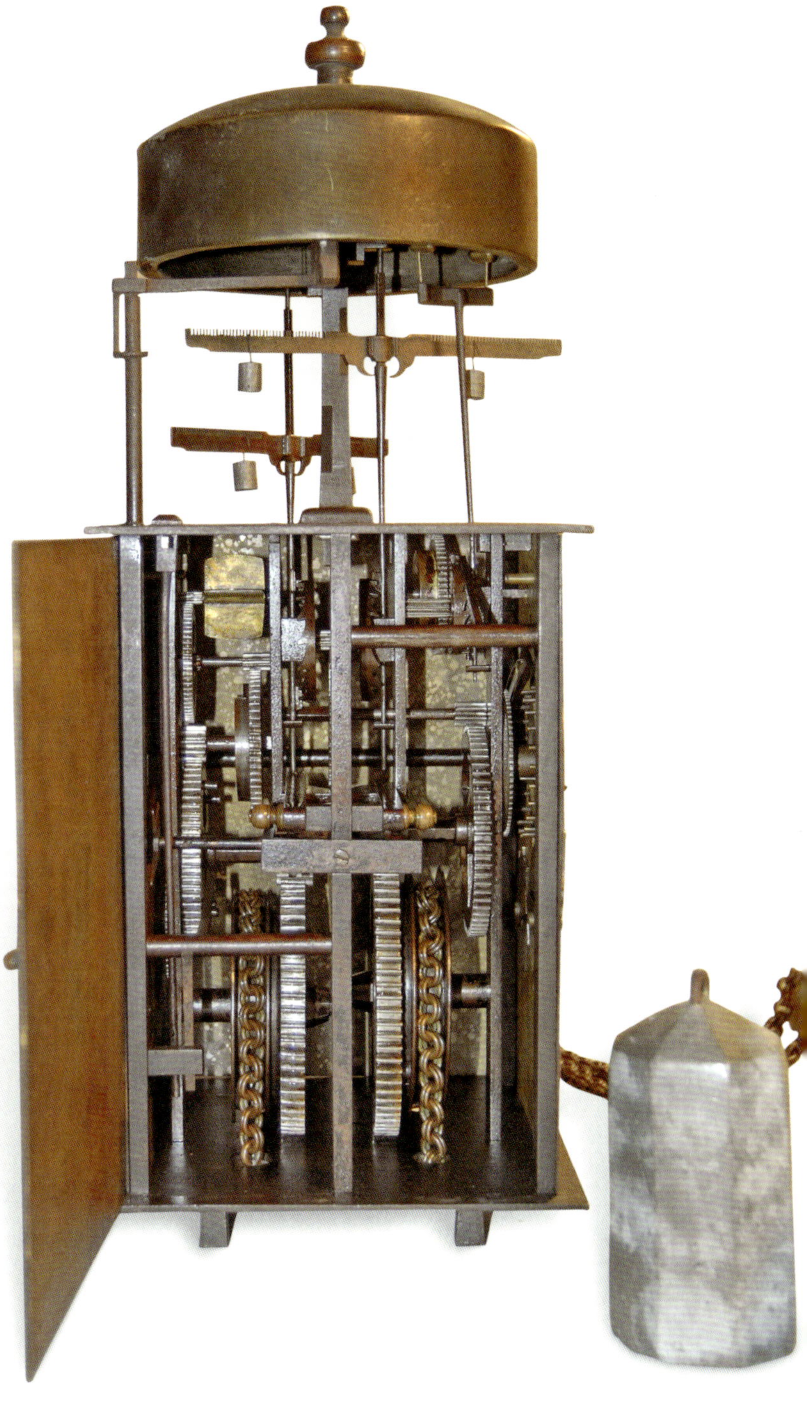

西洋新法历书

Chongzhen Calendar

明崇祯刻，清顺治二年（1645年）补刻本

纵20.5、横13.5厘米

故宫博物院藏

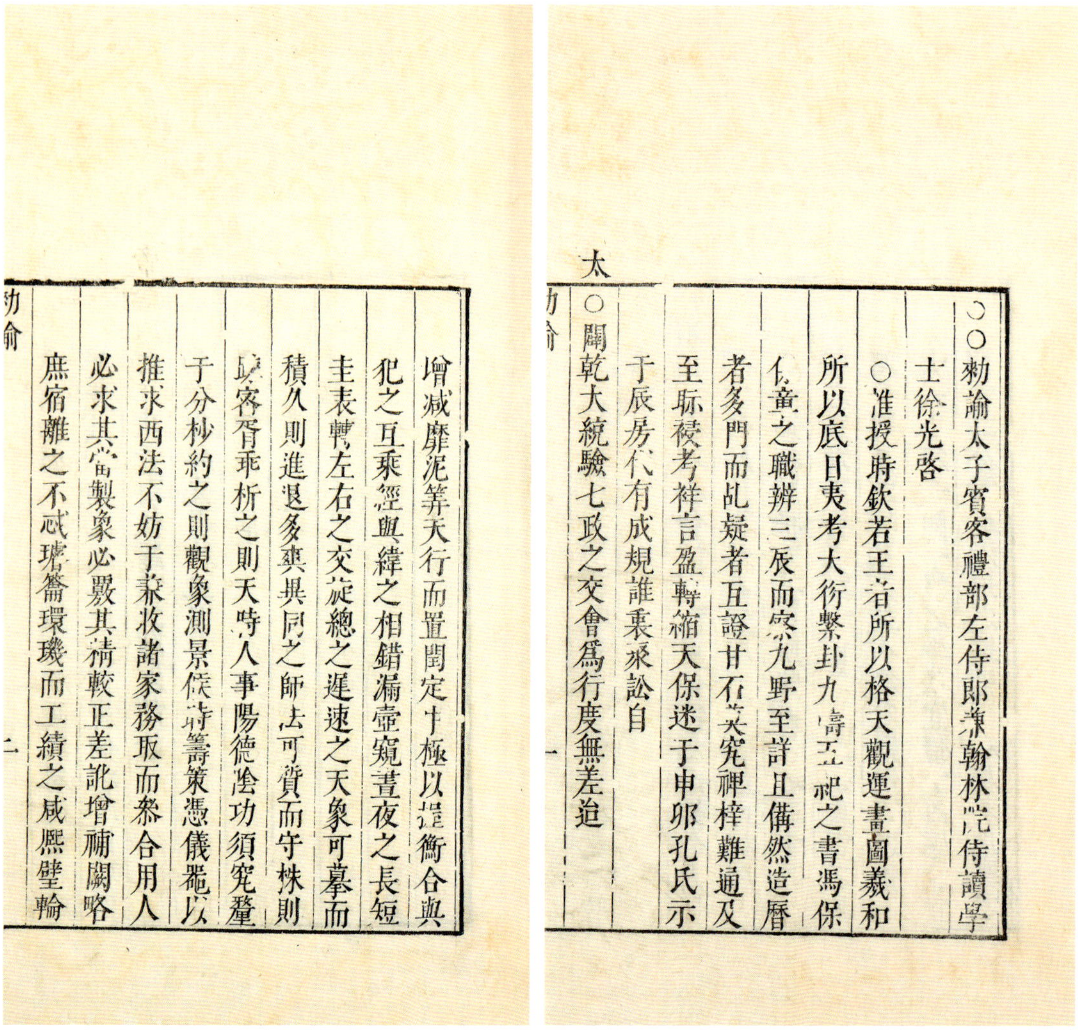

○○勑諭太子賓客禮部左侍郎兼翰林院侍讀學
士徐光啓
○准授時欽若王者所以格天觀運畫圖羲和
所以厎日夷考大衍繫卦九疇五祀之書馮保
仆章之職辨三辰而察九野至詳且備然造曆
者多門而乱疑者互證甘石萇宏裨梓難通及
至际祲考祥言盈轉縮天保迷于申卯孔氏示
于辰房代有成規誰秉承訟自
太
○闢乾大統驗七政之交會爲行度無差迨

勑諭 一

增減靡泥筭天行而置閏定十極以提衡合與
犯之互乘經與緯之相錯漏壺窺晝夜之長短
圭表轉左右之交旋總之遲速之天象可摹而
積久則進退多爽異同之師去可質而守株則
疏客胥乖析之則天時人事陽德陰功須究釐
于分杪約之則觀象測景候時籌策憑儀羅以
推求西法不妨于兼收諸家務取而叅合用人
必求其當製象必嚴其精較正差訛增補闕略
庶宿離之不忒璿璣環璣而工績之咸熙璧輪

勑諭 二

佚名　徐光启像　轴
明
纸本设色／纵 139、横 90 厘米
上海市历史博物馆藏

利玛窦等人的东来，给中国带来了自成体系且在某些方面比传统科技先进的西方科技，揭开了中国近代科技发展的序幕。与此同时，中国越来越多的精英改变了过去那种鄙视工技的价值观念，把精力转向探求经世致用的科学技术，以纯粹的求知兴趣而不是以功利为目的来探索科学。明代涌现了一大批集大成的科学家，他们摆脱了心性、天命、天理的束缚，崇实求真，通过实地考察、实验求证、数理推论、分析比较、理论阐述等科学方法去探寻科学真理，取得了前所未有的成就，其中徐光启即是代表人物之一。徐光启，字子先，松江府上海县人，万历三十二年（1604 年）进士，官至文渊阁大学士。他思想开明，博学多才，在农学、天文学、历算、数学、地学等领域都有所成就。

徐光启所取得的科技成就，与利玛窦密不可分。徐光启早年在家乡认识了利玛窦，相交甚深，并在利玛窦的影响下加入了天主教。后来，利玛窦来到北京，徐光启也考中进士，在北京任翰林院庶吉士。二人经常在一起研究天文、历法、数学、地学、水利等学问，合作翻译西方的科技著作。徐光启从利玛窦那里学习了欧洲天文学之后，很快用于实践。崇祯二年（1629 年），由于钦天监推算日食又发生了错误，徐光启受命主持历法改革工作。他不顾保守势力的阻挠，坚持以西方历法为基础实行改革，经过数年的努力，完成了一百三十余卷的《崇祯历书》。这部历书突破了中国传统天文历法的局限，融入了欧洲近代天文学和数学知识，在中国天文学史上是前所未有的。

《西洋新法历书》由徐光启、李天经等撰，是据《崇祯历书》稍事删削整理而成，一百〇三卷，明崇祯年刻，是我国第一部引进西方天文学理论编著的历书。此清顺治二年（1645 年）汤若望捐资剞劂修补进呈之本，基本上是《崇祯历书》原本，刊印时用的亦是原板，原扉页所题“崇祯历书”四字易为《西洋新法历书》六个大字。汤若望所著《历法西传》《新法历引》《新法表异》各一卷，亦附刻以行。收入《四库全书》时，为避乾隆“历”字讳而更名为《新法算书》。故《崇祯历书》《西洋新法历书》《新法历书》《新法算书》实为一书。

参考文献：李匡武主编《中国逻辑史》（唐明卷），甘肃人民出版社，1989 年。

「汤若望预测天象事」揭帖

清

纵 28、横 137 厘米

南京博物院藏

Wallposter of "Predictions on Astronomical Phenomena by Johann Adam Schall von Bell"

汤若望，德国传教士。字道未，原名约翰·亚当·沙尔·冯·贝尔（Johann Ada
Schall von Bell）。1591 年生于德国科隆，1666 年 8 月 15 日卒于北京。汤若望出生于
国贵族家庭，自幼受到良好教育。1611 年加入耶稣会，后入罗马学院学习神学及自然科
相关学科。1617 年升为神父。1618 年随金尼阁（Nicolas Trigault）传教团来华。明
徐光启督修历法，经徐氏推荐，汤若望于 1630 年奉诏赴京参加历局工作。他用西法推
并制作仪器进行实测，参加《崇祯历书》的编纂工作，深受崇祯帝的褒奖。入清后被顺
帝授以钦天监监正之职，主持领导国家天文台的工作。后又加封为太常寺少卿、通议大夫
太常寺卿、通政使司通政使和光禄大夫等职。从《崇祯历书》的编纂到《时宪历》的制定
汤氏系统地介绍了当时西方著名天文家依巴谷、托勒密、哥白尼、第谷、开普勒、伽利
的学说和研究成果，并采用第谷宇宙体系和几何学的计算方法，使新历精度大为提高，
直行用 20 年，在传播西方天文学和促进东西方文化交流方面起到了重要作用。除《时宪
外，他还著有《远镜说》一部，于 1626 年出版。该书介绍伽利略式望远镜的制作、用
及所能观测到的天象。这是中国出版的最早的望远镜著作，极为珍贵。此外，他还翻译
火药、兵器及矿冶方面的书籍，在传播西方技术方面起了一定的作用。

此帖是关于汤若望推测清顺治三年（1646 年）二月初四日酉初壹刻春分至夏至天象事
后附《春分天象方位之图》。

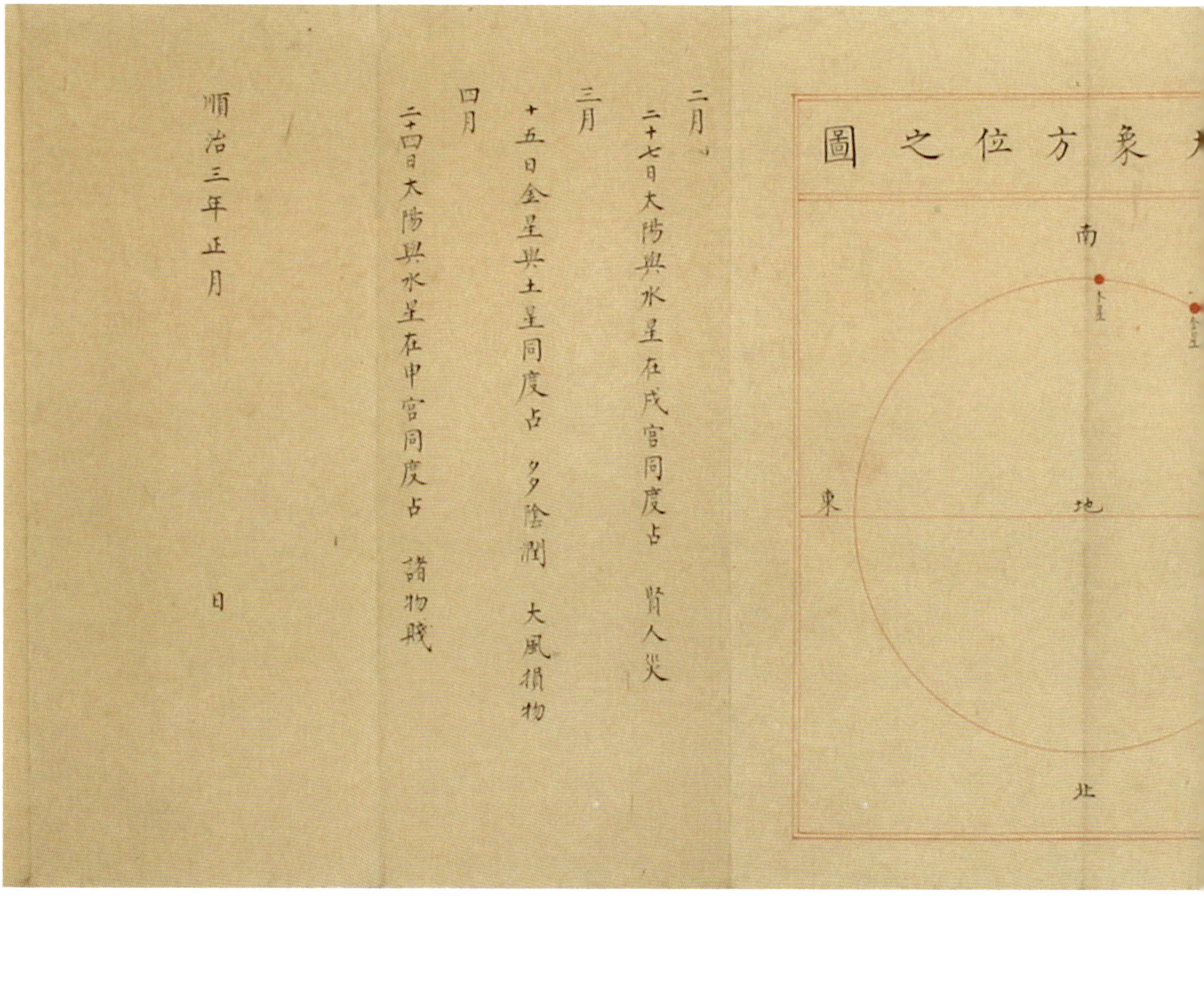

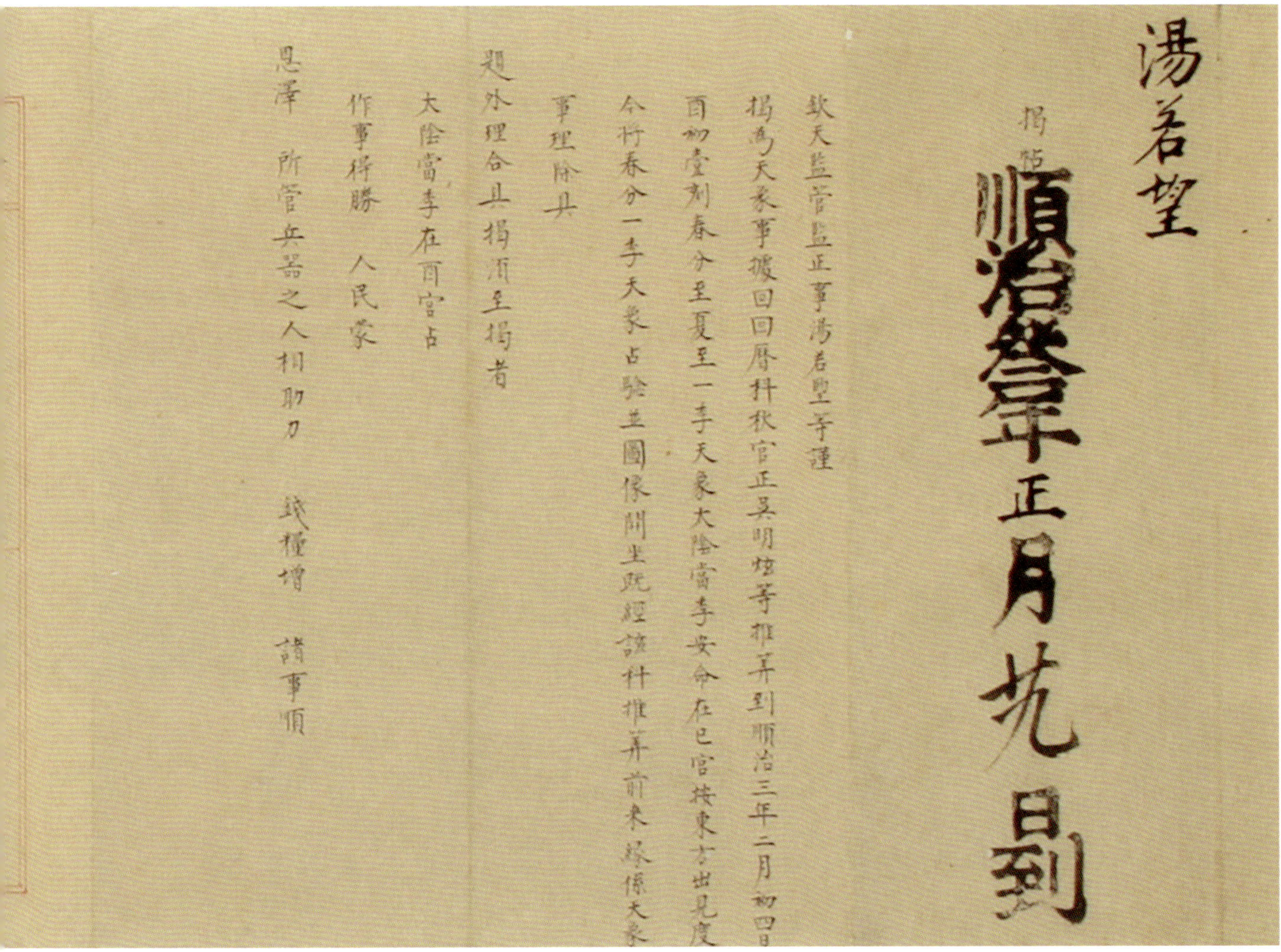
湯若望
揭帖
順治叁年正月芃日到
欽天監管監正事湯若望等謹
揭為天象事據回回曆科秋官正吳明炫等推算到順治三年二月初四日
酉初壹刻春分至夏至一季天象太陰當季安命在巳宮於東方出見度
今將春分一季天象占驗並圖像開坐既經該科推算前來緣係天象
事理除具
題外理合具揭須至揭者
太陰當季在酉宮占
作事將勝　人民家
恩澤　所管兵器之人相助力　錢糧增　諸事順

在我已谈到和将要谈到的很多值得考虑的事当中，以及其他很多因我不愿让读者感到啰嗦而有省略的事当中，没有比在中国发明炮一事更令那些最早到广州做生意的葡萄牙人惊讶，也最使我们晚后到菲律宾去的西班牙人觉得惊讶。而我们从他们史书摘录的可靠记载发现，他们使用炮要远早于我们欧洲。据说它最初是由一个阿鲁茫尼（Almane）的人制造……修士拉达及其同伴在那里时看见的炮，据他们说是古老的，制作极低劣，大多是发射石头的器械，能杀人的；但他们得知，在中国的其他省份，还有制作奇特和优良的炮。这可能是船长阿特列达（Captain Artrada）看到的那种：他在一封致国王菲列普的信中向他报告有关这个国家的秘密，其中说，中国人跟我们一样使用各种武器，他们的炮特别好。我同意这个说法，因为我看过一些架在船上的这种炮，它制造比我们的好，更加坚实。

——［西］门多萨撰、何高济译《中华大帝国史》第三卷第十五章《中国人使用炮远早于我们这些欧洲国家》

明代早中期火器的发展及战术应用的发展主要体现在枪炮制式化、量产化及轮射法的应用。以洪武、永宣时期的手铳实物为例，火铳均由官方的兵仗局或军器局制造下发，各地不得擅造，铳筒上需标示批号和匠名等信息，以达到物勒工名的作用。此时的火铳规格样式和长短口径已经做到了完全统一，以永乐时期的“天”字号手铳为例，永乐七年（1409年）起至正统元年（1436年）止，连续生产27年，已知实物的编号从5238号到98612号，制造了近十万只，而且这些火铳的长度均约36厘米，口径均约1.5厘米，浮动不大。洪武手铳亦是如此，长度多为45厘米，口径多为2厘米。火器制式化，一定程度上方便制造和监管，降低了后勤压力，作战时，武器能够发挥同等的效能。

火器轮射技法的基本完善和普及是在15世纪初到16世纪中叶。洪武二十一年（1388年），西平侯沐英在与麓川国主思伦发的定边之战时，就采用迭进多层轮射法来对抗象兵，火枪手前后交替射击。永乐时期又出现了番递法，亦称神机枪束伍法，火器手采用换枪不换位的方式进行三排轮射。景泰三年（1452年），兵部尚书于谦又提及了更为完备的三排迭进法的射击战术。在阵形布置和操作上与16世纪70年代末欧洲刚出现的火枪轮射法完全一致，只不过明朝的轮射战术相较其却早了一百余年。

然而到永乐以后，尽管火铳的生产数量巨大，制作精良，但性能结构的改进却不大，多是小改小革，没有本质性的突破。从明初开始，随着国家趋于稳定，国内无大的战事，且主要敌人是科技落后的蒙古诸部，致使明朝无心再去发展更加先进的武器；再加上明廷屡颁禁令，严禁地方和民间私藏、私制、私传火器，这种政策从国家安全的角度考虑有一定理由，但在客观上却有碍于火铳、火炮的发展。因此到16世纪初叶，中国的铳炮在设计层面与西方相比，已有了明显的差距。

明代中晚期火器的发展主要体现在对欧式火炮的制式化、量产化、轻量化上，火器的设计、火药的配比更加科学。战术上则主要体现在合成军的完善，明军多兵种协同作战虽然由来已久，明初即有雏形，但却一直未成体系，随着新式火器的应用，陆军作战模式逐渐由单一的兵种开始向多兵种协同作战转变。（高庶森）

手铳是一种早期单兵管型火器，亦称火门枪，重两斤到十余斤不等，长 30—80 厘米。用前，需要在尾銎处插入长木柄，然后再将其夹在腋下。明代手铳和欧洲 Handgonne（手）虽然大同小异，但击发方式略有不同。欧洲是采取火门处填入引火药，用点燃的灯芯绳或烧红的铁丝来点火。明代火铳则是在传火孔处插入药线（引线），用火折子来点火。初火器发展的重要标志便是专门使用火器的军队开始出现，又被称为神机营。

碗口铳是明代早中期的常用小型火炮，炮重从数十斤到一二百斤不等，材质为铁质或质。膛小而口大，炮口形如大碗，因而得名，与 14 世纪末到 15 世纪初的 Bombarde（一低倍径射石炮）在设计使用理念上殊途同归，属于一种早期臼炮。通常架设在地面或木上，用以抛射大型石质弹丸，炮弹能越过障碍物，砸中隐藏在后面的敌人。从地方志和书来看，碗口铳虽小，但用途颇多，可作为舰炮、野战炮、攻城炮、守城炮，中后期又为榴弹发射器使用，发射可以爆炸的开花弹。随着明代晚期各色西洋火器的传入，渐被汰。（高庶森）

铜手铳

Bronze Hand Cannon

明洪武

长 44.6 厘米

南京博物院藏

碗口铳

Hand Cannon with Bowl-shaped Muzzle

明洪武

口径 13.5、长 32.5 厘米

南京博物院藏

鸟铳

Musket

明

长 116 厘米

徐州博物馆藏

鸟铳即火绳枪，因为身长且有准星照门，故而精度高，可以击落飞鸟而得名。火绳
出现的确切年代，史学界存在争议，它可能早在 1465 年就出现在奥斯曼帝国，并在 14
年之前出现于欧洲。随着枪机系统的逐步改进完善，火绳枪日益受到欧洲各国的欢迎，
到 16 世纪中叶，火绳枪在欧洲军队中依旧占据相当大的比例。鸟铳的具体传入时间无考
大致在嘉靖初年，不会晚于嘉靖二十年（1541 年）。作为葡萄牙殖民者与明军交战的武
鸟铳在战斗中被缴获，随即受到明军的重视，逐步完成仿制和批量装备。早期鸟铳铳管
锻造的铜铁材质，后因铜鸟铳价格昂贵，且易形变等弊端，逐渐被铁鸟铳完全取代。鸟
通过木托内的阻铁、弹簧及传动装置来带动火绳夹旋转，通过火绳夹上燃烧的火绳点燃
池内的引火药来完成击发。鸟铳在抗倭战争中被南方明军频繁使用，不久便传入北方。
靖三十六年（1557 年），抗倭名将卢镗之子卢相因掌握鸟铳制造技术，被留任京师神机
教习鸟铳，并协助兵仗局制造鸟铳。嘉靖三十七年（1558 年）兵仗局便制成鸟铳一万把
配发京营使用。（高庶森）

佛郎机炮

明万历

长 170 厘米

南京城墙博物馆藏

Farangi Cannon

佛郎机是欧洲在 15 世纪初发明的早期后膛炮，后期逐步完善，由炮管、炮腹、子炮组成。重数斤到一千余斤不等，长度多在一尺（64 厘米）到八尺（256 厘米）之间。根据大小不同，发射三钱到二十五斤的石质或铅质炮弹。火药弹丸可以预先装入子炮中，然后再将子炮入炮腹中，引燃子炮进行射击。一门佛郎机会配备四到八门子炮，以便快速轮番装填。不过受限于材料和加工方式，子炮和炮管结合处常有缝隙，以致影响火炮的气密性，故是在牺牲射程的前提下提高射速。佛郎机的传入时间为正德十五年（1520 年），东莞县少巡检司巡检何儒在前往葡萄牙番舶抽分征税之时，见到船上用的子炮轮换发射的佛郎炮，以及两名久居满剌加随葡船出入广州的华人杨三、戴明，并得知这两名华人已掌握造蜈蚣船和铸佛郎机的方法。正德十六年（1521 年）正月，广东按察司副使汪鋐得到何儒汇报后，便派人以贸易为由，前往葡船秘密联系二人，给予厚赏，令其回归中国，报效国家。在这两位华人的帮助下，汪鋐成功仿制了一批佛郎机炮，并用此炮取得了屯门海战胜利，击毁葡萄牙武装船的同时又缴获了 20 余门原装的佛郎机炮，样式和自己仿制的无二。其后，汪鋐便将所得之炮进献明廷，以便工部仿制。嘉靖十五年（1536 年），总制三边军务的刘天和在陕西、甘肃、宁夏、延绥四镇装备新式火器，每镇各拨调熟铁小佛郎机00 门、佛郎机流星炮和一窝蜂炮各 1000 门、铁佛郎机枪 1500 杆、三眼铳每镇 2000 杆。万历三年（1575 年），在戚继光等的努力下，昌镇和蓟镇新建有长城空心敌台共计 1337 座，装备佛郎机 13370 门、昌镇车营则装备佛郎机 3328 门，若算上九边其余的堡垒要塞，佛郎机的数量远不止于此。佛郎机在传入明朝后，发展壮大的同时，又有所创新。一是品种多，佛郎机根据大小不同被分为一至五号佛郎机，根据外形和用途不同，又有马上佛郎机、连珠佛郎机、百出佛郎机、万胜佛郎机、无敌大将军等十余种；二是用途广，被用作舰炮、野战炮、战车炮、守城炮、攻城炮、海防炮、步骑兵单兵火枪。三是数量多，据不完全统计，嘉靖至万历年间，约造三四万门佛郎机。佛郎机虽然由葡萄牙传入，但其生产的数量和品种是无法与明朝相比的。（高庶森）

明史可法督制红夷炮 拓本

Fusiform Culverins Cannon Made under Shi Kefa's Supervision, Ming Dynasty Rubbing

清至民国拓

纵 197、横 79 厘米

南京博物院藏

红夷炮为明朝对 16 世纪晚期前欧洲装滑膛炮的统称，火炮结构前弇后丰，符合火药爆炸后膛压的变化规律。重量三五百斤到一万两千斤不等，口径 5 厘米到 20 厘米不等，该类炮在欧洲根据大小不同，分别作为野战炮、要塞炮、海防炮、舰炮，明朝亦是如此。红夷炮在明朝多为生铁铸造而成，而欧洲各国因缺乏铸造技术，则多以昂贵的青铜来制造。16 世纪，由于英国在海战上的需求，急需降低舰炮的制造成本，于是在 16 世纪中叶，攻克了用生铁铸造长管加农炮的技术，舰载固定式炮位的舰炮大多换成廉价铸铁炮。而且英国通过这一技术，一度垄断了欧洲的铸铁炮生意大半个世纪之久。中国得益于悠久的冶铁历史，铸造大型器物早已不是难题，甚至在 1624 年，澳门的葡萄牙人亦得聘请中国工匠来给自己传授生产铸铁炮的技术。

红夷炮的传入时间大致在万历四十八年（1620 年），肇庆推官邓士亮曾在阳江县海口对一艘名为“独角兽号（Unicorn）”的英国武装商船进行打捞，一共获得红夷大炮 36 门，均为英国造铸铁加农炮。广东海康县和阳江县先后通过打捞欧洲沉船，到天启元年（1621 年）已拥有红夷炮数十门。天启二年（1622 年），两广总督胡应台也应兵部要求，在广东打捞的英国铁炮中挑选出 24 门押解入京，并聘请 24 名澳门的葡籍炮兵入京教习火炮。后来这些铁炮被孙承宗布置在宁远，袁崇焕于天启六年（1626 年）运用此炮凭城而守，取得了对抗后金的宁远大捷。

与此同时，明朝在将荷兰人驱逐出澎湖的战争中，也开始着手仿制红夷炮。天启三年（1623 年），福建巡抚商周祚成功仿制出红夷炮，崇祯四年（1631 年），福建总兵俞咨皋亦仿制有数量不详的红夷铁炮。为了应对关外的后金军和关内此起彼伏的农民义军，此后福建和广东便成了明朝生产制造红夷炮的主要基地，福建巡抚熊文灿、邹维涟，广西巡抚许如兰，两广总督王尊德、张镜心，宣大总督张宗衡、卢象升，传教士汤若望，以及南京兵部尚书史可法等督抚大员抑或是来华传教士，均于任上广铸大小红夷炮，可考数量不下 3000 门。

红夷炮虽然是由外国传入，但是明朝工匠亦通过自己的冶金技术，加以升级创新，创造出品质更加优良的复合型金属火炮，攻克了单一金属炮性能不足、成品率不高的难题。（高庶森）

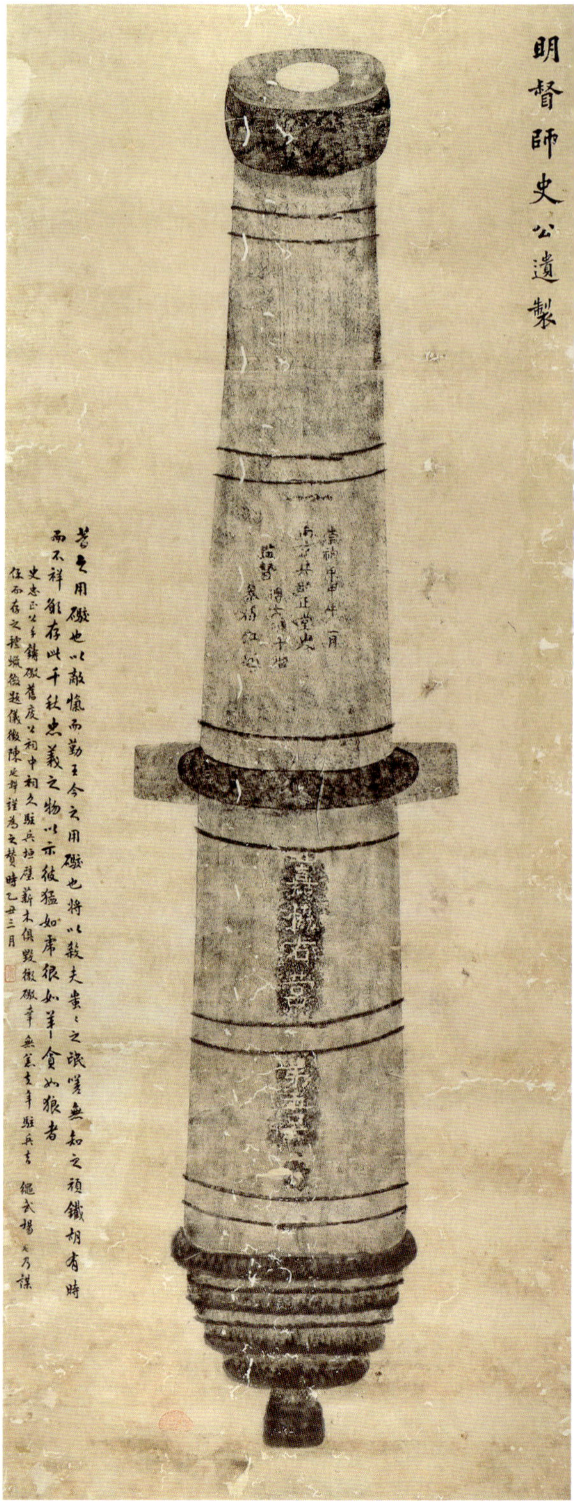

佚名　史可法像　轴

清

纸本设色／纵41.6、横30.8厘米

南京博物院藏

Portrait of Shi Kefa
Hanging Scroll
Anonymous

龚贤 千岩万壑图 卷

清

纸本墨笔 / 纵 27.8、横 980 厘米

南京博物院藏

Thousand Mountains and Ten Thousand Ravines Handscroll
Gong Xian

龚贤(1618—1689年),"金陵八家"之首,少时家境优渥,师从董其昌,"十三便能画
亦长于诗文、书法。

龚贤曾言"非黑无以显其白,非白无以显其黑",黑白关系处理可以说贯穿了
生的创作轨迹。龚贤作山水,源自传统,又有别于传统,他通过对大自然的观察,
起个人独到的作画法则。观其作品,主要和次要、整体和局部之间有别且有序,黑
用比例合理,虽不施粉黛,但水墨层次丰富,极致的笔墨韵致将中国画推向更高级
美情趣。

龚贤一生绘画经历大致分为"白龚""灰龚""黑龚"三个阶段。"少少许胜多多许

所长，包括但不止于“披麻”“豆瓣”“小斧劈”，又兼用“牛毛”“解锁”，排布紧密，层层叠叠之中显露出山石的体积和质感。由于染的比重加大，画面又呈现出轻薄透明的光感，这在中国传统山水画中是前所未见的创举。

龚贤自述“画石块，上白下黑。白者阳也，黑者阴也。石面多平，故白，上承日月临，故白。石旁多纹，或草苔所积，或不见日月伏阴，故黑”，“阳者日光照临处，山脊石面也。阴者草木积阴处，山凹石塌也”。中国绘画史上首次明确地将光影和白黑对应起来，龚贤可谓第 一人。（鲁珊珊）

参考文献：张秋燕《浅谈西画在龚贤绘画中的影响》，《艺术教育研究》2013 年第 7 期。

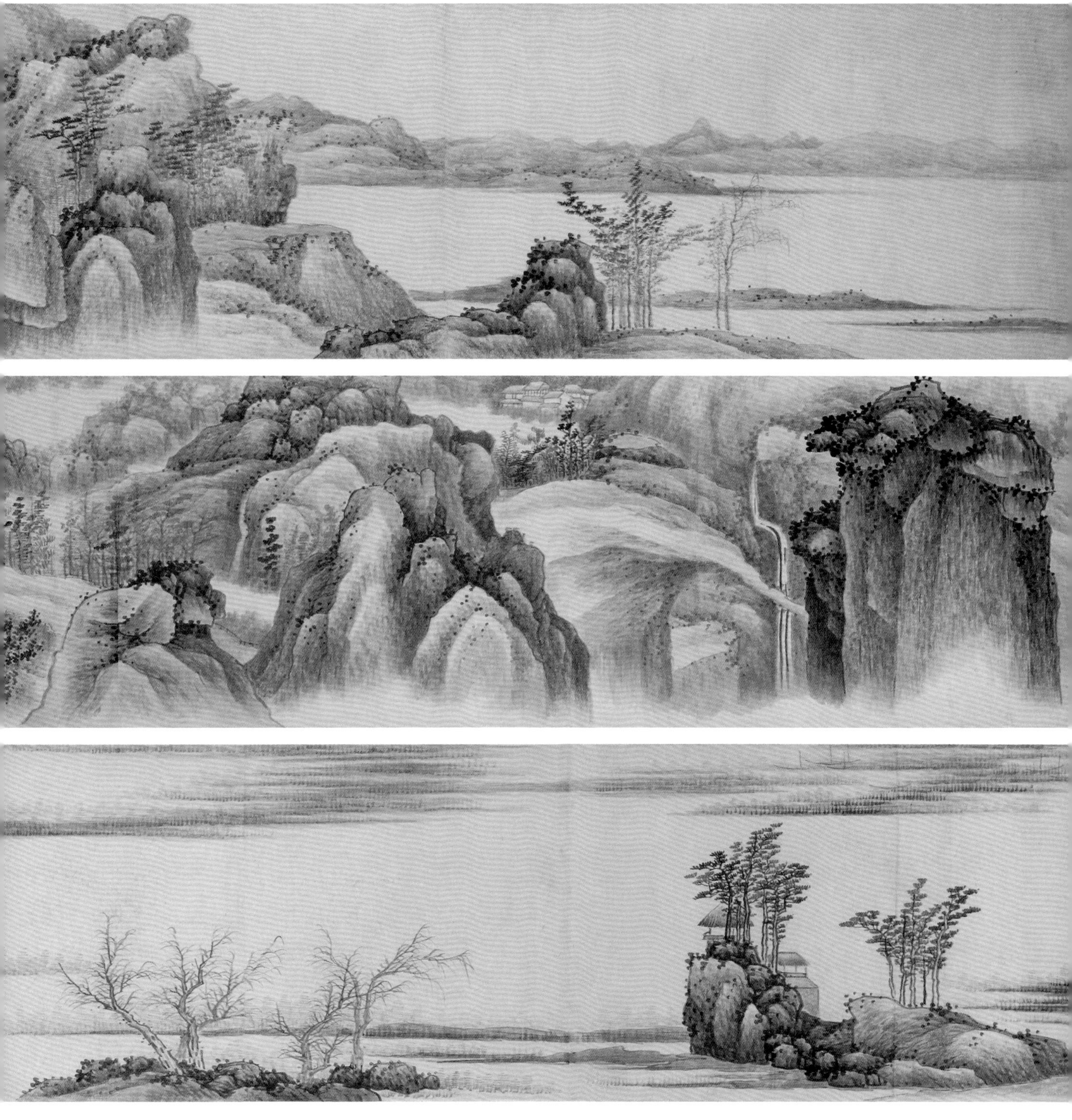

曾鲸　顾梦游肖像图　轴

明

纸本设色／纵105、横45厘米

南京博物院藏

Portrait of Gu Mengyou
Hanging Scroll
Zeng Jing

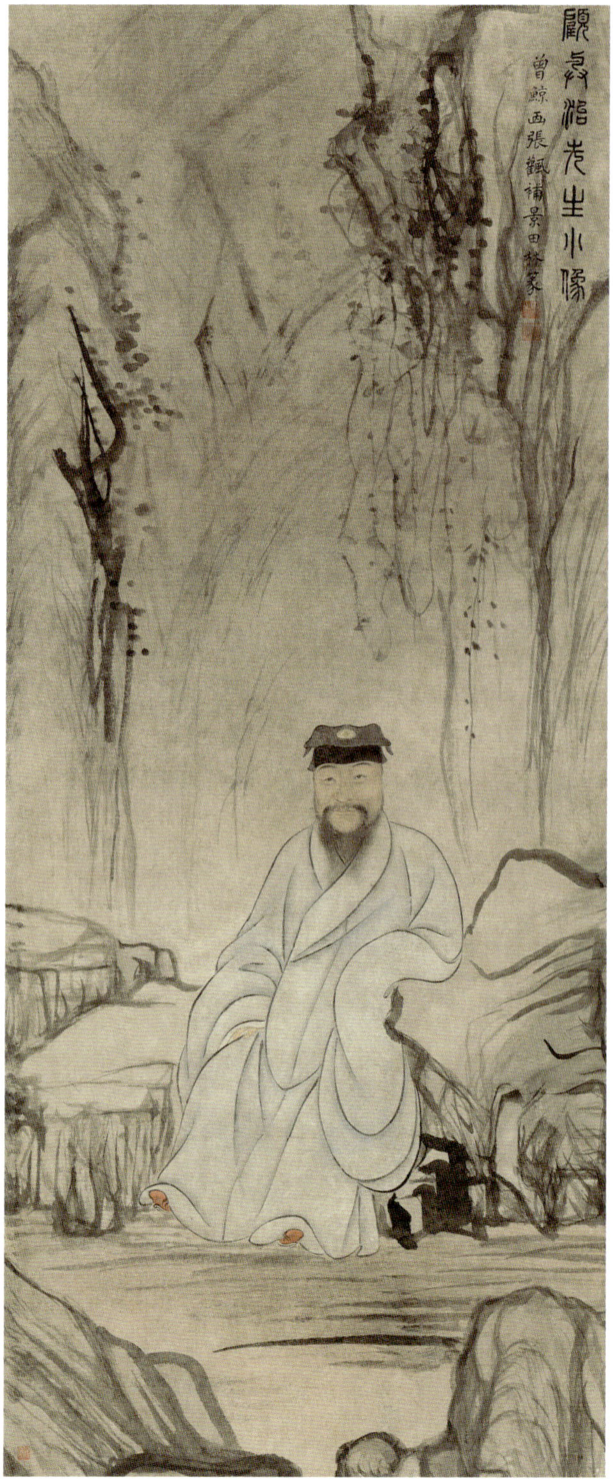

晚明时期，文人肖像画领域取得了突破性的进展，曾鲸创始的“波臣派”是中国绘画史上第一次以个人名字命名的绘画流派，曾鲸及众多弟子对墨骨法的运用和发展是当时明末清初肖像画的主要风格，其流派的影响从创立之始一直延续到清代中期，久盛不衰。“康乾之际，写真一术，盖以波臣一派为盟主矣。”张庚言：“写真有两派，一重墨骨，墨骨既成，然后傅彩，以取气色之老少，其精神早传墨骨中矣，此闽中曾波臣之学也。一略用淡墨勾出五官之大意，全用粉彩渲染，此江南画家之传法，曾氏善矣。”此图作于崇祯十五年（1642年），为曾鲸七十五岁时与金陵画派著名画家张风合作所画，是曾鲸以“墨骨法”绘制的代表性作品。主人公顾梦游面部五官以淡墨层层深入，以勾、皴、擦等多种笔法表现面部五官起伏等凹凸变化，更加丰富地表现皮肤质感，将老年人布满皱纹的面部细节表现得淋漓尽致，后再以淡赭色渲染面部。衣褶以简练的用笔随身形而出，落笔遒劲流畅，一气呵成，略施晕染，表现出顾梦游随和不拘的性格特征。近年来，许多美术史学者在提及曾鲸或波臣画派时都认为其艺术表现形态受西画影响，以渲染为主、烘染凹凸立体感的方法，是一种中西结合的新风格。陈师曾在《中国绘画史》（1925年）中写道：“其法重墨骨，而后傅彩加晕染，其受西法之影响可知。”日本美术史家大村西崖在《中国美术史》（1926年）序中说：“万历十年，意大利耶稣教士利玛窦来华，擅画，能写耶稣圣母像，曾波臣乃折中其法作肖像。称其是江南派之画法。”但也有学者认为曾氏的肖像画乃是源自中国的传统画法。王伯敏主编的《中国美术通史》有：“曾鲸对于利氏带来文艺复兴绘画、供养在南京教堂中的西方画《天主像》，是有可能见到的，并从中得到了一些启发。但他并没有去模仿……”其撰写的《中国绘画通史》中又言：“有人以为曾鲸受西洋画影响，其实不然；他画像，皆以传统画法为之。”

参考文献：张一涵《传承与演进——明清肖像画艺术表现形态的嬗变研究》，天津大学博士学位论文，2017年。

笔意简洁凝练的“白龚”画风是他早年作品的特点；四十岁后，艺术思想随生活轨迹的起伏开始转变，逐步步入“灰龚”阶段，此时的黑白对比相对柔和，格调肃穆平和；最具代表性的是“黑龚”风格作品，该风格的形成，除了和其人生境遇相关，也与当时西洋绘画技法的传播有紧密联系。龚贤幼时家在金陵，这里的西洋传教士活动最为频繁，天主教《圣经》等一类版画书籍流传于文人士大夫之间，西洋画独特的形式样貌为中国传统山水画发展带来了新的启示。《千岩万壑图》中山体的造型，龚氏充分运用了阴阳或说明暗来体现，这已经大大超出了传统中国画以线造型为主的范畴，完全从早期单勾不皴的“白龚”过渡到了极具个人风格特点的“黑龚”画风。高居翰指出，西洋画中的山峰“可以脱胎转换为他家乡林木蓊郁的峰峦”。从《千岩万壑图》中可以看出龚贤对山体的深入描绘带有明暗效果。苏立文也提出，龚贤的画面有极强的透明感，皴上不皴下，所形成的画面效果受到了铜版画的影响，是对实景的写照。《千岩万壑图》还有一个非常突出的特点，即采用一种非传统所常见的独辟蹊径的横式立轴格式。对此立轴格式，高居翰则认为“有可能是受欧洲铜版画的尺寸所启发”。这幅画充满式构图应该是龚贤对明清之际“家家一峰，人人大痴”的山水画模式的“离经叛道”的又一体现。《千岩万壑图》是一卷典型的“黑龚”风格山水画，画中勾勒轮廓的线条被刻意弱化，反倒是加重了皴染技法的比重，通过层层积染，突出明暗，或者说黑白对比的视觉效果。皴法的使用上，龚贤继承传统并融合多家

佚名 明人肖像图册

Portraits of Ming People Album
Anonymous

明

纸本设色／纵45.4、横26.4厘米

南京博物院藏

肖像画是中国画门类中最为古老的画科，因其侧重人物面貌的描写，又被称为写
写照、留影、传神等，既可以是历史人物的想象，也可以是现实人物的写生。明清时
肖像画的创作呈现出多元共生的发展面貌，写实和写意兼具，宫廷与民间并行，同时
外来文化的影响，达到前所未有的兴盛。南京博物院庋藏明清肖像画数量十分可观，
成体系，既有名家的力作、佳作，也有民间无名画工的精品之作，称得上是一部活脱
明清肖像画史。《明人肖像图册》是南京博物院收藏的明代肖像画中的代表性作品，
被视为明代肖像画杰作，受到海内外研究者的高度重视，成为研究明末清初西画东渐
准对象。这套肖像图册描绘了明代万历和天启年间的十二位名士。图册并没有留下画

李日华

徐渭

葛寅亮

罗应斗

姓名，也没有注明作画的时间，但从画像高超的绘画技巧可以推测出其作者应是当时江南一带的写像高手，图册所描绘的人物多是江南地区声名卓著的人物，多为知县以上的官员，如大写意巨匠徐渭、文人书画鉴藏家李日华等。所有人物都是“大头照”，官服、衬景等传统人物画中必不可少的组成部分全部被略去。画家并没有因其身份而“为尊者讳”，以高度写实的手法，客观表现了像主日常生活的正常形象。其艺术风格以形写神，形神兼备，栩栩如生，形与神的交融达到了一个新的高度，在造型、笔墨、晕染等具体表现手法上，将西洋绘画中的明暗法、透视法等同中国传统绘画中的线描、笔墨、色彩等融合在一起，深入挖掘了“人”的精神本质，可视作中国画类型的“超级写实主义”。（徐小虎）

陶虎溪

徐惺勿

刘伯渊

王以宁

刘宪宠

童学颜

李日华（1565—1635年），字君实，号九疑、竹懒居士。李日华曾在江西、河南、北京地区任职，官拜太仆寺少卿。他曾获得思宗皇帝“孝思恬致”的赞美，故择“恬致”作为嘉兴家中客厅的名字。其代表著作主要有《味水轩日记》《竹懒画媵》《紫桃轩杂缀》《六研斋笔记》等。

利玛窦来华后，与中国诸多士大夫都有密切往来，李日华即是其中之一。李日华与利玛窦的往来始于1597年南昌任职期间。他曾在《紫桃轩杂缀》中写下对利玛窦的最初印象，“玛窦，紫髯碧眼，面色如桃花。见人膜拜如礼，人亦爱之，信其为善人也。余丁酉秋遇之豫章。与剧谈，出示国中异物，一玻璃画屏，一鹅卵沙漏，状如鹅卵，实沙其中，而颠倒渗泄之，以候更数”；还写“赠大西国高士利玛窦”一诗送给利玛窦，“云海荡朝日，乘流信綵霞。西来六万里，东泛一孤槎。浮世常如寄，幽栖即是家。那堪作归梦，春色任天涯”，反映出明代士大夫阶层对传教士利玛窦的友好态度与亲密感情。李日华还经常在自己的文集中提到利玛窦带来的新奇事物，如在《紫桃轩杂缀》中介绍欧洲常用的造纸原料利诺草；还试图将利玛窦关于世界地图的研究与中国佛教观念相融合，“近日利玛窦所作寰宇图，欧海诸处，实系海中诸洲屿，乃四洲之部属，绕昆仑麓而错处者。天地之辟久矣，风气日开，不唯中国之人远涉遐异，而荒服之士亦往往梯航而来，闻见互质，诚得合前数种，又参以职方所领志乘，所载与夫山经地疏航海之编輶轩之录，而运以千秋卓荦之笔，自成一书，亦大快也”。

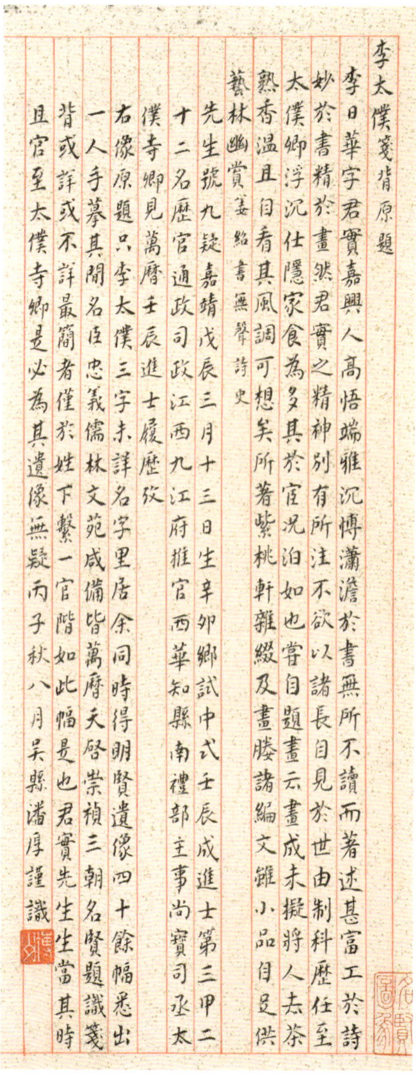
李太僕像背原題
李日華字君實嘉興人高悟端雅沉博瀟澹於書無所不讀而著述甚富工於詩
妙於書精於畫然君實之精神別有所注不欲以諸長自見於世由制科歷任至
太僕卿浮沉仕隱家食為多其於官況泊如也嘗自題畫云畫成未擬將人去茶
熟香溫且自看其風調可想矣所著紫桃軒雜綴及畫媵諸編文雖小品自足供
藝林幽賞姜紹書無聲詩史
先生號九疑嘉靖戊辰三月十三日生辛卯鄉試中式壬辰成進士第三甲二
十二名歷官通政司政江西九江府推官西華知縣南禮部主事尚寶司丞太
僕寺卿見萬曆壬辰進士履歷攷
右像原題只李太僕三字未詳名字里居余同時得明賢遺像四十餘幅悉出
一人手摹其間名臣忠義儒林文苑咸備皆萬曆天啓崇禎三朝名賢題識箋
背或詳或不詳最簡者僅於姓下繫一官階如此幅是也君實先生生當其時
且官至太僕寺卿是必為其遺像無疑丙子秋八月吳縣潘厚謹識

〔捷克〕艾启蒙　八骏图　轴

The Eight Steeds
Jgnatius Sickeltart
(Czech)

清

绢本油画／纵 224.7—232.6、横 275.2—276.7 厘米

南京博物院藏

从 16 世纪后期开始，在新航路的开辟和贸易全球化的时代背景下，欧洲的传教士们
始陆续来到中国，揭开了中西文明交流、碰撞的序幕，这股中西交流的热潮，自明代晚
肇始直至清代中期。

1582 年，意大利传教士利玛窦抵达澳门，成为西方绘画技艺传入中国的先驱，开启
西方绘画在中国的传播之路。17—18 世纪，随着更多传教士的到来，西方绘画技艺在中
得到了进一步发展。在这一时期较出名的就是"四洋画家"，即郎世宁、艾启蒙、王致诚
安德义。郎世宁（Giuseppe Castiglione），意大利传教士、画家。他于 1715 年来到中
随即进入皇宫成为宫廷画家，历经康熙、雍正、乾隆三朝，深受皇帝喜爱。同时，郎世
擅长绘骏马、人物肖像和花卉走兽等题材，风格上强调将西方绘画手法与中国传统笔墨
融合。艾启蒙在绘画方法上继承了郎世宁所开创的不同于中国传统绘画的新颖画法。这
时期，西方绘画的透视法、光影效果、色彩运用等技巧逐渐被中国画家所掌握，并与中
传统绘画技法相融合，形成了独特的艺术风格。

艾启蒙（Jgnatius Sickeltart），作为波希米亚（今捷克）的传教士和画家，于乾隆十年（1745 年）来到中国，在宫廷中担任画师。他师从郎世宁，得郎氏指授，擅长绘人物、走兽和翎毛，力图在技法上达到中西合璧。而此《八骏图》是艾启蒙的写实性代表作品，所绘八匹骏马与真马等大，均为中亚等地进贡清朝的罕见名马，神形各异，栩栩如生。这组作品不仅展现了艾启蒙高超的写生技巧，还充分体现了中西绘画技艺的融合。

马是中国历代画家钟爱的一大传统主题。艾启蒙在《八骏图》中运用了西方绘画的透视法和光影效果，使画面更具立体感和空间感。同时，他也保留了中国传统绘画的线条勾勒和色彩渲染技法，使得画面既有西方的写实性，又有东方的独特韵味。艾启蒙作为欧洲画家，画风在具西方特色的同时，又因其任职于宫廷，受到宫廷喜好及中国审美的影响，画风也出现了一系列变化，显而易见的便是在绢、纸上作画，但是画法却是油画式的，

体现了以西方画家为主视角下的中国绘画作品，是一次完美且开拓创新的“中国油画”嫁接手术。不仅保留了中国传统绘画的筋骨，如线条的流畅、墨色的浓淡变化等，还融入了油画的光影效果、色彩层次等，使作品更加生动、立体。通过巧妙的构图和色彩搭配，将《八骏图》的传统韵味与油画的现代感完美结合，创造出独特的艺术效果。

艾启蒙的《八骏图》确实可以视为明代晚期传教士入华以来，西方绘画技艺传播的余绪与发展的一个典型例证，其不仅代表了在中国审美要求下，西洋画的改变与创新，更代表了“中西合璧”艺术模式的开启，无论对于中西哪一方来说，都丰富了绘画的内涵和表现形式，推动了中西文化的交流与融合。

同吉黄
象取類地色正中央日在庚午
占星河房學惟郅治材呈吉光
祥徵
壽考瑞應我
皇銅街馳跎金埒具褭園官是
告率舞騰驤
臣王杰恭贊
海西臣艾啓蒙恭畫

籋雲駛
青琛有駿曰爲
德弦其生不偶星明房駟
我馬維駱烑隨銜龜雲肉
蘭筋天骨表異錫鸞和鈴
呈才順志匹地上行籋雲
而至
臣劉墉恭贊
海西臣艾啓蒙恭畫

飛霞騮
哈薩克阿布爾巴斯
進高五尺三寸長八尺一寸
開闔閶鞚紫騮映晨輝丹霞
流被錦韉飾金鞦英姿軒舉
俶儻無儔其光采之照耀
也如散綺而紅稠既蹀躞於
天街兮係玉仗而侍
龍樓
臣王杰恭贊
海西臣
艾啓蒙恭畫

油画《木美人》，俗称“烂大门”，是两幅在厚木板上的油画仕女图。据称是明朝洪武年间新会人李仕昇任福建莆田县教谕时所得，退归故里后将之带回，供奉于天等村（现属广东省江门市司前镇）的天后庙中，1958 年移交江门市新会区博物馆收藏至今。画像左右相对，人像面部显示出白色人种特征，由于长年被村民供奉及请出求雨，烟熏火燎，刮痕、油烟灰尘堆积严重，故其发饰及服饰较难辨认。此画是目前我国最早的西洋油画之一，在国内属于孤例。

此画的制作方式与欧洲一种室内装饰极其接近，这就是“幻像板”（Dummy Board）。从图像证据来看，《木美人》与一类男女对立的“幻像板”存在诸多图像渊源，不论从造型特点或是呈现样式上，二者都非常接近，应是其所依据的原型。“幻像板”起源于传统的绘画透视，这种人形板绘画也是那些绘画传统视错觉透视方法的延展，它们企图在拥有者的生活空间中制造一种具有娱乐性的视觉错位。已知最早的“Dummy Board”形式出现在 17 世纪中叶，其娱乐性功能在当时欧洲名流社会中已经普及，多用于商场或类似场合，属于室内装饰性绘画。这类“幻像板”至今在美国 4 家博物馆都有藏品，可作比较。如波士顿伊莎贝拉嘉纳艺术博物馆（Isabella Stewart Gardner Museum）的藏品共 2 件，高约 85、厚约 3 厘米，榉木质，是在一块人形板上的油性丹培拉肖像。陈列两件作品的环境被装饰成 17 世纪欧洲起居室样貌，这两块“幻像板”置于其中，会让观众产生一种“真人”的错觉。这样有趣的造型及略带洛可可样式的写实绘画风格，有着十分明显的商业广告性质，其装饰性远超艺术性。

关于《木美人》的服饰问题，因其发饰及服饰较难辨认，存在多种观点。吴杨波认为，《木美人》采用中国传统装束，头上均为双髻束发，身披飘带，穿直领袄，外着大袍，腹有“围腰”加“束”，外貌与福建、台湾沿海天后宫建筑中“宫娥门神”的形象高度吻合。这种观点基于《木美人》原供奉于天后庙。有学者在此基础上通过分析绘画技法，认为此画的创作者极有可能是没有受过西方绘画训练的中国人为天后庙制作。此外还有人认为画中服装表现疑是具有“中国风”的西方服饰，并非传统服饰，由此推论《木美人》似为欧洲人所做，通过商贸活动运至中国，并成为当时在中国生活的西洋人家庭之装饰品。虽然创作者的身份仍需考证，但其作为中西交流的见证是毋庸置疑的。

广州的贸易重地十三行已在 17 世纪下半叶拉开序幕。作为中国的重要商贸地区，中西交流不仅是传教士的进入布道，商贸往来也随着过往商船的互通而繁忙有序地进行。“中国风”通过大宗商贸往来传到西方的同时，中国广州地区也受到了西方生活方式的浸染。《木美人》是“幻像板”与“画中人”相遇的产物，而非单纯的“幻像板”影响的产物，二者基于一个连接点产生化学反应生成新的艺术表现形式。在对其绘画手法以及背后传统观念考察之后，可以发现这并非西方影响，而是悠久的传统吸纳与自身有着共同点的新事物，从这个角度来看，或可将这一过程称为中国早期油画的“汉化”。

参考文献：苏晓佳《“幻像板”——广东新会博物馆藏〈木美人〉再研究》，《美术》2024 年第 4 期；吴瑞林等《全球艺术史视野下的中国美人——〈木美人〉图像新解》，《美术》2024 年第 4 期；吴杨波《中国早期油画〈木美人〉考辨》，《美术》2013 年第 4 期。

木美人

明

木板油画／高160厘米

江门市新会区博物馆藏

Oil Painting of a Lady on a Wood Panel

中学外传

Chinese Learning Going Global

16—17世纪，欧洲掀起了一场前所未有的「中国热」，对于欧洲社会文化的变迁产生了深远影响。在这场跨文化的对话中，西方的学问东渐至中国，而中国的文化也逐渐西渡。中国向西方世界输送了其深邃的文化典籍、哲学思想、园林艺术和先进的印刷技术以及中国独特的丝布、瓷器、茶叶等物产，这不仅加深了欧洲对中国的认识，也催生了一个全新的领域，欧洲人的中国观从此不再建立在模糊不清的传言之上，而是形成了一套较为完整且系统的知识架构。

In the 16th and 17th centuries, Europeans experienced an unprecedented "China fever", which had a profound impact on the social and cultural changes in the European society. In this cross-cultural dialogue, Western knowledges trended eastward to China, while Chinese culture also gradually went global. China transmitted its profound cultural classics, philosophical thoughts, garden arts, advanced printing technology, as well as unique products such as silk, porcelains, and tea to the Western world, which not only promoted a deeper understanding of China among Europeans, but also gave rise to a completely new worldview: the European's understanding on China was no longer based on vague rumors, but on more complete and systematic knowledges.

编号为 Ms. I G 62 的手稿收藏于意大利那不勒斯维托里奥·埃马努埃莱世国家图书馆，由我于 1989 年发现。1998 年，关于此手稿内容的一份简介绍得以发表（参见《耶稣会士利玛窦与〈四书〉的拉丁文译本——从历传统到最新研究》，《马尔凯与东方——从利玛窦到朱塞佩·图齐的不间传统》，达仁利编，罗马，1998 年，第 175 页）。此手稿书脊上题有“Leges gni Sinensis，Confu[sius]”（《中华帝国之法，孔夫子》），源自耶稣那不勒斯学院。此外，此手稿还包含《四书》前三部经典的拉丁文译文，《大学》（第 12r—17v 页）、《中庸》（第 18r—30v 页）、《论语》（第 v—91r 页）。手稿上标有两个日期——1587 年 8 月 24 日（第 91r 页）和 38 年 4 月 11 日（第 55v 页）。（达仁利）

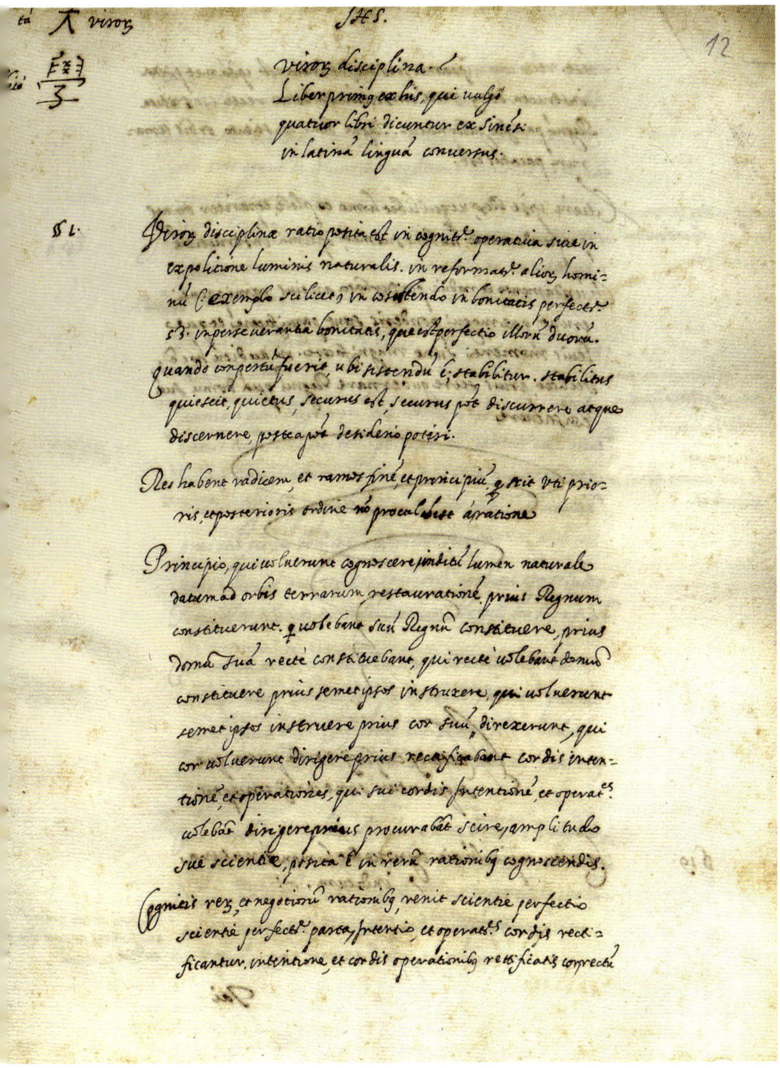

传利玛窦《〈四书〉部分文本拉丁文译文》

1587—1588 年

长 26.1、宽 22、厚 1.5 厘米

意大利那不勒斯维托里奥·埃马努埃莱三世国家图书馆藏

Latin Translation of Some Texts of the Four Books (*Sishu*)

Matteo Ricci S.J. (attributed)

传利玛窦《〈四书〉部分文本拉丁文译文》

Latin Translation of Some Texts of the Four Books (*Sishu*)
Matteo Ricci S.J. (attributed)

1591—1593 年

长 28、宽 21.2、厚 3.3 厘米

意大利罗马维托里奥·埃马努埃莱二世国家中央图书馆藏

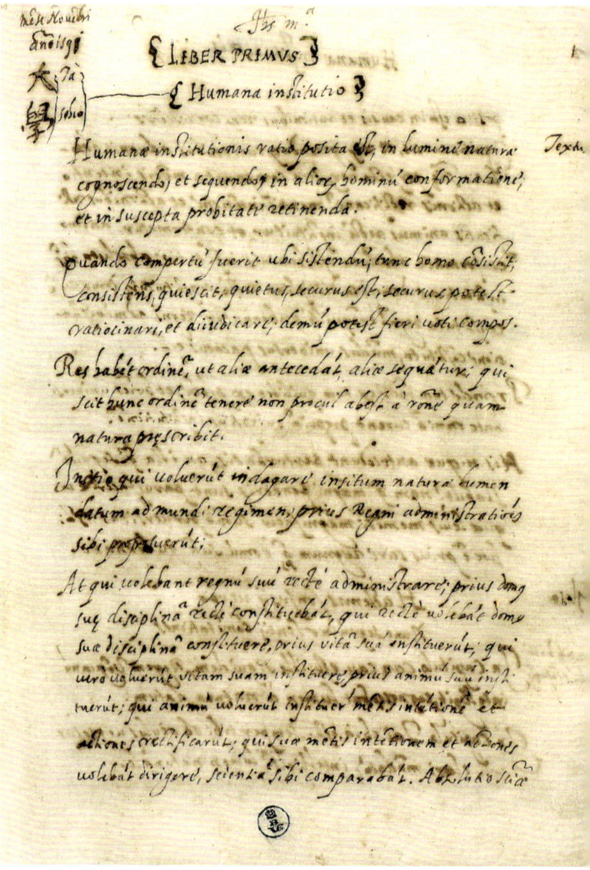

意大利罗马维托里奥·埃马努埃莱二世国家中央图书馆收藏的编号为（3314）1185 的耶稣会档案手稿，最早由耶稣会士索默戈于 1900 年在其著作《耶稣会著述目录》（巴黎—布鲁塞尔，1900 年，第九卷〔增补〕，第 826 栏）中提及。1936 年，意大利神学家德礼贤在此手稿正封底背面和封面内页正面分别粘贴了两张写有亲笔简述的纸笺。我在分别发表于 1996 年（《罗马维托里奥·埃马努埃莱二世国家中央图书馆耶稣会档案手稿（3314）1185 及其历史批评》，《致敬兰乔蒂的研究》，S.M. 卡雷蒂、M. 萨凯蒂和史华罗编，那不勒斯，1996 年，第 1 卷，第 473—483 页）和 1998 年（《耶稣会士利玛窦与〈四书〉的拉丁文译本——从历史传统到最新研究》，《马尔凯与东方——从利玛窦到朱塞佩·图齐的不间断传统》，达仁利编，罗马，1998 年，第 163—175 页）的两篇拙作中，详细介绍了此手稿的内容及其背景，并对相关评价进行了一次全面考察。此手稿包含以下部分：

第 1—13 页：《大学》；第 14 页：空白页；

第 15—41 页：《中庸》；第 42 页：空白页；

第 43—125 页：《论语》；第 126—136 页：空白页；

第 1—31 页：“从不同手稿中收集的各作者观点，由中文逐字翻译成拉丁文的第一卷”；第 32—56 页：空白页；

第 1—151 页：《孟子》；第 152—174 页：空白页。

根据一些页边注释可推测，第一部分至第三部分的撰写时间介于 1591 年 11 月至 1592 年 8 月，而第四部分可能完成于 1592 年 11 月。然而，第五部分的书页中未提及任何日期。除少数书页外，手抄本大部分是由耶稣会士罗明坚神父（1543—1607 年）书写，他于 1579 年 7 月至 1588 年 11 月 25 日期间在中国活动。尽管手稿带有罗明坚神父的笔迹，但这并不能判定他就是作者。事实上，除第四部分外（对于这一部分，罗明坚神父声明其是作者），他可能仅仅是手稿的抄写者或汇编者，这些部分呈现了《四书》的一些拉丁文译文。1988 年，我提出了一些论据支持这一假设，认为此手稿中第一部分至第三部分及第五部分的作者应为利玛窦神父（1552—1610 年）。（达仁利）

殷铎泽《中国智慧》

Sapientia Sinica

Prospero Intorcetta S.J.

1662 年

长 29、宽 18.5、厚 0.8 厘米

意大利米兰市立历史档案馆与提福兹欧图书馆藏

殷铎泽自 1659 年起活跃于中国东部，这距利玛窦去世已过半个世纪。殷铎泽决心追
这位杰出同事的脚步。实际上，他是《四书》部分内容拉丁文新译本出版最重要的贡献
，这项编辑工作持续了多年，最终在 1662 年和 1667 年得以完成。《中国智慧》便是这
工作的典范之一，于 1662 年在建昌（今江西抚州）出版。1667 年，《中国政治道德科
》则在果阿印刷出版。这两本小册子均为中拉文双语版，采用古老的中国木刻技术印刷，
种印刷方式使得这些书籍成为极为珍贵且独一无二的文物。因此，至今只有少数几本存
在西方的图书馆中，其中就包括本次展出并保存在米兰市立历史档案馆与提福兹欧图书
的《中国智慧》（B.752/9）。无论是从保存状态，还是从原始帆布封面和完好的中国传
装订来看，这本书无疑是现存最好的版本。根据原始的页码顺序，《中国智慧》包含《东
耶稣会士在主的葡萄园中的劳作》（1 页）、《献给读者》（2 页）、《孔子传，中华智
之源》（4 页）、《致前往中国的传教士与作者》（2 页）、《大学》（14 页）、《论语》
76 页）。（达仁利）

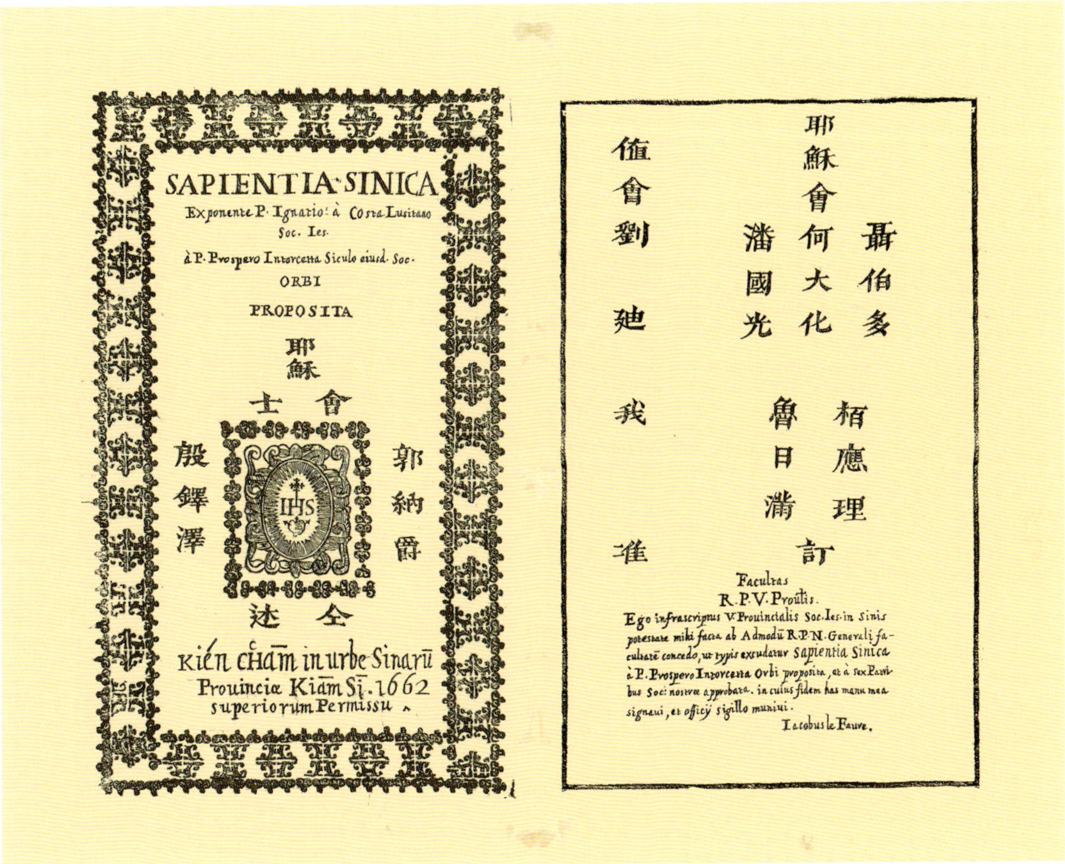

SAPIENTIA SINICA
Exponente P. Ignatio à Costa Lusitano
Soc. Ies.
à P. Prospero Intorcetta Siculo eiusd. Soc.
ORBI
PROPOSITA

耶穌會士
殷鐸澤 郭納爵
仝述

Kién chām in urbe Sinarū
Prouinciæ Kiām Sī. 1662
superiorum Permissu.

耶穌會 聶伯多 何大化 潘國光 柏應理 魯日滿 訂
値會劉廸我 准

Facultas
R.P.V. Prouli.s.
Ego infrascriptus V. Prouincialis Soc. Ies. in Sinis potestate mihi facta ab Admodū R.P.N. Generali facultate concedo, ut typis excudatur Sapientia Sinica à P. Prospero Intorcetta Orbi proposita, et à sex Patribus Soc. nostræ approbata. in cuius fidem has manu mea signaui, et officij sigillo muniui.
Iacobus le Faure.

《中国哲学家孔子，或以拉丁文表述中国人的智慧》

Confucius Sinarum philosopus sive scientia sinensis latine exposita

1687年

长35.1、宽24.3、厚3.5厘米

意大利那不勒斯维托里奥·埃马努埃莱三世国家图书馆藏

1687年，《中国哲学家孔子，或以拉丁文表述中国人的智慧》在巴黎出版。它延续利玛窦随和的语调，而他创造了一个很好的文化环境，形成了一个切实可行的儒家与基教的综合体。此书是对孔门《四书》中三本的翻译和评注，是至少17位欧洲耶稣会士不努力的结晶，主要作者是殷铎泽（1625—1696年）、恩理格（1625—1684年）、鲁日（1624—1676年）和柏应理（1622—1693年）。

此书以柏应理所撰绪论开篇，紧接着是《大学》《中庸》《论语》的翻译。书中附柏应理所著《中华帝制历史年表》、耶稣会士在中国建立的教堂地图，以及四页关于人口地理和相关统计资料的摘要。（达仁利）

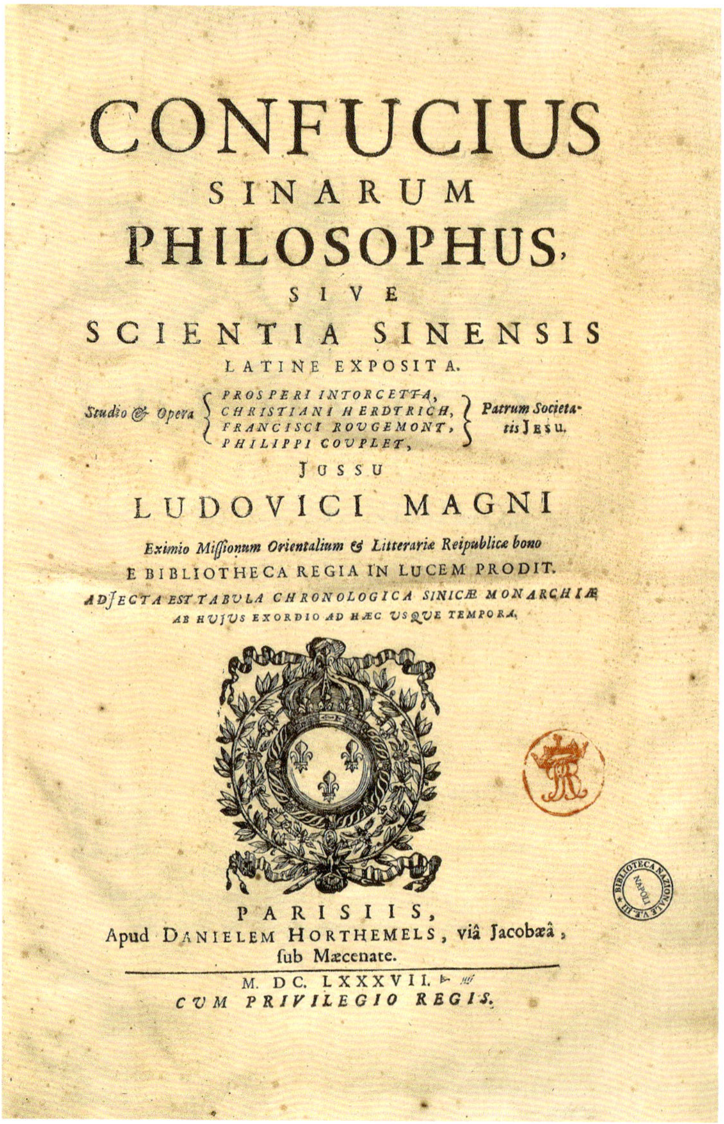

CONFUCIUS
SINARUM
PHILOSOPHUS,
SIVE
SCIENTIA SINENSIS
LATINE EXPOSITA.

Studio & Opera { PROSPERI INTORCETTA, CHRISTIANI HERDTRICH, FRANCISCI ROUGEMONT, PHILIPPI COUPLET, } Patrum Societatis JESU.

JUSSU
LUDOVICI MAGNI
Eximio Missionum Orientalium & Litterariæ Reipublicæ bono
E BIBLIOTHECA REGIA IN LUCEM PRODIT.
ADJECTA EST TABULA CHRONOLOGICA SINICÆ MONARCHIÆ
AB HUJUS EXORDIO AD HÆC USQUE TEMPORA.

PARISIIS,
Apud DANIELEM HORTHEMELS, viâ Jacobæâ, sub Mæcenate.
M. DC. LXXXVII.
CUM PRIVILEGIO REGIS.

钱德明著、赫尔曼雕刻《孔子画传》

1782—1792年

长27.4、宽20厘米

意大利驻沪总领事馆文化处藏

Abrégé historique des principaux traits de la vie de Confucius

Written by Jean-Joseph Marie

Carved by Isidore Stanislas Helman

《孔子画传》，含24幅四开版画，伊西多尔－斯坦尼斯拉斯·赫尔曼雕刻。版画根来自中国的原图雕刻而成，由在北京的法国传教士钱德明寄至巴黎，取自贝尔坦先生的藏。

伊西多尔－斯坦尼斯拉斯·赫尔曼（1743—1809年）是著名的法国雕刻家，专攻出与中国相关的插图作品。他也是1788年刊于巴黎的《帝鉴图说》的插图作者。根据P.德寺的说法（《欧洲人的儒学教育》，《艺术公报》，2016年第98期，第43—71页），尔曼从明代出版的两部儒家经典插图本作品中汲取了灵感。具体而言，《孔子画传》是《圣图》的简化和改编译本，而《帝鉴图说》则基于同名的中文著作。《孔子画传》中的24版画，每幅均附有解释性文字，通过图像叙述孔子生平中的重要事件，包括其出生与童年、学著作、去世及弟子与追随者对他的崇敬。这些图像和文字都参考了1444年儒学学者诸（1398—1460年）创作的一部受欢迎的孔子传记，形式为手绘卷轴。（达仁利）

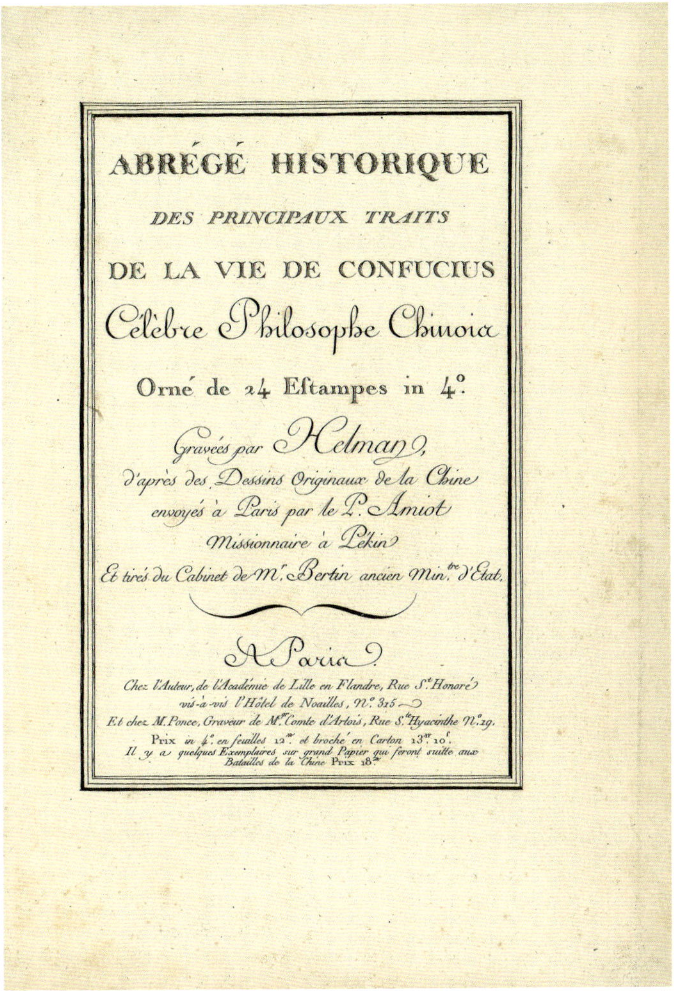

ABRÉGÉ HISTORIQUE

DES PRINCIPAUX TRAITS

DE LA VIE DE CONFUCIUS

Célèbre Philosophe Chinois

Orné de 24 Estampes in 4°.

Gravées par Helman,

d'après des Dessins Originaux de la Chine

envoyés à Paris par le P. Amiot

Missionnaire à Pekin

Et tirés du Cabinet de M.r Bertin ancien Min.tre d'Etat.

A Paris.

Chez l'Auteur, de l'Académie de Lille en Flandre, Rue S.t Honoré

vis-à-vis l'Hôtel de Noailles, N.° 315.

Et chez M. Ponce, Graveur de M.gr Comte d'Artois, Rue S.te Hyacinthe N.° 29.

Prix in 4°. en feuilles 12.tt et broché en Carton 13.tt 10.s

Il y a quelques Exemplaires sur grand Papier qui feront suitte aux Batailles de la Chine Prix 18.tt

1.
CONFUCIUS.
Helman, Sculp.
De la feule Raifon falutaire interprête,
Sans éblouir le Monde éclairant les efprits,
Il ne parla qu'en Sage, et jamais en Prophête:
Cependant on le crut, et même en fon pays.
VOLTAIRE,

发源自中国的印刷术与造纸术深刻改变了人类文明的演进方式。在中世纪的欧洲，书写的载体是羊皮纸，羊皮纸制作成本高昂，一部手抄的羊皮纸《圣经》，相当于一座葡萄园的价格。因此，欧洲平民对书籍这种文化奢侈品望而却步，严重制约了文化的普及与思想的交流。12—13 世纪，中国造纸技术的引进及廉价植物纤维纸的普及使用，使得欧洲一些中下层人士甚至平民也有条件获得知识和信息，这实际上是打破了中世纪神权对人性的桎梏和对知识的垄断。由此，以意大利为中心的欧洲社会，读书、识字的群体范围大大扩展，为文艺复兴运动创造了重要基础。所以英国人威尔斯说："即谓欧洲文艺复兴之得力于纸，亦不为过。"

印刷术之于造纸术，可谓珠联璧合，佳偶天成。欧洲人最初看到的中国印刷品，是元代的纸币。1294 年，意大利传教士孟高维诺曾在北京用中国的印刷技术出版宗教读物，较早地接触并认识了中国印刷术。大批留学生和传教士来到中国求学和传播宗教思想，返回时往往带走中国大量的图书、文献等印刷品，以兴本国学业。这直接为欧洲带去了现成的提供思想启蒙的中国印刷品和读物。唐代出现的雕版印刷使人类社会从此走上了高效率印刷、高效率传播的时代。大约在 1455 年，德国古腾堡成功运用现代金属活字印刷技术印出了基督教的教义《圣经》，这是欧洲首部批量印刷出版的纸质出版物。此后较为著名的印刷"摇篮本"还有《纽伦堡编年史》《法兰西编年史》等。印刷术提高了欧洲纸质出版物的产量和信息传播速度，极大助力了文艺复兴思想的传播，毫无疑问也是对世界文明的一大贡献。对于古腾堡的西方活字印刷术的来源问题，西班牙著名历史学家门多萨在 1585 年《中华大帝国史》中提出："显然，在中国人应用印刷术许多年之后，才经罗斯（Russia）和莫斯科公国（Moscovia，实指蒙古钦察汗国）传到德国，这是肯定的，而且可能是经过陆路传来的。而某些商人经红海从阿拉伯费利克斯来到中国，可能带回某些书籍。这样就为古腾堡在历史上被当作发明者奠定了最初的基础。看来很明显，印刷术这项发明是中国人传给我们的。"由于汉字数量惊人，因此毕昇发明的活字印刷在中国一直处于缓慢发展状态。但这期间也有几次大的台阶式提升：一是元代旌德县令王祯发明转轮拣字法；二是元代纸币印刷以雕版印刷为主体，印制过程中也经常采用"纸币植字"的活字字模印刷技术；三是元代纸币印刷采用套色拼板技术，该技术进一步发展成为"饾版技术"；四是元明之间金属活字技术被发明，特别是铜锡合金的活字技术日趋成熟，合金活字的发明基本解决了活字字模的强度问题；五是金属活字字模为排列整齐和防止受力晃动而采用了"铁线固字"技术。以上五大活字印刷的台阶式进步基本是在元代或元明之际完成的。

参考文献：万安伦等《试论中国造纸术和印刷术与欧洲文艺复兴之关系》，《教育传媒研究》2020 年第 1 期。

华藏庄严世界海图木刻版

明嘉靖

长156.3、宽133、厚2厘米

南京博物院藏

Map of the World from the Avatamsaka Sutra Woodblock Printing

饾版十竹斋画谱　册

Watercolour Block Printings of the Ten Bamboo Studio Album

明

纵 26、横 30 厘米

南京博物院藏

胡正言寫

「万历号」沉船出水瓷器

明万历

南京博物院藏

Porcelains Unearthed from the "Wanli" Shipwreck

瓷器、丝绸、茶，它们曾是独属于特定的中国文化的商品。然而，随着欧洲人引
全球贸易网络的崛起，这些商品逐渐踏足不同的地域，被各种不同的族群广泛接受。
在使用程度和方式上存在差异，但这些商品已经成为全球人类生活中无法忽视的一部
这标志着全球化的初步阶段。这个全球性的文化交流使得原本局限于特定地区的商品，
够超越国界和文化的限制，共同构建起一个丰富多元的全球化社会。

“万历号”沉船的残骸是 2003 年 11 月在距西马来西亚海岸约 10 公里的 40
下被瑞典私人打捞者史坦（Sten Sjostrand）发现的。“万历号”沉船是欧洲式设
长约 18 米，当时的葡萄牙人经常使用这类小船，此船很可能曾经往返于澳门、马六
印度果阿和马尼拉之间，而这正是葡萄牙人使用频繁的一条贸易路线。“万历号”
没可能与荷兰人的攻击并抢占这批瓷器有关。17 世纪荷兰人来到了东南亚，他们
六甲尝试驱逐葡萄牙的势力并占领其从 1511 年起建立起来的市场。

青花花卉纹葫芦瓶
底径 6.2、高 17.5 厘米

青花花卉纹碗
口径 9.5、足径 4.3、高 5.2 厘米

青花团花纹碗
口径 21.7、足径 6.4、高 10 厘米

青花鹿纹盘
直径 21.5、高 4 厘米

青花树石纹盘
直径 28.8、高 5.3 厘米

〔荷〕维米尔　在窗前读信的少女

1662—1664年

布面油画／纵46.5、横39厘米

荷兰国立博物馆藏

Girl Reading a Letter at an Open Window
Johannes Vermeer
(Netherlands)

在谈及荷兰人所见到的中国瓷器时，从荷兰画家维米尔的画作《在窗前读信的少女》中可以打开一扇窗户。著名汉学家卜正民（Timothy Brook）在他的著作《维米尔的帽子》中，对于这幅画作这样写道："目光会先投向那个少妇，但在维米尔那个时代，那只盘子大概会和那少妇争夺观者的目光。在当时，那样的盘子赏心悦目，但仍旧不常见，而且贵得并非人人都买得起。在那之前一二十年，中国瓷盘鲜少出现在荷兰绘画中，但那之后一二十年，中国瓷盘到处可见。17世纪50年代那十年，正是中国瓷器在荷兰艺术里——如在荷兰人生活里——赢得一席之地的年代……代尔夫特以生产精致陶器而著称，因此在绘于代尔夫特的画作中画上这只盘子，丝毫不显突兀。这只盘子将是一道门，透过这道门，我们将走出维米尔的画室，走上从代尔夫特通往中国的数条贸易长廊。"

荷兰代尔夫特陶壁砖

Ceramic Panel, Delft, Netherlands

17 世纪下半叶

每小块边长 13 厘米

英国维多利亚和阿尔伯特博物馆藏

荷兰东印度公司运回欧洲的瓷器乃是供虚荣性消费的昂贵商品，只落入那些买得起的人手中。对于其他买不起的人，欧洲陶器制造者提供进口替代品。其中卓然有成的包括代尔夫特的陶工和制陶砖工。他们的先祖于 16 世纪从意大利的法恩扎（Faenza）迁来，先往北迁到安特卫普寻找工作，然后继续北移，以躲避西班牙军队镇压荷兰独立运动掀起的战乱。他们带来陶器制造知识，在代尔夫特知名的啤酒厂里设立陶窑。在这些新近改建的制陶厂里，他们开始根据来自中国的新的瓷器审美风格摸索复制，成品推出后受到市场欢迎。

代尔夫特陶工的产品，是一种锡釉陶器，质量虽比不上中国的青花瓷，但也相对较好，而且价格低廉。在荷兰东印度公司开始贸易的前几年，一般人只买得起几件瓷器，代尔夫特精陶为这些人提供了买得起的替代品。代尔夫特陶工不只模仿，同时还有所创新。他们最畅销的是青花壁砖，满足了代尔夫特资产阶级兴建新宅的需求。壁砖的蓝色散发出一丝迷人的中国风，而壁砖表面所绘人物的线描风格，隐约重现了一般人大概会认为是中国风格的内容。

英国维多利亚与艾尔伯特博物馆所藏这件壁砖，由 36 块小的陶板画组成，主体纹饰是具有典型中国风格的牡丹纹，两只鸟对称栖于花枝之上。整个花束被置于一个花盆之中，这种式样的花盆则具有欧式风格。

参考文献：［加］卜正民著、黄中宪译《维米尔的帽子——17 世纪和全球化世界的黎明》，北京日报出版社，2023 年。

荷兰代尔夫特青花开光花卉纹陶盘

1660—1680 年

直径 38.8 厘米

英国维多利亚和阿尔伯特博物馆藏

Dish of Tin-glazed Earthenware with Oriental Floral Pattern in Blue, Central Vase and Flowers, Border in Compartments, Delft, Netherlands

Bequeathed by Algernon Brent, Esq.

这三件陶盘模仿了中国的克拉克瓷器风格。一件为花卉纹，一件为庭院人物纹，人风格是中国式样，但其背景的花园则是欧式风格。还有一件 17 世纪下半叶德国制青花人物纹盘，其造型比较特殊，口沿为花口，盘壁也呈凸起的花瓣形，图中人物纹饰是的中国式样，取材于传统瓷器绘画题材中的松下高士图。

克拉克瓷器泛指明末清初中国外销欧洲的定制瓷器。其装饰图案虽然以中国风格的饰为主，但为了迎合海外的消费者，也做了适度的改造。以克拉克瓷盘为例，其有特定纹饰风格——盘心、盘壁两层纹饰布满全器的内里，中心图案以山水、花鸟、人物或动为主题，边壁是八至十组的开光纹饰。最早运到阿姆斯特丹的一大批中国瓷器，并不是兰人千里迢迢运来的，而是荷兰人、葡萄牙人在公海上敌对的结果，而且就发生在圣赫拿岛外海。1602 年，“白狮”号沉没的 11 年前，一队荷兰船只在该海域击败葡萄牙船伊阿戈”号（San Iago）。他们轻松夺下“圣伊阿戈”号，将它连同所有船货带到阿姆特丹。在该城码头上，随之出现大批中国瓷器。这批首次抵达荷兰的瓷器，引来全欧各的买家抢购。荷兰人称那是克拉克瓷（Kraak porcelain），以表明那是来自葡萄牙的克武装商船。

参考文献：[加]卜正民著、黄中宪译《维米尔的帽子——17 世纪和全球化世界的黎明》，日报出版社，2023 年。

荷兰代尔夫特青花开光庭院人物图陶盘

17世纪下半叶

直径 34.6 厘米

英国维多利亚和阿尔伯特博物馆藏

Plate of Tin-glazed Earthenware Painted in Dark Blue, Delft, Netherlands

Given by Señora Riaño

德国布伦瑞克青花黄彩高士图陶盘

17世纪下半叶

直径 34.3 厘米

英国维多利亚和阿尔伯特博物馆藏

Dish of Earthenware Painted with Enamels, Brunswick, Germany

Presented by Lt. Col. K. Dingwall, DSO with Art Fund Support

土耳其奥斯曼王朝伊兹尼克缠枝莲纹盆

Basin, Ottoman Dynasty, Iznik

1525年

口径 43.2厘米

大英博物馆藏

伊兹尼克位于土耳其布尔萨地区伊兹尼克湖的北岸，曾是拜占庭时期的一座重要城市这里出产的白色黏土能够烧制出一种独特的玻璃质白陶。15—17世纪，伊兹尼克成为土其重要的制砖、制陶中心。由于伊兹尼克地处古丝绸之路的西行贸易线上，其陶艺风格到中国及波斯等陶瓷文化与制作技术的影响，形成了融汇东、西亚元素的独具特色的伊尼克蓝白釉陶。伊斯兰艺术善于运用抽象的几何图案、植物纹饰。伊兹尼克釉陶器除了承传统的装饰手法之外，也从中国的瓷器纹样中吸收精华加以改造。据马文宽研究，奥曼土耳其釉陶器上模仿的中国纹饰约有13种。早期伊兹尼克釉陶器器形多来源于金属器16世纪初出现孔雀绿釉加上青花料和橄榄绿彩的器物，稍后出现锰紫彩、灰彩和灰绿彩16世纪后半期，又出现了明亮的红彩和绿彩来描绘丰富多彩的宫廷样式。中国青花瓷器影响一直存在，与当地的传统纹样相结合，生产出明显的具有自身特色的器物。17世纪兹尼克制陶业仍然在持续，但质量逐渐下降，釉不明亮，纹饰也大不如前。

土耳其奥斯曼王朝伊兹尼克花卉纹盘

Dish, Ottoman Dynasty, Iznik

16世纪

直径35.5厘米

大英博物馆藏

日本「吴祥瑞」款青花开光山水纹盆

16 世纪

口径 23.5、底径 15.5、高 8.5 厘米

南京博物院藏

Blue and White Basin with Mountain and River Pattern and Inscription "Wu Xiangrui", Japan

16—17 世纪是中国青花瓷传入日本的重要时期。日本陶艺家伊藤五郎大夫（伊藤五大甫），于明朝正德年间随日本僧人来到中国，在中国几经辗转来到景德镇学习制瓷技术并取中文名“吴祥瑞”。他与日本使节一同归国时带回了大量中国瓷土和釉料，在日本前伊万里筑窑，开创了日本青花瓷的先河。

明代晚期中国外销日本的青花瓷，主要是“古染付”和“祥瑞瓷”。明末天启年间景德镇民窑烧造并销往日本、为茶人所喜爱的青花瓷，在日本被称为“古染付”。“古染付”多为盘、碗、盏、炉等实用器，口沿处因釉料爆裂所产生的“虫蚀”（釉剥）现象，亦其特征。其纹饰内容丰富，笔法飘逸传神。“祥瑞瓷”作品主要分为青花瓷和彩绘瓷两种以前者为主。瓷器口沿带酱釉，具有崇祯年间的风格，其主要制作时间应在明崇祯至清之间。“祥瑞”之称源于这类瓷器中部分器身带有“五良大甫吴祥瑞”的铭款。“祥瑞瓷”以几何图案结合花鸟、山水纹样之设计为特色，亦多见书有吉祥意味之文字或诗歌者。较于古染付，祥瑞瓷烧造质量较好，青花发色深蓝，几乎未见虫蚀现象，且祥瑞瓷虽多色泽鲜艳的青花来描绘纹样，但也有施加釉上彩的五彩瓷和青瓷等，装饰技法较古染付为丰富多彩。

呉祥瑞

〔意〕安德烈亚·曼特尼亚 三博士朝拜圣婴

1495—1505年

布面胶画／纵55、横71厘米

美国洛杉矶保罗·盖蒂博物馆藏

Adoration of the Magi
Andrea Mantegna
(Italy)

西方的宗教绘画中往往有中国瓷器的身影，这无疑给来自中国的这种器物增添了神圣、高贵的色彩。谈到欧洲人对青花瓷的钟爱，大多会从1495—1505年的意大利画家安德烈亚·曼特尼亚（Andrea Mantegna）完成的《三博士朝拜圣婴》作品开始，这是目前所见的欧洲最早有青花瓷出现的绘画。画面上，圣家族的目光都聚焦于一博士手上盛有金币的青花瓷杯。在众多人物之中，圣家族被表现得细腻而明亮，那只小小的青花瓷杯仅存下方，却是与圣母、圣婴呼应的第二聚焦点。这件青花瓷杯，侈口，外口沿饰一周卷草纹，主体纹饰是缠枝或折枝的花卉纹，这样的纹饰具有典型的明代中期特征。意大利画家首得风气之先，这得益于蒙元时代双方频繁的交流，在马可·波罗之前，已经有不少意大利和威尼斯商人与各种使臣往来交流，搜集并带来东方珍宝，其中就包括青花瓷。当然，意大利的地理位置也给它带来占尽欧洲先机的天然幸运，它居于东西方贸易的要冲，来自东西方的奇珍异宝等货物在此集散。13世纪中叶，中国商品及艺术品通过此地陆续被带往意大利，达官贵人们收藏之后，余品再由意大利销往欧洲。因此，意大利画家首先接触到青花瓷不仅不足为怪，而且是幸运的。另外一件《基督为门徒洗脚》也常因画中的青花瓷而为关注中西交流史的学者所乐道，又是一位意大利画家，乔凡尼·阿戈斯蒂诺·达·洛迪（Giovanni Agostino da Lodi）于1500年创作，描绘耶稣为门徒洗脚的情景，这是来自《圣经》中的故事或典故。类似这样题材的油画用作洗脚盆的有木桶，也有金属盆，而此画作中以瓷盆作为洗脚盆，被画家置于画面的底部，格外显眼。这是一件来自中国明代景德镇的官窑瓷器，类似这样大尺寸的盆，其品种可能是青花，也可能是釉里红。我们可以看到在其内口沿为连续的∞纹，这种纹饰曾经在景德镇有类似的标本出土，外口沿是一周缠枝花卉纹，其下一层的主体纹饰也是一周缠枝花卉纹，花卉、花枝细密卷曲，这是典型的明代洪武时期的纹饰特征，而且是洪武御窑产品。把这样一件来自中国御窑的珍品献给耶稣，为圣徒洗脚，更何况是在最重要的“逾越节”所举行的仪式上，画家当然要给耶稣准备一件美德皆配位、神圣而荣耀的神器。

参考文献：李冬君《天青：文艺复兴和启蒙时代的中国格调》（下），《经济观察报》2023年12月18日。

青花缠枝牡丹纹碗

Blue and White Bowl with Pattern of Poenics with Interwined Branches

明洪武

口径 41.7、足径 23.4、高 17.1 厘米

景德镇御窑博物院藏

［意］乔凡尼·阿戈斯蒂诺·达·洛迪 基督为门徒洗脚

1500 年

木板油画／纵 132、横 111 厘米

意大利威尼斯美术学院美术馆藏

青花「赤壁赋」图碗

Blue and White Bowl with Pattern of *the Song of the Red Cliff*

明

口径 14.5、足径 7.1、高 8.8 厘米

南京博物院藏

〔法〕雅克·利纳尔 五种感官

1638 年

布面油画 / 纵 55、横 73 厘米

法国斯特拉斯堡美术馆藏

〔意〕乔凡尼·贝利尼　诸神的盛宴

The Feast of the Gods
Giovanni Bellini
(Italy)

1514年

布面油画／纵170、横188厘米

美国国家美术馆藏

当青花瓷在《诸神的盛宴》上出现时，那种被孤宠为举世无双的神品、诱惑凡人受宠若惊的眼神荡然无存了，因“违和”或“突兀”的异域情调、营造的审美落差所带来的惊诧效果也不见了。神品就应该在神的手上，三件青花大器，一件顶在男侍神的头上，一件捧在女神的手上，还有一件置于诸神席地而坐的草坪上，它们装着琼浆仙果，本分、闲逸、自若，在诸神的盛宴上它们就是名副其实的餐具。《诸神的盛宴》完成于1514年，据说是威尼斯画家乔凡尼·贝利尼（Giovanni Bellini）为费拉拉（Ferrara）公爵阿方索一世德斯特（Alfonso I d’Este）创作的油画。画面上的人物皆为古罗马诸神，一幅画里同时出现3件青花大器，表明16世纪初青花瓷已经进入意大利有实力的家庭，并且成为家族实力的象征。因此，有实力的上层之家或有上升潜力的攀附之家，对收藏青花瓷趋之若鹜，他们不仅在家里专辟收藏室，还要借各种机会竞相展示，诸如邀请画家绘画“诸神的故事”，将最珍贵的神器献给神等。据学者猜测，紧挨着草坪上那只青花大碗席地而坐的，可能就是公爵阿方索一世和他的妻子。总之，画家们得到的实惠，除了不菲的润笔，还有因此而接触更多数量或种类青花瓷的机会。

参考文献：李冬君《天青：文艺复兴和启蒙时代的中国格调》（下），《经济观察报》2023年12月18日。

青花云龙纹罐

明嘉靖

高 64 厘米

南京博物院藏

Blue and White Jar with Cloud and Dragon Pattern

明代中后期，陆路对外交往亦维持着相当规模。尽管所谓“亚洲内陆圈”并非典型朝贡国，与明廷亦非封贡宗藩关系，其中也可能包含商贾充任的伪使，但相较于海路外交在非典型朝贡圈的急剧萎缩，明代中后期陆路对外交往的重要性甚至还略有上升。在文献中有零星线索可以窥见当时与西域诸国交往中的瓷器传播。

《明实录》载成化二十年（1484 年）：“赐火失阿儿等处羽奴思王虎斑绢、磁器，从其使臣请也。”《明史》“日落国”条载：“弘治元年，其王亦思罕答儿鲁密帖里牙复贡。使臣奏求纻、丝、夏布、磁器，诏皆予之。”《明史》“失剌思”条载：“嘉靖三年与旁近三十二部并遣使贡马及方物。其使者各乞蟒衣、膝襴、磁器、布帛。天子不能却，量予之。”

明代中后期，御器厂管理不如早期严格，嘉靖朝官窑烧造更开始采取官搭民烧的方式，确实有部分器物流入市场。1556 年访问广州的葡萄牙传教士克路士曾经记录：“瓷器有极粗的，也有极细的；有的瓷器公开售卖是非法的，因为只许官员使用，那是红色的和绿

青花花卉纹盘

Blue and White Plate with Floral Pattern

明嘉靖

直径 54.7 厘米

南京博物院藏

色的，涂金的及黄色的。这类瓷器仅少量偷偷出售。”克路士访问广州是在嘉靖三十五年（1556 年），能够见到私下贩售的宫廷专属黄釉瓷器，可见确实有部分官窑瓷器私下贩售，进而透过葡萄牙及沿海私商的贸易网络流通至海外。前述历史及文献梳理已经显示了当时官窑瓷器通过外交赏赐流通至海外的通路，尤其是经陆路自中亚直至中东的交通路线。

集中显示当地瓷器收藏的伊朗阿德比尔寺及土耳其托普卡比宫中，有不少明代中后期的官窑瓷器。其流通渠道，部分器物可能积存至晚期后经私商流通出海，但鉴于明代中后期与中亚、西亚地区的交往及文献中明确的给赐记录，两地藏品中应也保存了经由官方外交馈赠流通至此的部分。

参考文献：陈洁《明代宫廷对中、西亚的瓷器馈赠——以陆路外交为中心的考察》，《景德镇陶瓷》2023 年第 4 期。

棉布

Cotton Cloth

明

长252、宽35厘米

南京博物院藏

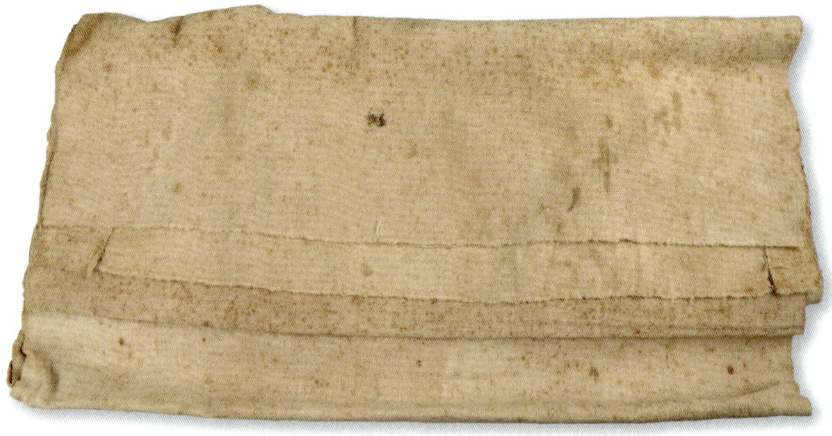

“南京布”，温暖全世界。“南京布”，是英语汉译名，英文称 Nanking Cloth，简写作 Nankeen，得名于明清时期来华经商的西方人。此布以“南京”命名，却不主产南京。出版于 20 世纪 40 年代的《中国棉纺织史稿》指出：“真正的所谓南京土布，或印度公司指定订购的所谓棕色土布，不知究竟出产在哪个地区，大约即江南苏松一带所的一种紫花布。”后有研究者进行了更确切的解释，称明代南京本身便指以南京为首府整个南直隶地区，辖区包括南京及苏州、松江等州府。晚明在华的意大利耶稣会士利玛曾记述，上海左近盛产棉花，因此布匹颇丰，整个地区大约有二十万名织布工人，织出布匹大部分供应朝廷和北直隶。

“南京布”是有色彩的，耶稣会士资料中曾提到有“蓝色及赭色”“浅或深蓝色”而以紫花为主色调。无论是《大卫·科波菲尔》中的 Nankeen bosom，还是包法利夫的紫花布长袍，或是基督山伯爵的紫花布裤，都是来自中国的紫花布，“紫花布”亦成“南京布”的另一代称。康熙《嘉定县志》所记“南京布”是用所谓的“紫花”（紫色棉花作原料织成的土布，因此不经印染就有天然颜色。中国手纺棉布早在 16 世纪地理大发现就由葡萄牙人等外销至欧洲，并逐渐名扬海外。到 18 世纪，“南京布”的外销数量更为大。如 1786 年，各国对“南京布”的需求已增加至英国 42000 匹、美国 33920 匹、荷 98200 匹、丹麦 78000 匹、瑞典 10900 匹、法国 72000 匹、西班牙 37000 匹，总量突 30 万匹。据估算，当时一匹“南京布”的价格在白银 0.31 两。清乾隆五十八年（1793 年英国马戛尔尼使团人员比较详细地描述了“南京布”。马戛尔尼本人记道：“这里应指出因价钱便宜、穿着舒适和色彩漂亮为英人普遍使用的中国南京棉布，却并非如大家想象染成的，而是用一种当地的棕色棉花制作，这种棉花主要在江南和浙江省种植。我从可来源得知，这种棉花在吕宋岛马尼拉境内也生长。”马戛尔尼又记道：“孟买棉中国人要用来生产所谓的南京棉布，但它是乳白色，非纯白。”“现在东印度的白棉在伦敦每售 10 便士（见 1794 年 6 月的时价），但若以每磅 1 先令售卖，仍比西印度棉价便宜大三分之一，因之这一条件，加上我们使用机器（在中国从未用机器生产），减少劳动费以及染料的节约，可以在短期内以低价格向曼彻斯特百姓提供南京棉布，完全排除我们前从广州进口这种货物。”

在造园历史上，中国传统园林很早就对西方园林产生过影响，因而，在欧洲，很早就关于中国园林西传的记载。欧洲人第一次知道中国园林大约可以追溯到马可·波罗时期，游记里对南宋宫殿花园的赞美引起了西方人对中国园林的注意。随着西方传教士和使的到来，中国园林通过他们的游记与回忆录越来越多地被西方人了解与认识。如 16 世纪神父金尼阁（Nicolas Trigault）的《基督徒中国布教记》，1655 年出版的意大利传教卫匡国（Martino Martini）的《中国新图志》（Novus Atlas Sinensis），1655 年荷东印度公司使节随员纽霍夫（Johan Nieuhoff）的记事报告，1668 年葡萄牙人安文思神（R. P. Gabriel de Magail Lans）的《中华新记》（Nouvelle Relation de la Chine，译本 1690 年出版），1747 年问世的《传教士书简》中收编的耶稣会士法国画家王致诚父写给达索（M. d'Assaut）的信件……这些都或多或少地描绘了中国园林的景致，赞了中国园林的魅力。其中，王致诚神父的信件还很具体深入并且十分生动地介绍了中国造园艺术，比较了中国园林同欧洲古典主义园林的差别，并触及了中国园林以景为单位重要结构原理，在欧洲发表后引起了巨大反响。传教士和使节们从东方带回的关于中国林的信息引起了欧洲人的好奇，他们在建筑和造园上对仿造中国式风格表现出极大的兴当时出现了一批为仿造而编写的书籍。如，1668 年在德国纽伦堡出版的《东西印度及国的私家和宫廷花园》（East and West-Indian and Likewise Chinese Pleasure-and te-Garden），这是最早的一部关于中国园林的专著；1685 年威廉·坦帕尔（William nple）所著的《关于伊壁鸠鲁的园林》（Upon the Garden of Epicurus）不仅将中国的园艺术正式介绍给英国造园界，还对欧洲整形式园林与中国自然式园林进行了比较和评论。

此图册所描绘的东庄，即是明代中期中式园林的典范之作。此园最初由吴宽之父吴孟始建，此时苏州的建造私宅之风正在慢慢兴起，后经过吴宽之手营建，又因吴宽赴京上任，庄又被其弟吴宣接手，后由吴奕（吴宣之子）建造，东庄经过三代人的持续修建，终成州城内的一座名园。沈周《东庄图》不仅是传统绘画艺术的瑰宝，而且具有高度的写实亦是考证古代名园的珍贵资料。通过深入分析可知，图册不仅全面绘写了园林自然优的风景，鲜明生动地再现了园林造景的生态特征，也寄托了丰富的情怀和深厚的情谊，成了情景交融的艺术景境。此外，图册还诠释了中国传统文人园林审美的一个独特原则，园林景境水平的高下与园林主人的道德品望密切相关。

参考文献：刘雪芳《中西传统园林水艺术比较》，湘潭大学硕士学位论文，2008 年。

沈周 东庄图 册

Landscape of Dongzhuang Album
Shen Zhou

明
纸本设色／纵 28.6、横 33 厘米
南京博物院藏

白釉茶叶罐

White-glazed Tea Canister

明

口径 7.8、通高 15 厘米

陕西历史博物馆藏

1497 年，处在地中海通往大西洋出口处的葡萄牙人，绕过好望角，开辟了连接东西的新航路。葡萄牙人凭借其技术先进的海军，成功获得了和中国最早的贸易权。明武宗正元年（1506 年），葡萄牙商人进入中国，开始学习饮茶，为茶叶输入西方国家创造了条件正德十一年（1516 年），葡萄牙人以马六甲为根据地，来中国进行包括茶叶在内的贸易动，中国海上茶叶贸易自此成为常业。正德十二年（1517 年），葡萄牙商船结队来到中国葡公使至北京交涉，要求准许他们留居在澳门，进行商业交易活动。美国威廉・乌克斯的《叶全书》称，约在 1560 年，葡萄牙神父达斯帕尔・达・克路士（Gaspar da Cruz）著《国茶饮录》，该书是将中国的茶叶及饮茶方法等知识较早介绍到欧洲的专著之一。葡萄牙先把茶叶运到葡萄牙首都里斯本，然后荷兰东印度公司的商船又把茶叶从里斯本运到荷兰法国和波罗的海港口（Baltic ports）。当时，荷兰和葡萄牙在政治上结盟。然而这种联在 1602 年中断以后，荷兰依靠海军优势，取得了海上霸权，独自开始了与中国的全面贸易1601 年，荷兰开始与中国通商，次年成立荷兰东印度公司，专门从事远东的海上贸易，来在印度等地谋求茶叶的种植和加工。根据泰南（J. E. Tennent）的记载，1600 年，荷人开始试种中国茶树，但是未能成功。1607 年，荷兰东印度公司海船首次从爪哇到达澳门运载中国绿茶转销欧洲。1610 年，荷兰人再次从爪哇将中国茶叶辗转运回欧洲试销。此后中国茶叶出口是荷属东印度公司最主要的经营业务，贸易时间达数十年之久，茶叶因而逐发展成为欧洲人日常生活必需的饮料。1635 年，茶成为荷兰宫廷中的时髦饮品，饮茶开在荷兰上流社会流行。1637 年，茶饮之习风靡全荷兰，荷属东印度公司嘱其西返船只，次均购中、日茶叶若干，以资应市场的需求。荷兰东印度公司董事会的十七董事上书于巴维亚总督的呈文中称："茶叶已开始为人民所需要，吾人希望每艘船均装有若干箱中国茶日本茶。"这些表述都说明当时茶叶已经成为欧洲的正式商品。中国茶叶源源不断地输入荷兰饮茶风习逐渐从上层社会影响到社会各个阶层，因此荷兰饮茶人口不断增加，约在 1640 年茶叶成为荷兰海牙社会上的时髦饮料。荷兰号称"欧洲马车夫"，是工业革命率先崛起的国。当荷兰人于 1636 年前后将茶叶传入法国巴黎时，曾经一度遭到保守派医生们的反对由于荷兰人的宣传与影响，饮茶之风迅速波及英国、法国等欧洲国家。

参考文献：章传政《明代茶叶科技、贸易、文化研究》，南京农业大学博士学位论文，2007 年

啜罢江南一椀茶，枯肠历历走雷车。
黄金小碾飞琼屑，碧玉深瓯点雪芽。
笔阵陈兵诗思勇，睡魔卷甲梦魂赊。
精神爽逸无余事，卧看残阳补断霞。

——（元）耶律楚材《西域从王君玉乞茶因其韵七首（其七）》

金盖玉杯、金承盘附金茶匙

Jade Cup with Golden Lid, Saucer and Spoon

明

杯口径 7.1、高 6.7 厘米，杯盖径 7.4、高 4.2 厘米

承盘直径 14.7 厘米，勺长 15.5、宽 3.2 厘米

南京博物院藏

玉杯直壁，自器口以下徐徐收敛。金盖呈圆拱形，凸起的弧面分成两阶，盖顶立金珠，捉手。金承盘圆形，中有托圈，以纳杯足，故原应为一整套。茶匙亦是其附带之物，匙作心形，中有数枚穿孔，应是酌取“加料茶”中的佐味品之用。它和点茶时代在碗中“击”茶汤之茶匙功能不同，形制亦有别。宋元时饮茶所用茶盏和茶托配套，通称“托盏”，这件玉茶杯的形制相去甚远。

玉茶杯是茶具中的极品。孙机认为：“耶律楚材诗中所称玉茶瓯应与本品相类。唯因时饮末茶，茶色白，尚黑瓷茶具，故玉茶瓯也采用深色的碧玉。明代改饮散茶，尚白瓷茶具，此玉茶杯遂采用白玉……由于我国元代已生产蒸馏酒，性烈。至明代，饮烈性酒逐渐形风气。酒杯从而变小，多用酒盅。纵然有稍大的酒杯，也不加杯盖。清代的盖碗更是专的茶具，不用于饮酒。何况酒杯从不附匙。所以这套杯具与饮酒无关。”

终章

美美与共

Epilogue

Promoting Shared Prosperity

千文万华

Time-honored Glamour of Lacquerwares

髹漆不朽。漆器艺术是中华文明对世界的一个重要贡献。在中国漆器的流转与发展中，以其深厚的文化底蕴和精湛的技艺，对整个世界尤其是东亚地区产生了深远的影响。明代中国的漆器工艺不仅更加精湛，而且在设计与制作上呈现出前所未有的创新性与多样性。与此同时，日本和琉球等国也吸收了中国漆器艺术的精华，并结合自身的文化特色，形成了各具特点的漆器风格。这些漆器不仅是实用的日常用品，更是承载着各自民族文化与审美情趣的艺术品。这种艺术的交流与碰撞，不仅促进了各国漆器艺术的共同发展，也促进了不同文化之间的交流与融合，共同谱写了一段跨越时空、国界的艺术发展史。

Lacquerware technique, a kind of time-honored art, is an important contribution of the Chinese civilization to the world. During the inheritance and development of the Chinese lacquerware technique, its profound cultural heritage and exquisite craftsmanship influenced the entire world, especially the East Asia. During the Ming Dynasty, Chinese lacquerware craftsmanship not only become more exquisite, but also achieved unprecedented innovation and diversity in design and production. At the same time, countries such as Japan and Ryukyu absorbed the essence of Chinese lacquerware art and, combined with their own cultural characteristics, formed distinctive styles of lacquerwares. Lacquerwares are much more than practical daily utensils but also the works of art that carry the cultural and aesthetic tastes of their respective nations. This exchange and interaction of arts not only promoted the development of the lacquerware art in various countries but also facilitated the exchange and integration of them, jointly composing a chapter in the history of artistic development that transcended the borders of time and territory.

方如椿制黑漆描金山水人物图奁

Black-lacquered Gold-painted Makeup Case with Landscape and Figure Design Made by Fang Ruchun

明崇祯

长 51、宽 33.9、通高 13.8 厘米

南京博物院藏

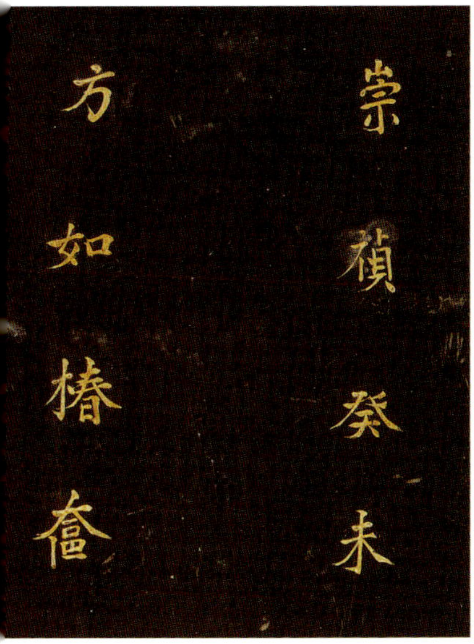

木胎。平面呈圆角长方形，中腰开口，下为壶门式底足。表里均髹黑漆，盖面描金绘山水人物，盖沿与器底立墙均为竹丝编制。四框点缀描金花鸟，外足墙描金绘花卉，画笔生动有致。盖里、盒底均有“崇祯癸未方如椿奁”款。癸未，即崇祯十六年（1643 年）。韩国亚洲漆研究所藏有中国晚明至清代篾胎描金婴戏图漆圆捧盒，该盒黑漆描金，树冠夹叶细如微芒，树下童子线条流利，线面交替，备极生动，盘底书“康熙辛丑”款，编织之精巧，描绘之细，与此奁如出同一匠人之妙手。

黑漆嵌螺钿人物故事图梅花形几

明

直径56、高22厘米

南京博物院藏

Black-lacquered Plum-blossom-shaped Small Table Inlaid with Mother-of-pearl Pattern of Stories

嵌螺钿，亦作“螺填”“螺钿”，应属《髹饰录》中填嵌门一类，是用贝壳镶嵌到镂或髹漆器物上的一种装饰技法。具体方式是将蚌壳、螺贝等材料磨成薄片，将其切割成人物、鸟兽、花草等各种形象并拼粘在漆坯上，后上灰底、髹漆，再磨显后在螺钿上刻划花纹。螺钿工艺最早出现于商代，唐代已达到很高的水平，螺钿漆器有厚螺钿镶嵌和薄螺钿镶嵌之分，薄螺钿以珍珠贝壳、鲍鱼贝、夜光螺等材料制作，精制螺片薄如蝉翼。

黑漆嵌螺钿二十四孝图盒

明

通高 25 厘米

南京博物院藏

Black-lacquered Box Inlaid with Mother-of-pearl Pattern of Stories of *Twenty-Four Filial Exemplars*

剔犀如意云纹五重盒

14—16世纪
高 26 厘米
南京博物院藏

Carved Lacquered Five-Tier Box with Ruyi and Cloud Pattern

剔犀，雕漆的一种，雕镂门中自成一类，纹饰以剑环、绦环、回纹、卷草、重圈、钩纹等几何图案为主，和雕漆中的剔红一样，在元明达到历史高峰。《髹饰录》中对剔犀的描述：“剔犀有朱面，有黑面，有透明紫面。或乌间朱线，或红间黑带，或雕黸等复，或三色更叠。”

此件剔犀漆器，为“乌间朱线”，剔刻层层叠叠的如意云纹。足内及盒内均髹黑漆。髹漆时黑色漆层较厚，红色漆层较薄，刀口断面可见不同色层，整体质地润泽，如意云线条粗细变化丰富，雕刻工艺精湛，纹饰立体感极强。

剔红人物故事图葵形盘

明

长24.5、宽17.5厘米

南京博物院藏

Sunflower-shaped Lacquered Plate Carved with Story Pattern

剔红，雕漆的一种，属雕镂门中的一类，此技法成熟于宋元时期，发展于明清两代。
髹饰录》中写道："剔红，即雕红漆也……宋元之制，藏锋清楚，隐起圆滑，纤细精致。"
去常以木灰、金属为胎，在胎骨上层层髹红漆，少则八九十层，多达一二百层，至相当
厚度，待半干时描上画稿，然后再雕刻花纹。

此件剔红人物故事图葵形盘，髹漆肥厚，剔刻下刀流畅，浑厚婉转，藏锋不露，纹饰
次分明，熠熠有光泽。

琉球黑漆嵌螺钿云龙纹圆盘

Round Black-lacquered Plate Inlaid with Mother-of-pearl Pattern of Cloud and Dragon, Ryukyu

18世纪
直径34.9厘米
故宫博物院藏

琉球漆器技法系14—15世纪传自中国，并在当地得到发展，其王府设有专门生产漆器的作坊。从北京故宫和日本冲绳县收藏的实物来看，装饰华丽的琉球彩绘箔金、堆锦、螺钿漆器等，明显受中国漆器的影响，具有典型的中国漆器装饰风格与工艺特征。尤其向中国皇帝进贡的漆器，如黑漆嵌螺钿云龙纹圆盘、黑漆嵌螺钿云龙纹长方形攒盒等，使用龙纹图样。

参考文献：陈丽华《琉球古国与清宫琉球文物》，《紫禁城》2005年第2期。

16－18世纪的亚洲外销漆器

金　晖
（上海大学）

明清时期，中国对东亚和东南亚地区的影响进一步扩大，陶瓷、漆艺等工艺传播深入，形成东方独特的物质文化形态。亚洲漆艺普遍用金装饰，如中国的戗金和描金、日本的莳绘和沈金、泰国和缅甸的描金（Kima）以及越南的朱漆描金等，呈现出绚丽奢华的视觉效果。早期西方视东方为充满黄金和财富的天堂，欧洲历史上从未出现过这种完美的保护涂料，在阿斯塔纳休斯·基歇尔、约翰·斯托克以及让·菲力克斯·瓦丁的著作中都可以发现对亚洲漆艺的描述，这些漆器以优良的材料特性和神奇的装饰技法获得了欧洲人的高度赞誉。

亚洲漆艺通过家具的形式进入欧洲。16 世纪之前，欧洲主要进口木材，较少进口家具，木材多用于古典艺术品和部分香料的制作。16 世纪，欧洲与东方的直接贸易开启之后，木材的来源更加广泛，并开始进口家具。欧洲早期主要进口非洲东海岸和印度地区的螺钿嵌金家具，如 1502 年马琳迪国王送给达·伽马的坎贝（Cambay）风格螺钿嵌金床架[1]。东南亚的巴达维亚、锡兰等地的乌木家具进口也较为普遍，并一直持续到 18、19 世纪。但是，这些家具都不符合欧洲人的口味，只有东亚漆艺家具在欧洲形成了重要的影响。

一　葡萄牙人与日本“南蛮漆器”

根据资料显示，最早将亚洲漆器输入欧洲的是葡萄牙人。他们在 16 世纪下半期就在亚洲从事漆器交易，主要将漆器作为礼物赠送给欧洲各地的贵族和统治者，也用于修道院、教堂和城堡的内部装饰，但官方并未认识到漆器在欧洲的市场价值。

目前没有确切文献谈到日本外销漆器的最早起源，但葡萄牙人尤其是耶稣会的订单是其形成的主要原因。首先，这一时期日本漆器的主要销售对象是葡萄牙人；其次，这些漆器的类型大多为圣体容器、祭坛三联画和诵经台等宗教物品，部分还带有耶稣会的标识性文字“IHS”的符号，这是拉丁语 Iesus Hominum Salvator（人类的救世主耶稣）的缩写，也可能源自 In Hoc Salus（在十字架下）的首字母，或取自古希腊语 Ἰησοῦς 最初的三个文字[2]。此外，多明我会和方济会也都有订购漆器的记录。

日本外销漆器大多为家具，当时的漆橱柜通常配有抽屉、隔板和向下折叠的面板，设计风格受当时西班牙和葡萄牙风格的影响，被称为“瓦格诺”风格，最早应源于 16

---

[1] Oliver Impey, *Chinoiserie: The Impact of Oriental Styles on Western Art and Decoration*, Oxford University Press, 1977, p. 111.

[2] 漆工史学会《漆工辞典》，株式会社角川学艺出版，2013 年，第 6 页。

16－18世纪的亚洲外销漆器

金晖
（上海大学）

明清时期，中国对东亚和东南亚地区的影响进一步扩大，陶瓷、漆艺等工艺传播深入，形成东方独特的物质文化形态。亚洲漆艺普遍用金装饰，如中国的戗金和描金、日本的莳绘和沈金、泰国和缅甸的描金（Kima）以及越南的朱漆描金等，呈现出绚丽奢华的视觉效果。早期西方视东方为充满黄金和财富的天堂，欧洲历史上从未出现过这种完美的保护涂料，在阿斯塔纳休斯 · 基歇尔、约翰 · 斯托克以及让 · 菲力克斯 · 瓦丁的著作中都可以发现对亚洲漆艺的描述，这些漆器以优良的材料特性和神奇的装饰技法获得了欧洲人的高度赞誉。

亚洲漆艺通过家具的形式进入欧洲。16 世纪之前，欧洲主要进口木材，较少进口家具，木材多用于古典艺术品和部分香料的制作。16 世纪，欧洲与东方的直接贸易开启之后，木材的来源更加广泛，并开始进口家具。欧洲早期主要进口非洲东海岸和印度地区的螺钿嵌金家具，如 1502 年马琳迪国王送给达·伽马的坎贝（Cambay）风格螺钿嵌金床架[1]。东南亚的巴达维亚、锡兰等地的乌木家具进口也较为普遍，并一直持续到 18、19 世纪。但是，这些家具都不符合欧洲人的口味，只有东亚漆艺家具在欧洲形成了重要的影响。

一　葡萄牙人与日本“南蛮漆器”

根据资料显示，最早将亚洲漆器输入欧洲的是葡萄牙人。他们在 16 世纪下半期就在亚洲从事漆器交易，主要将漆器作为礼物赠送给欧洲各地的贵族和统治者，也用于修道院、教堂和城堡的内部装饰，但官方并未认识到漆器在欧洲的市场价值。

目前没有确切文献谈到日本外销漆器的最早起源，但葡萄牙人尤其是耶稣会的订单是其形成的主要原因。首先，这一时期日本漆器的主要销售对象是葡萄牙人；其次，这些漆器的类型大多为圣体容器、祭坛三联画和诵经台等宗教物品，部分还带有耶稣会的标识性文字“IHS”的符号，这是拉丁语 Iesus Hominum Salvator（人类的救世主耶稣）的缩写，也可能源自 In Hoc Salus（在十字架下）的首字母，或取自古希腊语 Ἰησοῦς 最初的三个文字[2]。此外，多明我会和方济会也都有订购漆器的记录。

日本外销漆器大多为家具，当时的漆橱柜通常配有抽屉、隔板和向下折叠的面板，设计风格受当时西班牙和葡萄牙风格的影响，被称为“瓦格诺”风格，最早应源于 16

---

[1] Oliver Impey, *Chinoiserie: The Impact of Oriental Styles on Western Art and Decoration*, Oxford University Press, 1977, p. 111.

[2] 漆工史学会《漆工辞典》，株式会社角川学艺出版，2013 年，第 6 页。

世纪早期的意大利或纽伦堡[3]。此外，神父路易斯·弗洛伊斯在笔记中描述有他曾见到日本军事领袖织田信长将财物放在 12 或者 15 个圆顶且为葡萄牙风格的保险箱中[4]。这些漆器深受葡萄牙人和西班牙人喜爱，并在欧洲形成二手市场，荷兰人和英国人都通过西班牙人购买日本漆器。

当时日本受华夷思想影响，将南方的人或者物品称为“南蛮”，其范围包括菲律宾和爪哇，后也指葡萄牙人、西班牙人和荷兰人，而欧洲人订制的漆器则称为“南蛮漆器”（Namban Lacquerware）[5]，这一名称后来被欧洲人所熟悉并普遍使用。在欧洲的文献记录中，较早的“南蛮漆器”是布拉格鲁道夫二世在 1607 年收藏的来自因斯布鲁克附近的阿姆布拉斯（Ambras）城堡内的一件橱柜[6]。“南蛮漆器”与葡萄牙人在日本的活动密切相关，自 1639 年葡萄牙人被驱逐出日本之后，其数量大为减少。

二　东印度公司在 17、18 世纪的亚洲漆器贸易

继葡萄牙人之后，荷兰人发现亚洲漆器的商业价值。17 世纪初，荷兰东印度公司以爪哇岛万丹（Bantam）为贸易据点在亚洲进行大规模贸易。尼德兰地区的新兴商人阶层以拥有东方的奢侈品为荣，既收藏财富，又提高其社会地位。1639 年葡萄牙人被日本驱逐后，荷兰人成为日本唯一的西方贸易伙伴。1641 年，荷兰东印度公司在长崎海湾的出岛（Deshima）建立贸易据点[7]。

荷兰东印度公司及管理者常将漆器作为外交礼物赠予外国君主，如波斯宫廷、柔佛州苏丹、柬埔寨皇后、戈尔康达国王和莫卧儿宫廷[8]，还将中日漆器大量进口到欧洲

---

[3] Oliver Impey, *Chinoiserie: The Impact of Oriental Styles on Western Art and Decoration*, Oxford University Press, 1977, p. 111.

[4] Oliver Impey, *Chinoiserie: The Impact of Oriental Styles on Western Art and Decoration*, Oxford University Press, 1977, p. 111.

[5] Jonathan Bourne, etc., *Lacquer: An International History and Collector's Guide*, The Growood Press, 1984, p. 90.

[6] Oliver Impey, etc., *Japanese Export Lacquer 1580–1850*, Hotei Publishing, The Netherlands, 2005, p. 79.

[7] Oliver Impey, etc., *Japanese Export Lacquer 1580–1850*, Hotei Publishing, The Netherlands, 2005, p. 23.

[8] Oliver Impey, etc., *Japanese Export Lacquer 1580–1850*, Hotei Publishing, The Netherlands, 2005, p. 28.

以获得巨额利润。17 世纪中期，阿姆斯特丹成为东方货物与亚洲漆器的贸易中心，欧洲各国王室的代理人在此购买东方物品。1699 年，马库斯 · 福肯特写信建议利希滕斯坦公主去阿姆斯特丹购买装饰有“金色的中国绘画”的“印度”黑漆书桌，因为这种类型的漆器在那里唾手可得[9]。

中国外销漆器比日本漆器早到阿姆斯特丹。大约在1600 年，第一件中国漆器抵达尼德兰，来源于巴达维亚的荷兰定居者，而荷兰东印度公司第一次订购日本漆器的时间是 1607 年，于 1610 年到达尼德兰[10]。1607 年，安特卫普库存清单中就提到了中国的红漆小箱。17 世纪早期的佛兰德斯绘画作品中发现有中国的漆器，如比利时皇家美术馆藏 1618 年所绘静物画中就出现了中国的漆盒[11]。

查理二世统治期间，英国重建了东印度公司。17 世纪后半期，英国贸易主导地位逐渐建立，大量漆器进入伦敦市场。东印度公司的贸易档案中，1683 年提到相当数量的漆箱，是英国购买中国漆器较早的记录；1694 年记录了英国船只赴中国港口会携带含漆制扇子和屏风需求的清单；1699 年提到在广东和厦门可以买到 2 万把精美漆艺装饰扇骨的扇子；1701 年记录东印度公司在中国的贸易据点被指示购买橱柜、桌子、黑色和金色的屏风，并在金色屏风背景上雕刻人物和风景的图像[12]。

1665 年，法国船队和中日贸易未果，其后通过暹罗与中国进行贸易。1684 年，法国使团赴暹罗，国王获赠漆艺家具等礼物，最终于 1700 年在广州设商行进口中国漆器[13]。同年 8 月，昂菲特律特号从广州运中国漆器至南特，其中包括写字台等物件，《水星》杂志（Mercure）的广告称拍卖物品中可能有来自中国的克罗曼多屏风，也有来自日本的产品，如 6 个日本工艺的保险箱等漆器[14]。拍卖成功后，该船再赴中国，在广

---

[9] W. De Kesel -G. Dhont, *Coromandel Lacquer Screens*, Snoeck-Ducaju & Zoon, 2002(1), p11.

[10] Hans Huth, *Lacquer of the West: The History of a Craft and an Industry*, 1550-1950, The University of Chicago Press, 1971, p. 14.

[11] W. De Kesel -G. Dhont, *Coromandel Lacquer Screens*, Snoeck-Ducaju & Zoon, 2002(1), p. 10.

[12] W. De Kesel -G. Dhont, *Coromandel Lacquer Screens*, Snoeck-Ducaju & Zoon, 2002(1), p. 11.

[13] W. De Kesel -G. Dhont, *Coromandel Lacquer Screens*, Snoeck-Ducaju & Zoon, 2002(1), p. 11.

[14] Oliver Impey, etc., *Japanese Export Lacquer 1580-1850*, Hotei Publishing, The Netherlands, 2005, p. 65.

东和宁波的交易中又获得成功，其因此被称为“中国漆的昂菲特律特号”[15]。1775年，法国东印度公司停止与东方的贸易，但其国内对漆器的需求很大，于是开始从尼德兰购买漆器以满足国内市场[16]。法国与东亚、东南亚诸国一直保持着密切的联系，且一直与中国的上层社会保持良好的关系。耶稣会使团的报告在法国被持续刊登出版，向法国人提供了很多中国艺术和技术的知识，法国的“中国热”在欧洲诸国中最为兴盛，中国漆器在法国受到高度青睐。

除了官方贸易，当时还有私人贸易，公司职员和水手可以携带一定数量的私人货物作为福利和津贴。如瑞典东印度公司曾允许船员在中国购买一定数量的私人货物并携带回国，可以自己私卖或者同公司的货物一起出售，这类私人货物被称为“自由货物”，其中包括印度棉布、女式腰带、手帕、手工漂染的墙纸、珍珠母锦盒、龟壳制作的梳子、手绘的红木箱、竹扇、象牙、珍珠母以及带有龟甲状的漆器等奢侈品[17]。此外，漆器也是很多西方投资人重点关注的对象，如“恩迪科特总督号”最大的投资人达德利·皮克曼就曾想要购买两套漆器食盘[18]。

亚洲外销漆器的数量在17世纪末和18世纪初达到高峰。英国的萨拉号、马萨号、桃乐茜号所装载的中国货物，其拍卖价值达到15万英镑，漆器在其中占据重要比例。具体清单有：扇子38557镑，扇骨13470镑，衣箱、唾盂、碗、杯、碟10500镑，镶嵌工艺的桌子189镑，雕刻和绘画的镶嵌板47镑，漆板178镑，刷子3099镑，无镶嵌的桌子277镑，屏风漆板174镑，嵌板屏风54镑[19]。其中，“镶嵌工艺的桌子”可能是螺钿漆桌，“雕刻的镶嵌板”可能是克罗曼多屏风，这种技法在英国被称为“万丹”技法。

亚洲外销漆器对英国手工艺行业形成了冲击。1700年，伦敦本地制造的漆器和木工产品与东方同类产品之间的竞争十分激烈，以至1702年国会提高了进口漆器的

---

[15] Oliver Impey, etc., *Japanese Export Lacquer 1580–1850*, Hotei Publishing, The Netherlands, 2005, p. 65.

[16] Oliver Impey, etc., *Japanese Export Lacquer 1580–1850*, Hotei Publishing, The Netherlands, 2005, p. 65.

[17] [瑞典]罗伯特·贺曼逊著、赵晓玫译《伟大的中国探险——一个远东贸易的故事》，广东人民出版社，2006年，第26页。

[18] [美]卡尔·克劳斯曼著，孙越、黄丽莎译《中国外销装饰艺术——绘画、家具与珍玩》，商务印书馆，2015年，第21页。

[19] Hans Huth, *Lacquer of the West: The History of a Craft and an Industry, 1550–1950*, The University of Chicago Press, 1971, p. 37.

关税以减少进口数量。然而，当时欧洲其他国家对亚洲漆器还有很大需求，西班牙和葡萄牙成为英国东印度公司新的市场[20]。

三　贸易竞争及相关现象

中国和日本是亚洲外销漆器的主要产地，其他如越南等东南亚国家在数量和质量方面都无法与之相比，中日两国在当时亚洲外销漆器贸易中竞争激烈。

部分欧洲人认为日本漆器的质量高于中国，如荷兰代表雅克·L.埃尔米特曾指出，中国漆器质量差且价格昂贵，而他看到的日本漆器却非常精美，也更好进行贸易[21]。但是日本漆器在尼德兰销售不佳，常与中国漆器混淆。奥利弗·英佩曾在其著作《日本外销漆器：1580—1850年》中提到一则案例：1715年8月，法国货船圣·路易斯号和加森号的货物中包括12扇的日本屏风和中国屏风，而日本漆屏风从未有过12扇的样式[22]，所以推测当时的货物记录存在错误，这些屏风应该全部来自中国，也有可能当时的欧洲商人将克罗曼多屏风称为"中国屏风"，而将黑底描金屏风称为"日本屏风"，从而导致了错误的记录。而在康蒂王子号的货物中，中国橱柜和日本橱柜价格不同，且日本橱柜更精美，前者的价格为1500里弗，后者的价格为2000里弗[23]，但是文献描述的日本橱柜为带有屋顶、窗户和阳台结构的建筑，并在其下方设有三个抽屉，里面盛放着两个带有茶具的托盘和8个装饰有风景图案的小盒，可以肯定是中国橱柜式样。

在外销漆器贸易竞争的背景下，中国商人也从日本进口漆器后进行转口贸易。1658年，荷兰商人在寄往丹麦的信件中提到中国人带到暹罗的日本漆器过剩，后在

---

[20] Hans Huth, *Lacquer of the West: The History of a Craft and an Industry, 1550–1950*, The University of Chicago Press, 1971, pp. 35, 38.

[21] Oliver Impey, etc., *Japanese Export Lacquer 1580–1850*, Hotei Publishing, The Netherlands, 2005, pp. 27–28.

[22] Oliver Impey, etc., *Japanese Export Lacquer 1580–1850*, Hotei Publishing, The Netherlands, 2005, p. 65.

[23] Oliver Impey, etc., *Japanese Export Lacquer 1580–1850*, Hotei Publishing, The Netherlands, 2005, p. 65.

1661 年和 1662 年的信件中也提到了这种情况 [24]。而 17 世纪中国一直是日本重要的贸易伙伴，中国商人在日本长崎的贸易量和定居人数都远超过荷兰及其他国家。明朝灭亡之后，清朝实行海禁政策，但是郑成功收复台湾后却大力发展海洋贸易，与长崎、暹粒、马尼拉都建立了贸易联系，1683 年郑成功的继承人归顺清朝后，大陆商人继承了这些贸易渠道，还在长崎组织了贸易据点，购买日本漆器运至广东，再转口贸易至暹罗、万丹、巴达维亚及越南等地，与中国漆器展开贸易竞争。这使得欧洲其他国家避开了荷兰对日本的贸易垄断，从中国和其他国家购买日本漆器。

中国对日本漆器也进行了大量仿制，这种模仿在明代初期就已开始，但并不属于商业性竞争行为，只是作为宫廷收藏和鉴赏的目的，如《骨董锁记》中记载的宣德时期漆工名家杨埙学习日本漆艺，其作品被称为“杨倭漆”。《七修类稿》《东海集》《元明事类钞》《清秘藏》等著作中也有相关记载，不过在细节方面略有矛盾，认为杨埙是从日本归来的漆工，掌握了日本漆艺的技法，并在此基础上取得了很高的成就。商业性仿制行为始于亚洲外销漆器贸易形成后，特别是在澳门地区。由于日本幕府禁止基督教并迫害基督徒，并于 1635 年中止了葡萄牙在日本的贸易，很多日本基督徒被迫迁移至澳门等其他亚洲城市。据推测，被迫迁徙的日本基督徒中可能存在漆工，因此影响了当地的漆艺风格并推动了日本漆器的仿制。如，葡萄牙里斯本的塞巴斯蒂安博物馆藏有一件“南蛮风格”的日本漆柜，装饰以“南蛮风格”的螺钿镶嵌工艺，但是最近的研究认为这件漆箱可能是仿制品，制作者可能是迁徙至澳门的日本漆工，或者是当地的中国人按照日本风格订货仿制的 [25]。

相比于日本著名的莳绘工艺，中国外销漆器中最有影响力的则是款彩工艺的屏风，17—19 世纪持续出口至欧洲。然而，中国外销漆器中最为普遍的是一种被欧洲人称为“广东漆”的工艺，即中国的描金工艺。奥斯蒙德 · 蒂法尼曾提及广东漆的制作方法：用锋利的钢尖在黑色表面勾画出设计好的样式，然后用精密的刷子描上预先在小瓷碟里准备好的金粉，再经过仔细的检查，一件漆器才可以出售 [26]。这种工艺在明万历时期已经达到非常高的水平，如故宫博物院所藏的龙纹黑漆描金药材柜。描金工艺的兴起可能是由

---

[24] Oliver Impey, etc., *Japanese Export Lacquer 1580-1850*, Hotei Publishing, The Netherlands, 2005, p. 64.

[25] Oliver Impey, etc., *Japanese Export Lacquer 1580-1850*, Hotei Publishing, The Netherlands, 2005, p. 64.

[26] [美] 卡尔 · 克劳斯曼著，孙越、黄丽莎译《中国外销装饰艺术——绘画、家具与珍玩》，商务出版社，2015 年，第 256 页。

于中日外销漆器的竞争。对大多数欧洲人来说，描金和莳绘工艺的视觉效果接近，但描金工艺成本更低、工期更短，具有价格优势。

至 17 世纪下半期，欧洲市场对日本外销漆器的需求迅速下降，因此荷兰东印度公司在 1693 年决定停止订购日本漆器[27]。此后，虽然荷兰东印度公司偶尔购买日本漆器，但重点用于印度市场，并以私人的形式展开，而日本漆器的走私活动一直持续到 19 世纪上半期。

四 结 语

16—18 世纪，以中国和日本为主要产地的亚洲外销漆器繁荣兴起，并以神秘的材料、华丽的技法成为风靡欧洲的新时尚，代表了东方的奢华财富和异域的优雅品位。在产品类型方面，与陶瓷、丝绸等其他外销艺术相比，外销漆器的类型较为丰富，从大型的屏风、橱柜、箱子，到小型的茶叶盒、托盘、扇子，几乎囊括了生活领域的各个方面，因此对欧洲的生活方式产生了极为重要的影响。值得注意的是，亚洲外销漆器的形成建立在两个基础之上。一方面，从纵向轴线来看，起源于中国的漆艺历经数千年的持续传播，至明清之际已经构建了成熟的亚洲漆文化圈，漆艺业已成为东亚、东南亚最为重要的物质文化形态之一；另一方面，从空间轴线来看，明清之际，由于全球地理大发现的成果，东西方之间突破了地理空间的阻隔而展开了政治、经济和文化等方面的直接对话与碰撞，并奠定了近现代世界的基本格局，这一时期也被视为全球化进程的历史性节点。亚洲外销漆器正是在以上两条轴线的交汇中形成的，因此具有多重的文化意义和风格特征，而这也是同时期亚洲外销艺术的共同特征之一。

---

[27] Oliver Impey, etc., *Japanese Export Lacquer 1580-1850*, Hotei Publishing, The Netherlands, 2005, p. 35.

琉球黑漆嵌螺钿云龙纹长方形攒盒

18世纪

通高 35.1 厘米

故宫博物院藏

Rectangular Black-lacquered Box Inlaid with Mother-of-pearl Pattern of Cloud and Dragon, Ryukyu

琉光溢彩

Radiant Brilliance of Glazes

琉璃，源自域外，初至中国，仅作为一种珍宝为人瞩目。随着其生产技术的中国化，琉璃逐渐成为宗教建筑与皇家建筑的材质之选。明代初期，琉璃首次在法律中被指定为皇家建筑的专属材料，黄釉琉璃更成为皇帝的独有之物，其影响由建筑领域扩展至日用瓷器，形成了中国独特的文化制度。琉璃技术的引入及其后续的生产和应用，在中华文明史上虽为细节，但放于世界文明交流的大背景下，琉璃的发展和使用历程，不仅见证了皇权象征的演变，更彰显了中华文明的开放性和包容性。正是这种文化的开放与包容，构成了中华文化延续和发展的根本动力，使其在历史的长河中绵延不息。

Originating from other regions, upon its arrival in China, glaze merely attracted attention as a kind of precious treasure. With the domestication of its production techniques, glaze gradually became the material of choice for religious and imperial architectures. In the early Ming Dynasty, it was designated for the first time in laws as the exclusive material for imperial buildings, and yellow glaze became the emperors' exclusive possession. Its influence extended from the architectural field to daily porcelains, forming a unique culture in China. Although in China's history, the introduction of glaze technique and its subsequent production and application may seem trivial, when placed in the background of the worldwide exchanges between civilizations, the development and use of glaze not only witnessed the evolution of symbols of imperial authority but also highlighted the openness and inclusiveness of the Chinese civilization. It is this kind of openness, inclusiveness, and non-exclusivity that constitute the fundamental driving force for the continuity and development of Chinese culture, allowing it to persist and thrive throughout the course of history.

"琉璃"是由梵文传入中国的外来词，先秦时期这种带有西方文化因素的琉璃制品传入中国并为中国人所知。琉璃的梵文一词转写是 vaidūrya，以 vai 为前缀，强调其面字母的发音而自身不发音，汉字音译为瑠璃、琉璃、昆瑠璃、毗瑠璃、吠瑠璃、吠璃、鞞稠梨夜、鞞头梨、鞞瑠璃等。在梵文中，琉璃本指带彩的陶器，和中国所说的璃砖瓦——各种颜色的釉陶建材相符。已知最早的彩釉陶烧成于古埃及，学术界称其 Egyptian Faience，至迟在古埃及十八王朝已有彩釉陶建材，其技术东传后，彩釉陶材也用于巴比伦、古波斯帝国的都城建筑。作为东罗马帝国宫殿的标志性建材，也为国人所知并见于汉文典籍。琉璃传入印度，在发展过程中和佛教产生联系并成为七宝一，其具体原因、时间及方法虽然无从考知，但琉璃随佛法传入中国并产生了深远的响则为史实。北魏时期，琉璃生产技术由大月氏人再次带入中国，在平城烧造成功并于宫廷建筑，这是中国首次烧造琉璃建材。由大月氏人主持烧造的琉璃不仅"光泽乃于西来者"，用其建成的宫殿亦"光色映彻，观者见之，莫不惊骇，以为神明所作"。宋时期宫殿建筑使用琉璃瓦，政府开始管理琉璃建材生产。金代宫殿建筑群沿用宋人用琉璃瓦的旧制，并形成皇宫建筑的白石台阶、红墙、黄瓦制度。元代琉璃建材使用加普及，除大都、中都等地的宫殿建筑外，各地的庙宇也大量使用琉璃建材，由此促山西琉璃生产技术向北京等地传播，政府设立琉璃局和官琉璃窑厂从事管理和生产。西地区的琉璃生产和当地的葡萄酒生产技术一样，应该和粟特人东来后聚居并融入当后的技术传承有关。入明，伴随朱元璋的改制和皇权极化，琉璃在明代法制中被定为

黄釉龙纹琉璃勾头
明洪武
直径 18 厘米
南京博物院藏

Yellow-glazed (*Liuli*) Eave Tile with Dragon Pattern

黄釉龙纹琉璃滴水

明洪武

长 35、宽 28 厘米

南京博物院藏

Yellow-glazed (*Liuli*) Drip Tile with Dragon Pattern

绿釉龙纹琉璃滴水

明

长 40、宽 29 厘米

南京博物院藏

Green-glazed (*Liuli*) Drip Tile with Dragon Pattern

琉璃板瓦

明

长 31、宽 22.4 厘米

南京博物院藏

Glazed (*Liuli*) Plate Tile

家建筑的专用建材，黄釉琉璃不仅为皇帝垄断，而且从琉璃建材影响到日用瓷器的釉，终成一代制度。明代琉璃窑场虽多且生产能力强，但朝廷规定除皇宫建筑使用琉璃，仅太子之东宫和分布在各省的亲王宫殿门庑及城门楼可使用青色琉璃瓦，各种仙佛观也有使用琉璃者，民居则禁止使用。既然琉璃建材在皇家内部已代表等级之分且严官民使用，那么又为何允许各种仙佛宫观庙宇使用琉璃呢？琉璃入华本身就是和佛教七宝相关，至于琉璃建材再用于寺庙建筑，既是琉璃建材中国化与佛教再结合的表现，是琉璃在七宝中代表的神权向建筑的扩展。

参考文献：王光尧《从外来方物到皇权象征——在技术传播视野下探析大报恩寺遗址出土琉璃建》，《故宫博物院院刊》2023 年第 5 期。

蓝釉龙纹琉璃垂兽

明

宽 46、高 59 厘米

南京博物院藏

Blue-glazed (*Liuli*) Roof Ornament (*Chuishou*) with Dragon Design

三彩人物琉璃瓦

Tri-color Glazed Tiles in Figure Design

明

高 39.8—40 厘米

南京博物院藏

三彩罗汉坐像

Tri-color Glazed Sitting Statue of Arhat

明

高 110 厘米

南京博物院藏

这尊罗汉像，法相庄严恬静，内着右衽交领僧衣，外披袈裟，结跏趺坐，悬裳。此尊罗汉，可能为十八罗汉中的沉思罗汉，即罗怙罗尊者，“罗怙罗多面相殊，蚕眉秀目脸丰腴”。类似风格的大型琉璃造像，在国内少见，多藏于国外的大型博物馆。明代的大型三彩琉璃造像，可见故宫博物院所藏一组明成化琉璃佛造像，因有款识，可知为河南钧州神垕镇所造。另南阳市博物馆藏有明琉璃十八罗汉群像，根据铭文可知，时代也为明成化时期，其产地应也为河南钧州神垕镇。国外博物馆馆藏，如美国普林斯顿大学艺术博物馆藏观音坐像、明尼阿波利斯艺术博物馆藏道教灵官像、大都会艺术博物馆藏三官像以及苏格兰国家博物馆藏韦陀立像，与此件罗汉造像的风格几乎一致，根据部分器物上的铭文可知，这类造像的产地应在山西，而这类造像正是明代琉璃造像艺术的巅峰之作。

叠翠流金

Dazzling Colors of Cloisonné

珐琅艺术，这一源自两河流域、古埃及地区的舶来工艺，终于在 13 世纪与中国传统金属工艺、镶嵌技术等相遇相融，共同绽放出一朵极具特色的工艺之花。至明代，铜胎掐丝珐琅技艺迎来了它的艺术高峰，这就是景泰蓝。掐丝珐琅技艺，经历了从异国文化到中国本土艺术的转化历程，不仅丰富了品类，更在与中国的人文、艺术、民族精神的融合中，展现出更加丰富多彩的面貌，现在已然成为中国文化的一张独特名片。它不仅是一门工艺，更是一种文化的传承与创新，代表了中华民族在接受外来文化影响的同时，所展现出的独特艺术魅力与创造力。

Enamel, a craft originating from the regions of Mesopotamia and ancient Egypt, finally encountered and merged with traditional Chinese metalworking and inlay technique in the 13th century, giving birth to a uniquely distinctive traditional craft. In the Ming Dynasty, the enamel art reached its artistic peak by conducting wire inlay on a copper backing , which is called cloisonné, or the *Jingtailan* (*Jingtai* is the reign title of the seventh emperor of the Ming Dynasty, and *lan* means the color blue). Since then, the wire inlay enamel technique has experienced the transformation from a foreign culture to a Chinese native art. It became richer in variety and, after integrating with the Chinese culture, arts, and ethnic spirit, radiated more dazzling colors. As a unique emblem of Chinese culture, it is not only a king of craft, but also a cultural inheritance and innovation, representing the unique artistic charm and creativity displayed by the Chinese nation while accepting the influences of foreign cultures.

铜胎掐丝珐琅荷塘鸳鸯纹三足盘

Cloisonné Enamel Tripod Plate with Pattern of Mandarin Ducks in the Lotus Pool

明

直径 17 厘米

南京博物院藏

铜胎掐丝珐琅西番莲纹瓶

明

高14厘米

南京博物院藏

Cloisonné Enamel Vase with Passionflower Pattern

铜胎掐丝珐琅瑞狮绣球纹盖盒

明

直径16.4厘米

南京博物院藏

Cloisonné Enamel Lidded Box with Auspicious Lion and Embroidered Ball Pattern

铜胎掐丝珐琅鼎式方炉

Cloisonné Enamel *Ding*-shaped Square Censer

明

高38厘米

南京博物院藏

铜胎掐丝珐琅狮子戏球纹双耳炉

Cloisonné Enamel Double-handled Censer with Lion Playing Ball Pattern

明

口径 22.5、高 16 厘米

南京博物院藏

铜胎掐丝珐琅缠枝莲纹双耳炉

Cloisonné Enamel Double-handled Censer with Intertwined Lotus Pattern

明

带耳宽 14.1、高 9.4 厘米

南京博物院藏

铜胎掐丝珐琅葡萄纹三足炉

Cloisonné Enamel Tripod Censer with Grape Pattern

明

口径 12.1、高 6.8 厘米

南京博物院藏

铜胎掐丝珐琅双凤捧寿纹三足炉

Cloisonné Enamel Tripod Censer with Pattern of Double Phoenixes Holding Longevity

明

口径 9.6、高 8.3 厘米

南京博物院藏

观天下

大明的世界

The Worldview of the Great Ming Dynasty

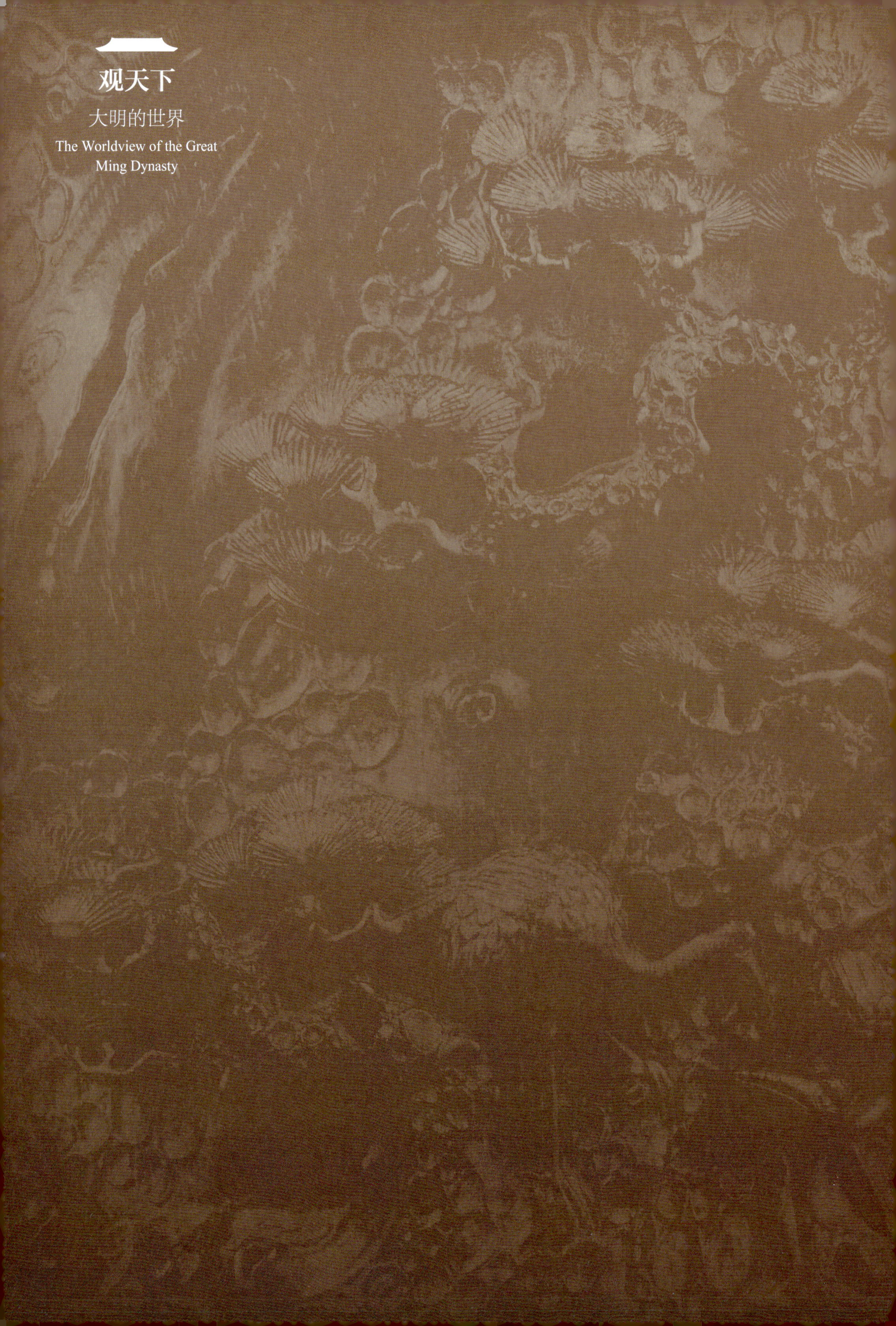

策展絮语

高杰（南京博物院）

站在南京博物院老大殿台基之上，凭栏远眺，残存的东华门的身影隐于高大的梧桐枝叶之后，影影绰绰，若隐若现。东华门是明故宫宫城的东门，在它的西南方向约数百米外，明故宫的午门矗立于此，这是明故宫宫城的正门。午门向北，就是明故宫宫城的核心区域。琉璃光射，红墙宫深。现如今“故宫遗址只成尘”，宫垣春寂，唯叹草萧。随着大明最后一丝余晖在景山落尽，昔日庞大的王朝也逐渐湮没于灰黄的尘埃与故纸之中。历史的车轮越行越远，明王朝的身形也越显黯淡。如今，我们站在新的历史起点上，借助这些珍贵的实物遗存来回望数百年前的大明的世界。尘封的门户被打开，历史的烟云和迷雾逐渐消散，我们可以发现这是一个多彩多样的世界。

一　题解——观天下与天下观

观天下。大元风流，被雨打风吹去。吴二年（1368 年）正月初四日，朱元璋在应天府登基称帝，国号大明，建元洪武。“日月所至，天下大明”，天下既是明朝疆域之内的“小世界”，亦涵盖域外广阔天地的“大世界”。明初，在这个“小世界”中，以皇帝为中心，逐渐向外延展，藩王、皇室宗亲、文武百官、宗教领袖、民族首领、卫所边镇军士形成了一个致密的网状结构，他们都在这个体系下遵循着自身政治与社会角色的规范。在外部世界，洪武时期“共享太平之福”的睦邻友好的外交政策得以确立并延续，成为主导明代对外关系的基本国策。这一时期，这个伟大的文明古国在历史的洪流之中，以崭新的面貌和平地融入了这个世界。15 世纪初，郑和七下西洋为明朝人开启了通往更广阔世界的窗口。七次远航使得明朝不仅开始接触东南亚，还远至印度洋和非洲东岸，这让明人对大海之外的国家和文化有了更为立体和丰富的了解。郑和的航行不仅给明人增添了世界的地理知识，也在文献中留下了关于这些远方之地的详细记载，使人们得以窥见异域的风貌、物产和国情，为后世描绘出了一幅联通四海的文化图景。

16 世纪末，意大利传教士利玛窦来华，他不仅带来了西方的科学知识，还通过地图（如《坤舆万国全图》）介绍了西方的地理观念。他以中文绘制的世界地图，将这个世界以更为科学的方式展示给中国人。这种新的地理观念极大地扩展了明朝士人的眼界，也带动了士大夫阶层对世界多元文化的认知。与此同时，基督教的传播引入了西方文化，这些宗教与文化的碰撞，使明人逐渐接触到更广阔的文明形态，促成了对“夷邦”多样性和复杂性的认知。

天下观。大明的天下观源于流布数千年来的华夏中心观，植根于“华夷之辨”的传统之中。所谓大明统御四方，修德布政，四海之内皆宾服来朝，从而构建起一个以中国为核心的天下秩序。太祖朱元璋倡导“共享太平之福”的睦邻政策，延续了以朝贡为核心的对外贸易体系。这一体系不仅展示了王朝的威仪与富庶，更在礼尚往来的格局中，以开放而和谐的方式与邻邦共通有无。朝贡贸易不仅是礼仪的延续，明朝也借助这一制度维持东亚秩序，以怀柔之道将四海万邦纳入和谐共存的局面。然而在具体的对外政策上，是以“不征”为主旨，采取更为务实的手段，反映了“从一元天下到多元国家，从天下共主到大国之君”的天下观的转变。永乐宣德时期，郑和船队所到之处，不仅带去了大明的礼仪与威望，也让明人第一次以实际视角触及了广阔的海外世界。数次航海行动在一定程度上拓展了明人对“天下”之外的“世界”的认知，让他们认识到大海之外有更多未知的文明与文化。然而，即便视野得以拓宽，这种探索更多是以维系天朝体制的“宣示”姿态为主，保持着朝贡的礼制框架。在明人的认知里，尽管海外世界辽阔多样，但天朝的中心地位依旧不可撼动。晚明，随着西方传教士的来华，明代士人第一次接触到来自欧洲的科学知识、宗教信仰和地理观念，明人逐渐意识到，世界并非一味围绕中国运转，西方的学术与知识体系也足以开阔人心、激荡思维。这一时期，随着东西方知识的碰撞与交流，明人的天下观悄然改变，逐渐从“天下独尊”的模式转向接纳多元文化的姿态。晚明士大夫开始意识到，在遥远的大海彼岸，不同的国家和文明各自存在。西方的科学、技术、思想逐渐成为一股引领潮流的力量，深深影响了晚明的知识分子，也为后世的清代西学东渐奠定了基础。

二　叙事——小故事与大时代

万历四十二年（1614年）的夏天，相比往年暑气更盛。执热卧北窗，淋漓汗流注，何处得秋风？燕居于江南嘉兴的李日华已是知天命之年岁，自万历三十二年（1604年）其母吴氏去世归家丁忧开始闲居生活以来，已过去十余年之久。其作为晚明时期名噪天下的“博物君子”，其赋闲生活的大部分时间都在鉴赏、购藏、品评古物中度过。晚明的江南地区物产丰富、商品经济发达，大量的白银输入促成了该地区社会经济、文化、艺术的高度繁荣，使得此时江南的士大夫们在庙堂之外的江湖之远能够有足够的闲暇与雅致去摩挲、品鉴文案上的心头好，形成了晚明江南文人中的好古敏求之风，并逐渐流布于江南社会。白花花的银子，成了追求好古敏求文人最坚实的垫脚石。

日华像

无论是归籍守制还是罢黜去官而暂时归隐江湖，这些在出世与入仕之间、书斋与朝堂之间的心怀“为天地立心、为生民立命、为往圣继绝学、为万世开太平”的士大夫们，于得势与失势间反复，在独善其身和兼济天下间辗转。这李氏一脉在李日华之前，并无显赫之人。当李日华以进士三甲二十二名的成绩科举入仕时，李氏一脉才奠定了嘉兴望族的身份和地位。

这一年的七月初五，天气“热甚”，李日华甚至有几天连续因暑热而夜不能寐。翌日，嘉兴同乡沈德符来到李日华的居所告知了利玛窦的死讯。李日华闻及此言，不禁想起他在南昌第一次见到这位来自大西国的异域之士。其时是万历二十五年（1597年）的秋天，李日华时任九江推官。当时对利玛窦的第一印象是“紫髯碧眼，面色如桃花”。以天朝上国自居的中国人，尤其是那些饱学之士们，在史书典籍中往往对这些化外之人的直观描述多有贬损之语，如“青眼赤须，状类猕猴”“犬羊之类”等现今而言极其粗鄙之话语。“面若桃花”在中国的古典语境中往往形容明眸皓齿、眼波流传的妙人，放在利玛窦身上，这肯定是一句称赞的褒语。究其原因，大概是因为利玛窦颇懂中国礼法，“见人膜拜如礼，人亦爱之，信其为善人也”，也或许因“居广二十余年，尽通中国语言文字”的利玛窦说中国话、穿中国衣、行中国礼，毫无疑问已是受过教化的“自己人”了。其实远非如此，在李日华看来，利玛窦是一位得道的高人，虽年逾五十，但看似二三十而已。李日华对于利玛窦所携国中异物颇感兴趣，特别是对他携带的一本典籍所用纸张尤为称叹，赞其质“如美妇之肌”。又见利玛窦所示神像“乃先团聚五色鸟毛为之，而外用玻璃函之，极其精妙”。而对于利玛窦所作世界舆图，李日华着墨尤多，

玛窦像

以中国人的天下观释读“欧海诸处，实系海中诸洲屿，乃四洲之部属，绕昆仑麓而错处者”，但也激赏利玛窦所绘之舆图，相信其甫见该图之时应是震撼且惊奇的，赞此图为中西“闻见互质”“运以千秋卓荦之笔，自成一书，亦大快也”。

李日华与利玛窦之间的交游实在是一件微小之事，甚至两人的会面次数也是屈指可数，似乎没什么值得记叙的重要价值。历史的帷幕横亘在我们的眼前，只留下一个微小的缝隙，每当我们远远地透过缝隙去看，只能看见在微光中的浮尘。一旦我们贴近这个帷幕，透过这个狭长的缝隙，无比壮阔的世界就出现在我们面前。

随着地理大发现这一伟大历史时刻的到来，出于对财富的无限追求，世界各地的物产、资源开始顺畅地流通，过尽千帆皆是商。这些跨越远洋而来的商人们第一次将这个世界逐渐紧密地联系在一起，而作为财富代表的白银也随之漂洋过海，越来越集中于物产丰饶的中国，对于中国社会产生了极其重要的影响。出于长久以来对神秘富庶东方的向往，随着航路的开通，西人逐渐东来，这些传教士们往往博学多闻，在西方近代科学技术知识的加持下，得以顺利地进入中国。中国传统的士大夫们通过与这些传教士的接触，开始逐渐跳出天朝上国的迷幻，慢慢正视这个陌生的广阔世界。在震撼、迷茫、彷徨中，中国人固有的天下观正在消解与转变，开始思考世变之由与因应之道，逐渐形成了“世界意识”。来到中国的这些西方人，第一次揭开了中国的神秘面纱。同时，通过传教士的传播，中国的文化以一种主动的姿态西渡，欧洲人的中国观从此不再建立在模糊不清的传言之上，而是形成了一套较为完整且系统的知识架构。

“观天下——大明的世界”展览叙事宏大，其时代背景横跨 14—17 世纪的世界。在人类既漫长又短暂的发展史上，这是一个划时代的转折点。以往孤立发展的文明开始跨越海洋与山川，彼此交汇、碰撞与融合，开启了前所未有的全球化进程。展览依托于一件件零碎分散的文物，每一件文物背后都是一个小故事，需要按照主题去探索、拼合。而最终，我们得到的将会是一个广阔的世界图景，见证一个伟大的时代。这就是大明的世界，也是世界的大明。

马可·波罗归来

三　链接——过去式与进行时

“观天下——大明的世界”是南京博物院与意大利驻沪总领事馆文化处（意大利外交与国际合作部）共同策划的一项展览项目，获得了意大利驻沪总领事馆及意大利特雷卡尼百科全书研究院的鼎力支持。

历史的长河如绵延不绝的丝绸之路，将过去、现在与未来紧密相连。13—17世纪，中国与世界的交流犹如一条纽带，连接着不同的文明与文化。而在这其中，意大利与中国的交往更是闪耀着独特的光芒，成为中西文明交流的重要桥梁。这段跨越时空的链接，不仅深刻影响了当时的世界格局，更为当今中意关系的发展奠定了坚实的基础。现就本次展览中意大利方借展的部分展品，叙述这个重要的主题。

从全球史的角度而言，马可·波罗开启了中国与西方的首次链接。正如油画《马可·波罗归来》所展现的一样，马可·波罗带着威尼斯人的好奇与探求，踏上了他那充满奇遇的东方之旅。他的到来，犹如一颗种子，悄然撒播在中西文明交流的土壤中。马可·波罗不只是一位旅人，更是中西文化间的桥梁，是东西方文明碰撞与交汇的先驱。他的游历不仅让他深深地融入了中国的繁荣与多样之中，更使他成为欧洲人了解东方的第一扇窗户。正是通过他的文字，中西文明得以第一次在思想和情感的层面上真正对话。今年（2024年）恰逢马可·波罗逝世700周年与诞辰770周年，马可·波罗的足迹，成就了一条看不见的纽带，将两个古老文明紧密相连，并为后续的探索与相互理解开启了大门。他的故事，至今仍然是中西文化交汇的象征，传达着理解与沟通的永恒价值。

利玛窦来华，建立起了中西双方的深度链接。他虽然带着传播西方基督教福音的任务而来，但更带来了西方的科学知识和文化理念。利玛窦精通天文学、数学、地理学，同时深入研究中国的儒家思想。他选择以尊重和理解的态度融入中国社会，穿着儒士服饰，使用中文姓名，与明朝的士大夫们进行平等而深入的交流。利玛窦与中国学者徐光启合作，翻译了《几何原本》等西方科学著作，将欧几里得的几何学带入中国。这些科学知识的传播，促进了中国数学和天文学的发展。同时，利玛窦也将中国的儒家经典翻译成拉丁文，传回欧洲，对欧洲的思想界产生了深远影响。他的努力，使中西文明在更深的层次上实现了对话与融合。

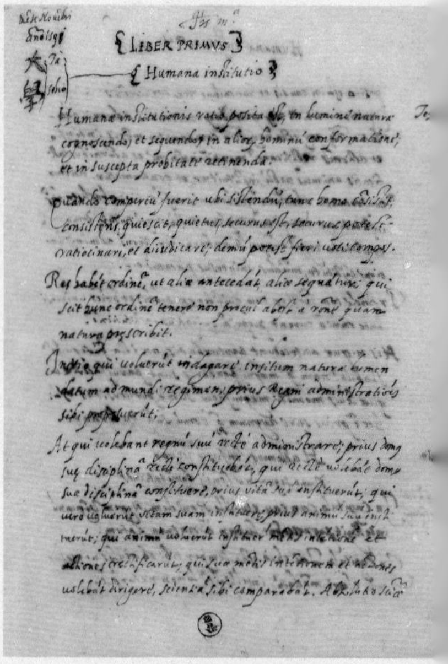

传利玛窦《〈四书〉部分文本拉丁文译文》

中西方之间的科技、人文双向交流激发了链接的拓展。在继利玛窦之后的西方传教士们的推动下，西方科学技术如晨曦一般徐徐照进中国的传统学术体系。作为学者与文化的使者，他们带来了当时欧洲最前沿的科学知识。中国的人文思想、科技成果，也随之传入欧洲，对欧洲的社会、军事、知识传播产生了深远影响。与此同时，中国丰饶的物产也随着欧洲人引领的全球贸易网络的崛起而逐渐踏足不同的地域，被各种不同的族群广泛接受，超越国界和文化的限制，丰富了人们的生活方式，共同构建了一个丰富多元的全球化社会。

从过去到现在是历史链接的当代延续，过去几百年间双方的友好交流与文明互鉴为当今中意乃至与欧洲关系的发展提供了宝贵的借鉴。进入 21 世纪，中意两国在政治、经济、文化等领域的合作日益深化。习近平总书记指出，“互尊互信、互利共赢应该始终成为中意关系最鲜明的底色”，“中意文化合作富有成果和活力，双方要继续密切人文交流，落实好新一轮文化合作执行计划，深化文化艺术、文物保护、经典著作互译、旅游、教育等领域合作，将文化遗产地合作打造为中意人文交流新亮点”。中意双方共同策展、合作的“观天下——大明的世界”即是密切人文交流、深化文化合作的细微阐释与具体实践，也是新时期中意双方文明交流与互鉴的直接表达。

四　输出——专业性与普适化

文物展览是历史类博物馆开展文化交流、提供公共文化服务、阐释文化遗产深刻内涵最重要的窗口，在连接专业研究与大众传播之间发挥着独特的桥梁作用。面对复杂的历史背景与文化内涵，如何在保持学术深度的同时，又能吸引大众并让他们理解与接受，这需要在专业性和普适性之间进行精妙的平衡。这种平衡不是妥协，而是一种基于对公众理解能力的尊重，以及对文化传播责任的承担。

文物展览的专业性源于对文物本身历史、艺术、科学等价值多方面的深入研究，这些研究为展览的策划和展示提供了可靠的理论支撑。专业性表现在对文物背景的梳理、文化价值的评估和历史真相的还原。这不仅需要对文物的材质、工艺、功用等方面的专业知识有熟练的掌握，还需要把握对特定历史情境的深刻理解。例如，一件瓷器的展出背后可能涉及窑址、生产工艺、使用功能等多方面的研究，这些内容组成了文物研究的“基石”。如本次展览中的一件明德化窑白釉送子观音像，窑口为福建德化窑，而且是其典型产品，题材为中国传统题材——送子观音。这就是从该件文物提取的一般历史信息。当这件德化窑送子观音像远渡日本之后，使用的情形发生了微妙的变化。日本的信众曾一度将此作为怀抱圣婴的玛利亚来供奉，在宗教历史上称为“玛利亚观音”，这是中世纪欧洲的圣母玛利亚和中国观音的有趣结合，这两个人物都是代表同情、怜悯和爱等概念的神圣形象，是不同文明之间跨越大洋与大洲的交汇。为何日本信众不供奉基督教的圣母而将送子观音作为偶像，这需要结合特定的历史情境来解读，这就是一个专业的研究论题。据研究，其与大航海时代西方传教士的东来有关，他们在日本传播天主教，引起了丰臣秀吉的忌惮，随之发布了“半天连追放令”（即放逐传教士法令）。此后在江户时代，德川将军又多次颁布禁教令，强迫日本的天主教徒放弃其信仰。有一部分天主教徒迫于压力放弃了信仰，但另一部分信众则表面上放弃信仰改信佛教，暗地里仍在信仰天主教。这些“潜伏”的信众，将佛教中的观世音菩萨像当作天主教中的圣母玛利亚进行礼拜。以上这就是向公众进行的通俗易懂的输出，只有通过严谨的学术研究，才能确保展览信息的准确性、真实性和普适性。这件展品不是一件文物定级意义上的珍贵文物，但它是一件珍贵的重要展品，既能体现特定历史情境，又恰当符合展览的主题，所以我们要在展品的阐释上不遗余力，挖掘文物的学术滋养，探讨文物的历史背景，通俗易懂地讲述文物蕴含的历史故事。

在文物展览中实现专业性与普适性的平衡，尤其需要一个多层次的解读框架，以便满足不同观众的知识背景和兴趣需求。通过多层次的呈现方式，观众能够根据自身的兴趣和认知水平自由选择内容深度。这种层次化的展示不仅提升了观展体验的多样性，也让文物展览既能深入传达学术价值，又能广泛普及文化知识。基础层次面向的是普通观众，即那些对文物与历史有兴趣但缺乏深入知识的群体。基础层次的内容设置重点在于清晰、简洁和易懂，旨在传递最基本的信息。这一层次关注“信息的入口”，希望能引导观众入门，激发他们的兴趣和好奇心。在这一层次中，文字表达应当避免晦涩难懂的学术术语，而是使用生动的、浅显的语言。在此基础上，视觉效果和互动体验也至关重要。通过放大展品的独特细节

明德化窑白釉送子观音像

或使用高质量的图像，观众可以近距离观察和了解文物。这种方式可应用于细节丰富的文物，如瓷器上的图案、织物上的刺绣工艺等。通过高清图像展示这些在文物研究中具有标志性的细节，让观众从视觉上了解工艺之美。互动体验方面，可以设置触摸屏展示相关的动画或短视频，如讲解这件文物的制作工艺或使用过程，帮助观众快速理解这件文物的功能与文化价值。这种生动的方式可以将观众与展品拉得更近，使他们不仅“看到”文物，还能够感受到其中蕴含的历史温度和人文故事。如为展示明代火器的使用，我们精心制作了《大明神机》演示视频。明代火器的研究与复原使用在文物专业领域来说也是小众的方向。为此我们与制作团队合作，花费了近半年的时间考证与研究相关资料，严格依据明代图像、文献等资料，以最贴近历史真实去复原本次展出的明代火器的使用方法。如明代兵甲原型的参考来源于明《平番得胜图》《蓝章战功图》及永宁火神庙明代壁画的兵士形象，演练步骤、形象、装备依据《明太宗实录》《武编》《双槐岁钞》《山西通志》等文献，做到凡事有考证，凡物有出处。如此一来，既体现了专业性的研究，也能够很顺畅地向社会公众提供配合展品的视频解说。进阶层次面向对历史文化有较大兴趣的观众，他们具备一定的文化知识背景，愿意在展览中进一步探索文物背后的历史与文化故事。这一层次在展示内容上可以稍加深入，但依然需要保持易懂性，避免过于专业或难以理解的内容。相比基础层次，进阶层次的内容可以更多地加入历史细节和文化解读，使观众在趣味中获得知识的提升。如我们委托了专业测绘机构绘制了世界地形图，在此基础上结合当前的学术研究成果，绘制了 1600 年“世界贸易地图”。这幅地图投影于长 11、高 5 米的屏幕之上，宏阔壮丽。此图不仅可以阅读地形、地理，还可以深入了解世界各大洲港口之间的贸易航路、贸易商品等，甚至可以考证每个港口的开埠、航线设置的历史背景。这就会给观众提供极其丰富的历史信息的解读元素，拓展观众在观展过程触及的历史深度。专业层次主要面向的是学者、研究者以及对文物或历史有深入兴趣的观众。这个层次提供更加详细的学术资料和深入的背景分析，以满足专业人士的需求。此类内容不再局限于文物的基础知识，而是深入探讨文物的学术价值、背后所代表的社会文化现象，甚至是学术界在研究该类文物时的争议和最新发现。通过这一层次的内容设置，展览不再只是文化普及的场所，而成了知识交流和学术讨论的空间。